Cas Wouters

Informalisierung

Hagener Studientexte zur Soziologie
Band 3

Herausgeber:
Heinz Abels, Werner Fuchs-Heinritz
Wieland Jäger, Uwe Schimank

Die Reihe „Hagener Studientexte zur Soziologie" will eine größere Öffentlichkeit für Themen, Theorien und Perspektiven der Soziologie interessieren. Die Reihe ist dem Anspruch und der langen Erfahrung der Soziologie an der FernUniversität Hagen verpflichtet. Der Anspruch ist, sowohl in soziologische Fragestellungen einzuführen als auch differenzierte Diskussionen zusammenzufassen. In jedem Fall soll dabei die Breite des Spektrums der soziologischen Diskussion in Deutschland und darüber hinaus repräsentiert werden. Die meisten Studientexte sind über viele Jahre in der Lehre erprobt. Alle Studientexte sind so konzipiert, daß sie mit einer verständlichen Sprache und mit einer unaufdringlichen, aber lenkenden Didaktik zum eigenen Studium anregen und für eine wissenschaftliche Weiterbildung auch außerhalb einer Hochschule motivieren.

Cas Wouters

Informalisierung

Norbert Elias' Zivilisationstheorie
und Zivilisationsprozesse
im 20. Jahrhundert

Westdeutscher Verlag

Die Deutsche Bibliothek – CIP-Einheitsaufnahme

Wouters, Cas:
Informalisierung : Norbert Elias' Zivilisationsprozesse im 20.
Jahrhundert / Cas Wouters. – Opladen ; Wiesbaden : Westdt. Verl.,
1999
  (Hagener Studientexte zur Soziologie : Bd. 3)
  ISBN 978-3-531-13412-3   ISBN 978-3-322-91621-1 (eBook)
  DOI 10.1007/978-3-322-91621-1

Übersetzung aus dem Niederländischen von Werner Fuchs-Heinritz.

Der Westdeutsche Verlag ist ein Unternehmen der
Bertelsmann Fachinformation GmbH.

www.westdeutschervlg.de

Höchste inhaltliche und technische Qualität unserer Produkte ist unser
Ziel. Bei der Produktion und Verbreitung unserer Bücher wollen wir die
Umwelt schonen: Dieses Buch ist auf säurefreiem und chlorfrei gebleichtem
Papier gedruckt. Die Einschweißfolie besteht aus Polyäthylen und damit aus
organischen Grundstoffen, die weder bei der Herstellung noch bei der
Verbrennung Schadstoffe freisetzen.

Umschlaggestaltung: Horst Dieter Bürkle, Darmstadt

ISBN 978-3-531-13412-3

Inhaltsverzeichnis

	Seite
Vorwort	**9**
1. Einleitung	**11**
2. Überblick über die Zivilisationstheorie von Norbert Elias	**15**
a. Die Frage, die Quellen und der Rahmen: Soziale und psychische Prozesse	15
b. Zivilisationstheorie und Zivilisationsprozesse	18
c. Zwei Einwände: Europazentrismus und Teleologie	27
3. Informalisierung und die Richtung des westlichen Zivilisationsprozesses	**32**
a. Amsterdam und die Soziologie in den 1960er und 1970er Jahren	33
b. Kriterien zur Bestimmung der Richtung von Zivilisationsprozessen	36
4. Die Informalisierungsthese	**48**
a. Emanzipation und Informalisierung	48
b. „Verringerung der Kontraste, Vergrößerung der Spielarten"	53
c. Zunehmender gesellschaftlicher Zwang zum Selbstzwang	54
d. Zunehmende Identifikation der Menschen miteinander	56
e. Ambivalenz und die Chancen zur Äußerung von Gefühlen	58
f. Vorläufige Schlußfolgerungen: Die Informalisierungsthese	61
g. Implikationen für die Zivilisationstheorie und die Reaktion von Elias	63
5. Informalisierung im Umgang zwischen den sozialen Klassen und Informalisierung bei der Trauer	**67**
a. Untersuchung von Anstandsbüchern: Meidungsverhalten als soziale Beschmutzungsangst	68
b. Informalisierung bei der Trauer	76
c. Informalisierung als psychischer Prozeß: Zusammenfassung	85

6. Formalisierung und Informalisierung: Zwei Phasen von Zivilisationsprozessen   **90**

a. Informalisierung als langfristiger sozialer Prozeß: Zwei Phasen in Spiralbewegung   90
b. Gemeinsame und gegensätzliche Interessen: Grundvertrauen zu den Unternehmen und Grundvertrauen zum Staat   92
c. Druck von unten versus Druck von oben: Abwärts versus aufwärts gerichtete Perspektive   95
d. Nationalisierung und Regionalisierung: Das Beispiel des Sprachgebrauchs   97
e. Neue Etikettebücher: Der Umgang zwischen den Geschlechtern   100
f. Von der Obhut des Mannes zur Selbstbehauptung   109
g. Vom Distanzhalten zum Schutz der Privatsphäre   111
h. Die neue Formalisierungsphase und die Richtung des Zivilisationsprozesses   115

7. Untersuchung der Veränderungen im Verhältnis der Geschlechter. Staat und Sexualmoral; ministerielle Stellungnahmen und Untersuchungsberichte   **121**

a. Vom Kampf gegen „Sittenverwilderung" zum Kampf gegen „sexuelle Gewalt"   122
b. Der „Regierungsbericht zur Tanzfrage"   125
c. Die Berichte über sexuelle Gewalt und sexuelle Einschüchterungen   128
    c.1. Der Bericht über sexuelle Belästigungen am Arbeitsplatz   130
    c.2. Der Bericht zur Prostitution   133
d. Die Erotisierung des Alltagslebens   135
e. Zunehmende Zwiespältigkeit und Ambivalenz   139

8. In Richtung auf eine Soziologie der Emotionsregulierung   **143**

a. Hochschilds „Soziologie der Emotionen"   144

b. Informalisierung und die Soziologie der
   Emotionsregulierung   150

9. Wie fremd sind uns unsere Überlegenheitsgefühle?   **154**

a. Drei Regimes in Veränderung   154
b. Phasen der Zivilisierung von Emotionen   156
c. Was ist mit den „gefährlichen" Gefühlen geschehen?   161
d. „Fremde" und „Fremdheit" in den Phasen der
   Zivilisierung von Gefühlen   164
e. Eine Ergänzung der Zivilisationstheorie   167
f. Von der „zweiten" zur „dritten Natur"   169
g. Wie fremd sind diese Gefühle?   174

**10. Informalisierung und soziale Stratifikation in weltweiter
Perspektive**   **182**

a. Wächst die Kluft zwischen armen und reichen Ländern?   182
b. Der Konkurrenz- und Verflechtungsmechanismus   186
c. Konvergenz und Divergenz: Das Beispiel Mittel- und
   Osteuropa   191
d. Politische Vertretung und politische Unabhängigkeit,
   ein Vergleich   193
e. Der „Ausklang der anti-kolonialen Revolution"   197
f. Die Probleme des Bevölkerungswachstums, der
   Verschuldung und des westlichen Einflusses   198
g. Schluß: Ein realistisches Ideal   209

Literaturverzeichnis   **212**

Vorwort

In diesem Buch geht es um auffällige Veränderungen der westlichen Umgangsformen im 20. Jahrhundert: Die Menschen gehen lockerer miteinander um und sprechen entspannter über ihre Gefühle. Was Ende des vorigen Jahrhunderts noch verboten war, ist jetzt oft erlaubt. Dies Buch beschreibt, wie in den aufeinanderfolgenden Generationen immer mehr Gefühls- und Verhaltensformen akzeptabel wurden, und faßt diese Veränderungen als einen Prozeß der *Informalisierung* auf. Das bedeutet, daß allerhand Gefühle und Verhaltensweisen, die in früheren Jahrhunderten nach und nach durch eine immer straffere Zwangsjacke aus Vorschriften und Etikette blockiert worden waren, im Laufe dieses Jahrhunderts aus ihren drückenden Fesseln erlöst wurden. Besonders „gefährliche" Gefühle wie Mordlust, Habsucht, Eifersucht, Geilheit und (Todes-)Angst, die zu Erniedrigung oder zu Vernichtung führen können, waren aus dem Bewußtsein verbannt worden. Dies Buch stellt Untersuchungsergebnisse vor, die zeigen, wie im 20. Jahrhundert die Offenheit auch im Hinblick auf die „gefährlichen" Gefühle zunahm.

Die Untersuchungsfrage, wie die Veränderungen in den Umgangsformen und der Emotionsregulierung im 20. Jahrhundert dargestellt, interpretiert und erklärt werden können, ist im Grunde dieselbe, wie sie Norbert Elias in seinem *Über den Prozeß der Zivilisation* im Hinblick auf entsprechende Veränderungen in Westeuropa zwischen dem 15. und dem 19. Jahrhundert gestellt hat. Die Frage nach den tiefgreifenden Veränderungen im 20. Jahrhundert baut deshalb durchaus auf der Zivilisationstheorie von Norbert Elias auf, führt aber zugleich zu einer kritischen Erörterung dieser Theorie.

Das angeführte Werk von Elias ist in den Niederlanden schon früh rezipiert worden. In den 1960er Jahren ist Elias, der damals in Leicester (England) wohnte, viele Male eingeladen worden, um in Amsterdam zu lehren. Später lebte und wirkte der Begründer der Zivilisationstheorie jahrelang in Amsterdam. So ist in den Niederlanden – früher und intensiver als anderswo – ein Netzwerk von Sozialwissenschaftlern und Historikern entstanden, die sich mit den Entwicklungspotentialen dieser Theorie beschäftigen. In diesem Diskussionszusammenhang stellte sich die Frage, ob und wie die Zivilisationstheorie die seit den 1960er Jahren besonders starken Informalisierungsprozesse theoretisch einordnen kann. In diesem Buch stelle ich diese Debatte vor und versuche, ihren Ertrag zu systematisieren. Ferner werde ich in großen Linien die zeitliche Abfolge einhalten, in der diese Gedanken entwickelt und in Untersuchungen überprüft worden sind. Zuerst geschah dies vor allem anhand von niederländischen Quellen, später auch auf der Basis internationaler Vergleiche.

Deutsch lesen fällt mir leicht, deutsch sprechen geht ganz gut, aber deutsch schreiben ist eine zu große Aufgabe. Deshalb war bis vor kurzem nur ein kleiner Teil meiner Arbeiten in deutscher Sprache erschienen. Mit dem Erscheinen dieses Buches wird dieser Teil ein Stück größer. Das geht vor allem auf Werner Fuchs-Heinritz zurück, Soziologe an der Fernuniversität Hagen. Auf seine Anregung hin habe ich eine Auswahl aus meinen Schriften als Kurs der Fernuniversität vorgelegt. Das Manuskript habe ich in niederländischer Sprache abgegeben, und er hat für die Übersetzung gesorgt; der Kurs wird seit 1997 angeboten. Nach nur einigen kleinen Änderungen ist daraus das hier vorliegende Buch entstanden.

April 1999, Cas Wouters

1. Einleitung

Zu anderen Zeiten, in anderen Ländern verhalten sich die Menschen anders, auch ihr Gefühlsleben ist verschieden. Im reichen Westen lassen sich im Laufe des 20. Jahrhunderts mehrere Wellen feststellen, während derer die sozial akzeptierten Möglichkeiten für Gefühl und Verhalten rasch zugenommen haben. Insgesamt hat sich so fortschreitend eine Nuancierung und Flexibilisierung der Umgangsformen und Gefühlsregeln vollzogen. Diese Veränderungen sind in diesem Buch zentral. Das ist ähnlich wie in dem Buch, mit dem Norbert Elias die Zivilisationstheorie begründet hat. In seiner Studie über Zivilisationsprozesse bilden Veränderungen der gesellschaftlichen Codes für Verhalten und Gefühl den hauptsächlichen Fragehorizont. Diese Veränderungen lassen sowohl soziale wie psychische Prozesse sichtbar werden; sie bilden zudem einen Schlüssel für das Verständnis des Zusammenhangs zwischen beiden. Aus den veränderten Codes können ja die Veränderungen der Art und Weise abgeleitet werden, wie die Menschen miteinander, als auch die, wie sie mit sich selbst umgehen.

Ein kennzeichnender Unterschied zwischen unseren Resultaten ist, daß Elias für seine Untersuchungszeit einen Prozeß der Formalisierung feststellt, eine fortschreitende Verschärfung der Codes für Verhalten und Gefühl. Hingegen habe ich aufgrund der Veränderungen dieser Codes im 20. Jahrhundert einen Prozeß der Informalisierung festgestellt. Dies führt unter anderem zu den Fragen, ob der Zivilisationsprozeß im 20. Jahrhundert seine Richtung verändert hat und welche Implikationen der Informalisierungsprozeß für den Zivilisationsprozeß und die Zivilisationstheorie hat. Anhand dieser Fragen, Zielen und Methoden wird der Informalisierungsprozeß im 20. Jahrhundert beschrieben und interpretiert. So wird eine Theorie von Formalisierung und Informalisierung als Phasen in den Prozessen von Staatsbildung und Zivilisation entwickelt.

Weil die Zivilisationstheorie für die Untersuchungsfragen und -
methoden hier von Belang ist, gibt das folgende Kapitel zuerst
einen zusammenfassenden Überblick über diese Theorie und
über die Kriterien zur Bestimmung der Richtung von Zivilisationsprozessen. Danach werden die Hintergründe für die Entstehung unserer Fragestellung und der Informalisierungsthese
beleuchtet: die Veränderungen in Verhalten, Gefühl und Moral
in der zweiten Hälfte der 1960er Jahre in Amsterdam, in einer
Zeit, in der gleichzeitig die Zivilisationstheorie bei den Sozialwissenschaftlern einen Aufstieg erlebte. Die Informalisierungsthese entstand aus einer Kritik an der Interpretation von Unter-
suchungsergebnissen, die Veränderungen in der Ratgeber-
spalte einer Frauenzeitschrift betrafen. Nach einer Zusammenfassung dieser Auseinandersetzung werden die wichtigsten
Resultate der Forschungen vorgestellt, die danach vorgenommen wurden. Diese Forschungen hatten sowohl Veränderungen im Verhältnis zwischen den Geschlechtern als auch Veränderungen im Bereich von Tod und Trauer zum Gegenstand.

Zu Ende der 1970er und zu Beginn der 1980er Jahre sind
einige Veränderungen in den Umgangsformen aufgetreten, die
der Informalisierungswelle ein Ende zu bereiten schienen. Diese waren verknüpft mit einem Umschlag von einer Periode, in
der Informalisierung zusammen mit kollektiver Emanzipation
und Widerstand dominierten, in eine Periode, in der gerade
umgekehrt Anpassung und Ergebung vorherrschten. Die Veränderungen in den Umgangsformen gingen also wieder in
Richtung Formalisierung. Dies nötigte zu genauerer Überle-
gung und Nuancierung, zu einer Interpretation im Sinne eines
Umschlags von einer kurzfristigen Phase der Informalisierung
in eine kurzfristige Phase der Formalisierung: zwei Phasen in
einer Spiralbewegung. Da in der ersten Hälfte der 1980er Jahre
eine Vielzahl neuer Etikettebücher herauskommt, folgt dann
eine genauere Untersuchung dieses Umschlags, indem die
neuen mit den älteren Anstandsbüchern verglichen werden.
Dadurch wird diese Interpretation gestützt und präzisiert. Für

die 1980er und 1990er Jahre legen die Ergebnisse von neueren Untersuchungen, die sich auch auf jüngste Veränderungen im Verhältnis der Geschlechter und im Verhältnis von Sterbenden und Fortlebenden erstrecken, nahe, daß in Bezug auf den Umgangscode und die entsprechenden Ideale die Spiralbewegung in Richtung Informalisierung weitergeht: Die Emanzipation von Impulsen und Emotionen in den Bereichen Sexualität, Sterben und Trauern ist keineswegs zum Stillstand gekommen. Das vorliegende Buch beschränkt sich hauptsächlich auf die Wiedergabe derjenigen Resultate, die die Veränderungen im Verhältnis zwischen den Geschlechtern betreffen.

Weil die wachsende Berücksichtigung von Emotionen in den Sozialwissenschaften einen neuen Zweig der soziologischen Arbeit, die „Soziologie der Emotionen" anregte, liegt es nahe, die Unterschiede zwischen dem Ansatz einer wichtigen Vertreterin dieses Arbeitsbereichs, Arlie Hochschild, und der Theorie der Informalisierungsprozesse darzulegen. Das darauf folgende Kapitel befaßt sich mit der Regulierung von Überlegenheitsgefühlen; es wurde angeregt durch ein Buch, durch das der deutsche Soziologe Hans-Peter Waldhoff die Zivilisationstheorie ergänzt hat.

Insgesamt berücksichtigt dies Buch demnach vor allem die letzte Welle von Informalisierung (in den 1960er und 1970er Jahren) und ihren Umschlag in die jüngste Welle von (Re-) Formalisierung (in den 1980er und 1990er Jahren). Das Schlußkapitel fragt danach, unter welchen Bedingungen Informalisierungsprozesse, die sich bislang auf westliche, stark interdependente und demokratisierte Gesellschaften beschränken, weltweit wirksam werden können. Diese Fragestellung führt zu einer vergleichenden Skizze der frühen Stadien der industriellen Revolution, in denen die Ungleichheit in bezug auf Macht und Status zwischen den sozialen Klassen anfänglich zunahm, mit dem Frühstadium der „antikolonialen Revolution", das derzeit das Verhältnis der Staaten bestimmt. So stellt das letzte Kapitel die Prozesse der Demokratisierung und der Informalisierung in einen globalen Rahmen.

2. Überblick über die Zivilisationstheorie von Norbert Elias

Die Zivilisationstheorie ist in den 1930er Jahren von Norbert Elias formuliert worden, einem jüdischen Deutschen im Exil, der vor den Gefahren im nationalsozialistischen Deutschland geflüchtet war. Vor seiner Flucht aus Deutschland hatte Elias Philosophie studiert und sich danach in Heidelberg und Frankfurt am Main immer weiter zur Soziologie hin entwickelt. Aus dieser Zeit rühren die Einflüsse von Soziologen wie Max Weber, Alfred Weber und Mannheim, von Historikern wie Huizinga, von dem Begründer der Psychoanalyse Freud. Unter dem Eindruck der Vorboten des kommenden Krieges, der damals oft (wie noch heute) als Untergang der (westlichen) Zivilisation gesehen wurde, entstand die Frage nach der Bedeutung des Begriffes Zivilisation.

a. Die Frage, die Quellen und der Rahmen: Soziale und psychische Prozesse

In der Bibliothek des berühmten Britischen Museums in London stieß Elias zufällig auf eine Reihe von Etikette- bzw. Anstandsbücher, darunter auch verschiedene Neuauflagen. Das war der erste Schritt zur Untersuchung europäischer Anstandsbücher aus dem 15. bis zum 19. Jahrhundert. In diesen Bücher fand er Veränderungen der Richtlinien im Hinblick auf körperliche Verrichtungen, die mit der biologischen Ausstattung des Menschen zusammenhängen und insofern weithin als allgemein menschlich gelten können: essen, trinken, pinkeln, einen Haufen machen, schlafen, die Nase schneuzen, sich lieben, kämpfen. Elias betrachtete sie als Veränderungen der Steuerung von Trieben und Impulsen und damit als Quellenmaterial, mit dem nachgewiesen werden könnte, worüber bis dahin nur spekuliert und gestritten wurde: daß (und wie) sich die gesamte psychische Struktur der Menschen im Laufe der Geschichte verändert. Kurzum, er hatte einen Weg gefunden, um psychische Prozesse in langfristige Entwicklungen einzuordnen. Noch

Erasmus hatte geraten, nicht auf oder über den Tisch zu spuk-
ken; später wird das Spucken immer mehr eingeschränkt,
schließlich wird es ganz verboten. Heutzutage wird die Neigung
zum Spucken im Westen nicht mehr als „natürlich" angesehen.
Daten dieser Art zeigen auf, daß Etikette bzw. gute Manieren
eine Form der Ausübung von sozialer Kontrolle sind; sie enthalten einen von anderen ausgehenden Zwang zur Ausübung
von Selbstkontrolle. Der Begriff Manieren ist gleichsam eine
Abkürzung von „Manieren des Umgangs mit anderen und mit
sich selbst". Als solche bilden sie einen wichtigen Teil jeder
Gesellschaft: Die Umgangsformen in den Beziehungen, in denen die Menschen aufwachsen, sind alle mehr oder weniger
auf die Umgangsformen abgestimmt, die in der Gesellschaft
dominant sind. Weil die Menschen nicht von Natur aus zivilisiert
sind, weil sie von Natur aus nur über die Möglichkeit verfügen,
sich eine Regulierung der direkt trieb- und affektgesteuerten
Verhaltensimpulse anzueignen, können Intensität und Muster
des gesellschaftliche Zwangs zum Selbstzwang stark variieren;
in jedem Falle ist er ein universeller sozialer Faktor. Das bedeutet nicht, daß diese Prozesse unumkehrbar sind. Im Unterschied zu biologischen Prozessen können diese sozialen Prozesse ihre Richtung ändern, wie es z.B. der Zerfall des
Römischen Reiches zeigt. In jeder Gesellschaft widerspiegelt
und bekräftigt das herrschende Regime von Vorschriften und
Etikette die Verteilung von Macht, Status oder Respekt; es ist
der symbolische Ausdruck davon. Weiter werden alle Beteiligten durch die herrschenden Umgangsformen mit Anforderungen an ihre Gefühlskontrolle konfrontiert, mit von anderen aus-
gehendem Zwang zum Selbstzwang. Übertretungen werden
auf vielerlei Arten sanktioniert - vom Klatsch bis zum Ausschluß
aus der Gesellschaft - und bringen Gesichtsverlust, Verlust von
Achtung und Selbstachtung mit sich. Aus einem jeden Regime
von Umgangsformen ergibt sich das gesellschaftlich akzeptierte
Spektrum von Alternativen für Verhalten und Fühlen, und damit
zugleich das Niveau der gegenseitig erwarteten Selbstbeherr-

schung. Veränderungen der Umgangsformen geben daher nicht nur Auskunft über Veränderungen der Macht- und Abhängigkeitsverhältnisse, sondern auch über Veränderungen der Selbstkontrolle, die verlangt wird:

„Es ändert sich die Art, in der die Menschen miteinander zu leben gehalten sind; deshalb ändert sich ihr Verhalten; deshalb ändert sich ihr Bewußtsein und ihr Triebhaushalt als Ganzes." (Elias 1978 II, 377)

Daraus kann ein wichtiges methodisches Prinzip abgeleitet werden: Die Untersuchung von Veränderungen der herrschenden Umgangscodes erbringt Hinweise auf Modifikationen sowohl (a) der Macht- und Abhängigkeitsverhältnisse und der daraus hervorgehenden Probleme des Zusammenlebens, vor die sich die Menschen gestellt sehen, als auch (b) der Selbststeuerung, mit der die Individuen diesen Problemen entgegentreten. Mit anderen Worten: Veränderungen im Spektrum der dominanten Umgangsformen verweisen sowohl auf soziale als auch auf psychische Prozesse, auf Veränderungen sowohl der Regimes der Macht wie der Gefühle.

Zu den Entwicklungen der Machtordnungen, die Elias in den Mittelpunkt der Aufmerksamkeit gestellt hatte, gehören in erster Linie die Prozesse der Staatsbildung; durch sie wurden ja die Ausübung von Gewalt und die Einnahme von Steuern monopolisiert, was verbunden war mit einer Pazifizierung der Verhältnisse innerhalb der Staaten. Die Impulse, Konflikte mit Gewalt auszutragen, wurden so ja einem stärkeren gesellschaftlichen Zwang unterworfen, sich selbst im Zaume zu halten - ein Beispiel für den festen Zusammenhang von Veränderungen in der gesellschaftlichen Struktur und von Veränderungen der Struktur von Verhaltensweisen sowie der ganzen Persönlichkeitsstruktur. Auf diese Weise eröffnet Elias eine Perspektive auf sich verändernde Verhältnisse *zwischen* und *in* den Menschen, die die Grundgedanken von Marx und von Freud zu einem theoretischen Ansatz verbindet. Während Marx seine Aufmerksamkeit vor allem den Produktions- und Besitzverhältnissen widmete,

richtet sich die Aufmerksamkeit bei Elias vor allem auf die Verhältnisse, unter denen Gewalt ausgeübt und reguliert wird. Und
achtete Freud vor allem auf die Verhältnisse in der Herkunfts-
familie, um psychische Strukturen zu begreifen, so stellt Elias
die Familienbeziehungen in den Zusammenhang aller gesellschaftlichen Verhältnisse und der darauf abgestimmten Codes
von Verhalten und Gefühl. Von dieser Perspektive her baute
Elias seine Untersuchung europäischer Anstandsbücher zu
einem mittlerweile klassischen Werk über den europäischen
Zivilisationsprozeß aus. Er wies darin nach, daß der Druck, den
die Menschen auf sich selbst und aufeinander ausgeübt haben,
im großen und ganzen in eine bestimmte Richtung gewirkt hat:
Seit dem Mittelalter ist eine ganze Reihe von elementaren
„animalischen" Verrichtungen wie essen, trinken und schlafen,
sind auch die primären Impulse und Emotionen immer stärker
immer mehr - und stärker differenzierten - Regulierungen unterworfen worden, standardisiert als Vorschriften und als „gute
Manieren". Stets aufs neue wurde das, was zuerst als „gutes
Betragen" durchging, später entweder als ungehobelt erfahren
oder als absolut selbstverständlich. Die Entwicklungen wurden
von Elias unter anderem so zusammengefaßt:

„... die ganze Richtung der Verhaltensänderung, der «Trend»
der Zivilisationsbewegung ist überall der gleiche. Immer drängt
die Veränderung zu einer mehr oder weniger automatischen
Selbstüberwachung, zur Unterordnung kurzfristiger Regungen
unter das Gebot einer gewohnheitsmäßigen Langsicht, zur
Ausbildung einer differenzierteren und festeren «Über-Ich»-
Apparatur." (Elias 1978 II, 338)

b. Zivilisationstheorie und Zivilisationsprozesse

Die Zivilisationstheorie umfaßt einen Komplex von Zusammenhängen, die zugleich als Kriterien zur Bestimmung (der Richtung) von Zivilisationsprozessen fungieren.

Eine der wichtigsten Triebkräfte der Veränderung in Europa
ist die unter starkem Konkurrenzdruck stattfindende Differenzie-

rung von gesellschaftlichen Funktionen gewesen. Die Handlungen von immer mehr Menschen wurden hierdurch aufeinander bezogen. Dadurch gerieten sie unter den Druck, eine immer differenziertere, umfassendere, gleichmäßigere und stabilere Verhaltenssteuerung auszubilden. Während der Zwang zu solcher Abstimmung des Verhaltens der Menschen aufeinander in weniger komplexen Gesellschaften vor allem durch die Beteiligten unmittelbar ausgeübt wurde, üben die Menschen in der weiteren Entwicklung der Gesellschaften diese Zwänge immer automatischer auf sich selbst aus: „Fremdzwänge" werden mehr und mehr in „Selbstzwänge" umgewandelt. Starke Extreme und plötzliche Umschwünge in Verhalten und Affektäußerungen werden immer öfter nahezu automatisch gemäßigt, unter- anderem durch die zur Gewohnheit gewordene Notwendigkeit, über den Moment hinaus zu denken und stärker mit der Verkettung von Vergangenheit, Gegenwart und Zukunft zu rechnen. Unmittelbare Gelüste werden allmählich mit Blick auf die Unlusterfahrungen, die folgen, wenn man ihnen nachgibt, bezwungen. Mäßigung von spontanen Aufwallungen, gleichmäßigere Beherrschung der Affekte und Nachdenken über die eigenen Handlungen und Absichten und die von anderen in längerem Zeitrahmen sind Aspekte der Veränderungen, die sich gleichzeitig mit der Ausbreitung und Stabilisierung der Netze von Interdependenzen vollziehen. Zentral für die Theorie ist das Beispiel der bereits angeführten Monopolisierung der Gewaltausübung innerhalb von Staaten. Elias erläutert diese Monopolisierung mit Hilfe des Begriffs „Monopolmechanismus" (Elias 1978 II, 142ff.). Von den Rittern, die wie kleine Könige über ihr Gebiet herrschten, hatten die reicheren und größeren ein Machtübergewicht über die vielen kleineren. In der ersten Phase der Monopolbildung bestand eine freie wechselseitige Konkurrenz, ein dauernder Kampf um Land (sowie auch um andere knappe Güter), in dem derjenige, der nicht „mehr" erwarb, automatisch zurückfiel, weil er lediglich bewahrte, was er hatte. Die zweite Phase kennzeichnet Elias so:

„Mag es sich um Land, um Soldaten oder um Geld in irgendeiner Form handeln, je mehr sich davon in einer Hand akkumuliert, desto weniger wird es für diesen Einzelnen übersehbar, desto sicherer wird er durch sein Monopol selbst auf immer mehr Andere angewiesen, desto stärker wird er von dem Geflecht seiner Abhängigen abhängig ... Das Privatmonopol Einzelner vergesellschaftet sich; es wird zu einem Monopol ganzer Gesellschaftsschichten, zu einem öffentlichen Monopol, zum Zentralorgan eines Staates ... Die Tendenz der Monopole, etwa des Gewalt- und Steuermonopols, aus «privaten» zu «öffentlichen» oder «staatlichen» Monopolen zu werden, ist nichts anderes als eine Funktion der gesellschaftlichen Interdependenz ...." (Elias 1978 II, 147, 148, 152).

Die Spannungen und Konflikte, die mit der Monopolisierung der Mittel zur Befriedigung der sozialen Bedürfnisse anderer Gruppen durch eine Gruppe (bzw. durch einige rivalisierende Gruppen) zusammenhängen - Monopolisierung also von Machtmitteln wie Gewalt-, Produktions-, Organisations- und Orientierungsmitteln - hält Elias für die wichtigste Triebkraft von sozialen Prozessen. Mit dem Begriff Monopolmechanismus weist er auf die weltweiten Trends der durch wechselseitige Konkurrenz vorangetriebenen Spezialisierung, Konzentration und Organisation - von Elias Differenzierung und Integrierung genannt - als Triebkräften des blinden Prozesses zunehmender Interdependenzen sowohl zwischen Klassen wie auch zwischen Staaten hin. In diesen Prozessen sind die Gruppen mit einem Mehr an Machtquellen (vor allem an Gewalt und Geld) immer abhängiger geworden von ihren Untergebenen - wodurch sowohl die wechselseitige Konkurrenz als auch die Verletzlichkeit der Gesellschaftsordnung zugenommen haben. Innerhalb der so pazifizierten Gesellschaften brach Gewalt immer weniger in spontanen Aufwallungen durch, weil ein jeder in dieser Hinsicht dem staatlichen Zwang von Regeln und Vorschriften sowie dem von anderen ausgehenden Zwang in Form der „guten Manieren" unterworfen wurde. Die unmittelbare Angst eines jeden Menschen vor dem anderen hat dadurch bis zu einem gewissen Grade abgenommen. In Verbindung damit haben die verinnerlichten Ängste zugenommen - der Zwang, sich zurückzuhalten, wird in innere Ängste umgewandelt, d.h. in die Angst, die eigenen Triebe und Impulse nicht beherrschen zu können. Und beiderlei Ängste sind gleichmäßiger geworden. In gewissem Sinne wurde das Leben weniger gefährlich, und die Affekte der Menschen wurden gedämpfter; die Spannungen, die ehedem im Kampf zwischen den Menschen wechselseitig direkt geäußert wurden, mußten die Menschen nun in sich selbst meistern. Die Umschläge von Lust zu Unlust wurden weniger extrem, und die Spannung zwischen den Kontrollfunktionen (*Ich* und *Über-Ich*) und dem Triebzentrum (*Es*) bzw. dem Unbewußten wurde größer. Lust- und Unlustgefühle wurden temperiert, durch den Kontrollapparat gefiltert, und gelangten so weniger intensiv nach außen. Das Bewußtsein hat sich gleichsam den Trieben immer mehr entzogen, indem es sie stärker und automatischer bezwingt, während sich umgekehrt die Triebe immer stärker dem Bewußtsein entzogen haben durch Bildung eines „Unbewußten" oder „Unterbewußtseins" (im Vorgriff auf das Folgende: Informalisierung bedeutet unter anderem eine Umkehrung des letztgenannten Vorgangs, nämlich eine stärkere Bewußtmachung des „Unbewußten").

In dem Prozeß wachsender Differenzierung der gesellschaftlichen Funktionen, vor allem durch die zunehmenden Geld- und Handelsverflechtungen in West-Europa, wurde der Arbeitsprozeß nach und nach dermaßen kompliziert, daß Störungen, woher auch immer kommend, den Prozeß insgesamt so sehr gefährdeten, daß die Klassen, die über ihn bestimmten, sich nur halten konnten, indem sie auf die ihnen untergeordneten Klassen immer mehr Rücksicht nahmen. Wollten letztere die darin steckenden Emanzipationschancen ergreifen, dann mußten auch sie eine differenziertere Verhaltenssteuerung entwickeln. Auch diese Klassen standen also wegen der fortschreitenden Funktionsteilung unter dem Druck, zu einer mehr oder weniger automatischen Selbstbeherrschung zu gelangen, so daß kurze Aufwallungen immer öfter solchen Belangen untergeordnet wurden, die nur aus einer langfristigeren Zeitperspektive sichtbar sind. Auch diese Erweiterung der Interdependenznetze war so verknüpft mit der Ausbreitung einer differenzierteren und gleichmäßigeren Selbstkontrolle. So hat die fortschreitende Funktionsteilung eine Verminderung von Machtdifferenzen in Gang gesetzt und zugleich eine Verminderung der Unterschiede im Muster der Selbststeuerung.

Die Gewohnheit, in längeren Zeitperspektiven zu denken, und die darauf abgestimmte wirksamere Verhaltens- und Affektregulierung bildeten für die mächtigeren Gruppen wichtige Quellen von Macht und Prestige. In dem Maße, in dem das Einkommen von immer größeren Gruppen über das Existenzminimum gestiegen ist, bildeten bei ihnen der Wunsch nach mehr Prestige und die Angst vor Prestigeverlust mindestens so starke Motive zum Handeln wie die Notwendigkeit, den täglichen Lebensunterhalt zu bestreiten. Der Wunsch, dem Druck mächtigerer Gruppen zu entrinnen, zu entrinnen ihrer Prätention von Höherwertigkeit in menschlicher Hinsicht und auch den eigenen Gefühlen von Minderwertigkeit, erklärt, weshalb das Muster der Selbstkontrolle, das mächtigere Gruppen kennzeichnet, bei weniger mächtigen Gruppen als Modell angenommen wurde. Die mächtigeren Gruppen wurden dadurch wiederum angespornt, ihre Selbststeuerung weiter zu entwikkeln und zu verfeinern. So wurde, was einmal „verfeinertes" bzw. „kultiviertes" Verhalten war, später immer wieder als „vulgär" abgestempelt, oder es wurde allgemein gängig und damit selbstverständlich. In dem Maße, in dem unterlegene Gruppen sozial aufstiegen und die Machtdifferenzen so abnahmen, wurde der Prestigekampf intensiver. Individuen, die sich gehen ließen, bekamen es mit härteren Sanktionen zu tun, weil ihr Verhalten das Prestige der Gruppe in Gefahr brachte. Der Drang und der Zwang, sich aus Angst vor Verlust an Prestige oder Status in Übereinstimmung mit dem Gruppencode zu verhalten, ist eine der stärksten Triebkräfte für die Umwandlung vieler Fremdzwänge in Selbstzwänge gewesen.

Mit der Verringerung der Machtdifferenzen wurden die Kontraste in der Verhaltens- und Affektkontrolle der Beteiligten geringer. Beispielsweise wurden die Kontraste sowohl der Verzweiflung des Hungers und der Ekstase des Überschwangs als auch der schroffen Ausübung des „Rechts" des Stärkeren und der sklavischen Untertänigkeit geringer. In dem Maße, in dem die Menschen gehalten wurden, ihre Affekte gleichmäßiger zu regulieren, mußten auch die Extreme im Spektrum von Verhalten und Gefühl immer öfter vermieden werden, in erster Linie die extremen Äußerungen von Höher- und Minderwertigkeit. Zugleich nahm der Zwang, sich dennoch zu unterscheiden, in dem Maße zu, wie die sozialen Gegensätze geringer wurden, und dieser Zwang und dieser Wunsch, sich als Individuum und als Gruppe zu profilieren, brachte eine weitere Differenzierung von Verhalten und Gefühlsleben in Gang, in Richtung einer größeren Sensibilität für kleine Nuancen in Verhalten und Gemüt sowie einer Verbreitung von Verhaltensalternativen und -spielarten. Zusammengenommen handelt es sich um eine Verringerung der Kontraste und eine Vergrößerung der Spielarten.

Nicht allein die emotionalen Schattierungen haben zugenommen, auch die Schattierungen im Bilde, das sie von sich selbst und voneinander haben, sind zahlreicher geworden, und dies Bild wurde weniger durch momentane Gefühle verzerrt; es wurde „psychologischer". Auch das Weltbild der Menschen wurde weniger unmittelbar durch Wünsche und Ängste bestimmt, es wurde „rationaler". Diese Prozesse der „Psychologisierung" und der „Rationalisierung" sind Formen des Denkens in längerer Zeitperspektive. Ein weiterer Aspekt derselben psychischen Transformation ist die Zunahme von Gefühlen der Scham und der Peinlichkeit. Scham ist eine Art Furcht, als minderwertig zu gelten, die die Menschen überfällt, wenn sie sich bei einer Absicht oder einer Handlung ertappt fühlen von Menschen, mit denen sie auf die eine oder andere Weise verbunden sind. Die Ertappten fühlen sich wehrlos und können ihre Angst vor sozialer Degradierung nicht durch körperliche Gewalt direkt abwehren, auch nicht durch einen anderen Vorstoß oder eine Verteidigung, weil ihr Gewissen auf der Seite derer ist, die sie ertappt haben. So gestehen sie ihre Minderwertigkeit selbst ein. Schamgefühle sind mithin nicht nur Äußerungen eines Konflikts zwischen einem Individuum und der herrschenden öffentlichen Moral, sondern auch eines inneren Konflikts, nämlich mit jenem Teil des Selbst, der diese öffentliche Moral vertritt, mit dem als Gewissen funktionierenden Selbstzwang. Die Furcht, ein gesellschaftliches Verbot zu übertreten, erhält daher umso stärker den Charakter von Scham, je mehr die Austragung von Konflikten durch den Gebrauch von Gewalt tabuisiert ist und Fremdzwänge in automatisch funktionierende Selbstzwänge umgewandelt worden sind. Peinlichkeitsgefühle sind das Pendant von Schamgefühlen; es handelt sich um Regungen von Unlust oder Angst, die dann auftreten, wenn jemand anderes die gesellschaftlichen Verbote, die vom Gewissen vertreten werden, zu übertreten droht oder übertritt. Die Zunahme von Gefühlen der Scham und der Peinlichkeit war der Ausdruck einer Abschwächung der direkten Angst vor Bedrohung bzw. Überwältigung durch andere und einer Verstärkung der automatischen inneren Ängste und der Zwänge, die die Individuen auf sich selbst ausüben.

Sowohl die wachsende Rationalisierung und Psychologisierung als auch die Verstärkung von Gefühlen der Scham und der Peinlichkeit sind Aspekte der - mit Zunahme der Differenzierung und Koordination der gesellschaftlichen Funktionen - wachsenden Kluft in der Struktur der Persönlichkeit zwischen Triebzentrum und Kontrollapparat, zwischen „Es" und „Ego" bzw. „Über-Ich". „Ego" und „Über-Ich" haben immer mehr eine doppelte Funktion bekommen: Einerseits bildeten sie das Zentrum, von dem aus die Menschen ihre Beziehungen zu anderen Menschen und zu Dingen steuern, und andererseits bildeten sie das Zentrum, von dem aus die Menschen ihre inneren, ihre eigenen Triebe und Impulse steuern, teils bewußt und teils automatisch und unbewußt. „Ich" und „Über-Ich" begannen so, zugleich eine „Innen-" und eine „Außenpolitik" zu betreiben, und beide waren nur allzu oft nicht genau aufeinander abgestimmt. Die Rationalisierung des Verhaltens bildete den Ausdruck der „Außenpolitik" einer Kontrollapparatur, deren „Innenpolitik" in einer Anhebung der Scham- und Peinlichkeitsschwelle zum Ausdruck kam. Ein anderer Ausdruck davon war die Zunahme von „homo clausus"-Erfahrungen: der Erfahrung von sich selbst als von anderen Menschen abgeschlossen und abgesondert. Dies ist ein wichtiger Aspekt jenes Prozesses, den wir „Individualisierung" zu nennen gewohnt sind. Wenn Menschen über sich selbst als denkende Wesen nachdenken, wird die gedankliche Distanzierung von sich selbst rasch als eine wirklich gegebene räumliche Distanz erfahren, als Einsamkeit, während es sich doch eigentlich um die Distanz zwischen Triebzentrum und ziemlich permanent und stark automatisch wirksamen Kontrollfunktionen handelt, zwischen „Gefühl" und „Verstand". Auch in ihren gegenseitigen Beziehungen können Menschen dann eine große Distanz erfahren, während sie doch in Wirklichkeit viel mehr mit den Gefühlen der Beteiligten rechnen (müssen). Aufgrund der homo clausus-Erfahrung sieht es so aus, als ob Veränderungen „von außen" kommen, als ob sich nur die „Umstände", unter denen die Menschen leben, verändern und sich die - im übrigen als gleichbleibend vorgestellten - Individuen darauf einstellen. Aber die Umstände, die sich verändern, sind die Bindungen zwischen den Menschen selbst, und die Menschen verändern sich mit ihnen. Zufolge Elias gibt es keine außer-soziale Identität: Die Menschen können sich nur in Figurationen entwickeln und sind noch in ihrer tiefsten Selbsterfahrung Teile von diesen.

So hing die zunehmende Individualisierung (einschließlich der homo clausus-Erfahrung) zusammen mit einer wachsenden Identifikation der Menschen miteinander, ein zunehmendes Ich-Gefühl mit einem umfassenderen Wir-Gefühl. In dem Maße, in dem sich das Netz wechselseitiger Abhängigkeiten, in dem die Menschen lebten, ausbreitete und verdichtete, die Machtdifferenzen geringer wurden und mehr Gruppen in den wichtigsten Machtzentren Vertretung erreichten, wuchs der Druck, sich aneinander auszurichten und miteinander zu identifizieren. Die Beteiligten wurden angehalten, sich an denselben Standards der Regulierung von Verhalten und Gefühl zu orientieren, und dadurch wuchsen sowohl der Wunsch wie die Chancen, sich innerhalb der größeren Identifizierungseinheit voneinander zu unterscheiden. Die Differenzierungen, die Nuancen nahmen hierdurch zu und wurden als wichtiger erfahren. Individualitätsgefühle wie auch Solidaritätsgefühle nahmen so in Zusammenhang miteinander zu. Zugleich ist das Maß an Individualisierung eine Widerspiegelung des Grades von nationaler Integration, von Wohlstand und Frieden.

Die Ausbreitung, Differenzierung und Stabilisierung von zivilisatorischen Zwängen setzten ein angemessenes Maß an körperlicher Sicherheit und an materieller Sicherung voraus. Mit anderen Worten gehört auch ein recht hoher Lebensstandard zu den notwendigen Voraussetzungen für die Bildung und Erhaltung einer ziemlich stabilen und vielseitigen Selbststeuerung. Wenn es an körperlicher Sicherheit und an materieller Sicherung zu fehlen beginnt, verändert sich dadurch die Struktur von Ängsten und Lüsten, so daß das bestehende Zivilisationsniveau absinken oder ganz zusammenbrechen kann: Je höher das dauernde Niveau an Gefahren, desto niedriger das dauernde Zivilisationsniveau. Die Möglichkeit, Ängste und Lüste zu erfahren, ist eine unveränderliche Gegebenheit der menschlichen Natur; die Art, die Intensität und das Muster von Angst und Lust hängen jedoch nicht allein von der Natur ab, sondern werden vor allem durch die Entstehung und den Aufbau der zwischenmenschlichen Beziehungen bestimmt, durch die Struktur der Gesellschaft, und verändern sich mit diesen:

„Hier, wie überall aber ist der Aufbau der Ängste nichts anderes als der psychische Widerpart der Zwänge, die die Menschen kraft ihrer gesellschaftlichen Verflechtung aufeinander ausüben." (Elias 1978 II, 445f.)

c. Zwei Einwände: Europazentrismus und Teleologie

Für ein richtiges Verständnis sowohl der Zivilisationstheorie wie der Informalisierungsthese ist es hier geboten, auf zwei Einwände einzugehen, die in den letzten Jahrzehnten gegen die Theorie vorgebracht worden sind. Der erste Einwand lautet, daß Elias' Konzentration auf den europäischen Zivilisationsprozeß ein Werturteil enthalte und daß er europazentristisch denke im Sinne einer Verherrlichung der europäischen Kultur. Allerdings: Elias vermeidet in seiner Analyse der Entwicklungen in Europa Wertungen, und in der neuen Einleitung zur Studie *Etablierte und Außenseiter* verwehrt er sich ausdrücklich gegen die nur allzu oft selbstverständliche Gleichsetzung von Machtüberlegenheit (in den Bereichen von Technik und Wissen, auch in militärischer und kommerzieller Hinsicht) mit menschlicher Überlegenheit. Dabei handelt es sich um eine alte Gewohnheit, die in den Demokratisierungsprozessen der letzten Jahrzehnte zwar heftig bestritten wurde, die jedoch häufig dazu führt, daß z.B. das Wort „überlegen" in wertendem Sinne aufgefaßt wird. Es ist ganz einfach eine Tatsache, daß die Persönlichkeitsstruktur von Angehörigen der Oberschicht *eine* der Machtressourcen bildet, mit denen sie die Untergebenen oder Unterdrückten dominieren oder ausbeuten. Die Feststellung dieser Tatsache impliziert nicht notwendig eine moralische Beurteilung. Sie bedeutet nicht, daß Menschen derjenigen Klassen oder Gesellschaften, die daran gewöhnt sind, mehr Macht zu haben als andere Klassen oder Gesellschaften – und die tatsächlich einen Teil ihres Machtvorteils ihrem Muster der Selbstregulierung verdanken -, auch im ethischen Sinne *bessere* Menschen sind. Viele Angehörige „alter Familien" und „alten Geldes" haben beispielsweise durch ihre Aufzuchtbedingungen ein soziales Erbe erhalten – ein höheres Maß an Reflexivität, an psychische Flexibilität, entfaltete soziale Fertigkeiten -, das einen Teil der ihnen zugeschriebenen und von ihnen erworbenen Macht ausmacht. Aber es wäre närrisch und arrogant zugleich, daraus zu schließen, das würde sie zu besseren Menschen machen. Menschen in gehobenen Positionen demonstrieren oft genug das Gegenteil. Die „Verhaltenstafel" der Herrschenden, so Elias (1976, 453), hat also auch die Funktion, eine „ererbte Überlegenheit zu markieren", und zielt darauf, „sich nicht durch individuelle Leistung von anderen Individuen, sondern durch Besitz- und Prestigeinstrumente von minderen Gruppen zu unterscheiden."

Elias verwendet in durchgehendem Vergleich große Aufmerksamkeit auf den Zusammenhang von Machtdifferenzen, Unterschieden in der gegenseitigen Bewertung bzw. der Rangordnung und Unterschieden in der Selbstbewertung bzw. der Identität. Um die Entwicklungen in verschiedenen Gesellschaften zu vergleichen, verdeutlicht Elias beispielsweise den Aufbau der französischen, englischen und deutschen nationalen Identitäten. Er bringt die unterschiedlichen Prozesse der Staatsbildung in diesen Ländern in Zusammenhang mit den unterschiedlichen Dynamiken der Interdependenzen zwischen verschiedenen adeligen und bürgerlichen Gruppen, vor allem von den Zentren, in denen diese sozialen Oberschichten ihre wechselseitigen Spannungen und Konflikte regulierten.

So bestand das Zentrum in Frankreich lange Zeit aus einem Hof, an dem der König eine Mittelpunktfunktion inne hatte, weil Adel und Bürgertum so sehr voneinander abhängig geworden waren, daß sie weder miteinander noch jeder für sich handeln konnten. Diese Machtbalance gestattete dem König großen Entscheidungsspielraum über Interessengegensätze und Konflikte, wie sie hauptsächlich über Höflinge zu ihm durchdrangen und im Rahmen umfassender Regeln der Etikette.

In dem in viele Kleinstaaten aufgeteilten Deutschland gab es lange Zeit stark an Frankreich orientierte Höfe, an denen Vertreter des Bürgertums nicht oder kaum akzeptiert wurden. Hier entwickelte sich eine vor allem am gedruckten Wort orientierte

Gegenkultur bürgerlicher Intellektueller. Mit ihrer Kultur und Bildung - im Gegensatz zu, wie sie sagten, äußerlicher Höflichkeit und oberflächlichem Zeremoniell - umspannten sie das deutsche Sprachgebiet. Ihre Zentren waren die Universitäten. In England entwickelte sich auch recht bald ein zentraler Hof, wenn er auch nie so entschlossen und mächtig war wie der französische. Das Parlament, in dem die Konflikte zwischen Adel, Gentry und Bürgertum in relativ offenen Debatten geregelt wurden, war hier das wichtigste, das tonangebende Zentrum. Die hier entwickelte Verhaltensregulierung der „Gentlemen" („good sports") erhielt eine Vorbildfunktion für die nationale Identifikation, ähnlich wie die der Höflinge in Frankreich und die der bürgerlichen „Kultur"träger in Deutschland (wiewohl hier nach der Vereinigung unter Bismarck bis zur Hitler-Zeit auch das Ethos des Kriegeradels als Vorbild fungierte).

An den nationalen Identitäten, am Sprachgebrauch und an den Umgangsformen von breiten Schichten der Bevölkerung in diesen Ländern kann man dies alles noch heute ablesen. Kurzum, die Untersuchung der europäischen sozialen und psychischen Prozesse umfaßt eine Untersuchung der Entwicklungen von (Selbst-) Bewertungen und Identitäten, enthält dadurch aber keineswegs eine Bewertung dieser Prozesse, auch nicht im Vergleich mit Ländern außerhalb Europas. Zu Recht weist Elias daraufhin, daß die europäischen Kolonisatoren vom Schema der Verhaltensregulierung, das sich in ihren Ländern entwickelt hatte, profitierten, aber seine Analyse enthält keinen Lobgesang auf welche Zivilisation auch immer. In seinem 1939 erschienenen Buch legte Elias zutreffend dar, daß die Kolonisierung von außereuropäischen Ländern bedeutete, daß die Bewohner der kolonisierten Gebiete in das westliche Geflecht von politischen und ökonomischen Interdependenzen hineingezogen wurden und daß die diesem Netz inhärente Triebfeder der Konkurrenz auf die Dauer sowohl darauf hinwirken werde, das Machtgefälle zwischen Kolonisatoren und Kolonisierten wie auch die Gegensätze in ihren Standards von Verhalten und

Gefühl zu verringern - der gleiche Prozeß, wie er sich im Westen vollzogen hatte:

„... zugleich erzeugen und erzwingen die Menschen des Abendlandes unter dem Druck ihres eigenen Konkurrenzkampfes in weiten Teilen der Erde eine Veränderung der menschlichen Beziehungen und Funktionen zu ihrem eigenen Standard hin. Sie machen weite Teile der Welt von sich abhängig, und werden zugleich ... von ihnen selbst abhängig ... Sie arbeiten, zum guten Teil ohne es zu wollen, in einer Richtung, die früher oder später dazu führt, daß sich die Unterschiede der gesellschaftlichen Stärke sowohl wie die des Verhaltens zwischen Kolonisatoren und Kolonisierten verringern. Zum Teil schon in unserer Zeit beginnen die Kontraste spürbar kleiner zu werden ... beginnen sich in einzelnen Räumen jenseits des Abendlandes Durchdringungs- und Mischungsprozesse zu vollziehen, verwandt jenen Anderen, die oben am Beispiel des höfischen und des bürgerlichen Verhaltens in verschiedenen Ländern des Abendlandes selbst skizziert worden sind." (Elias 1978 II, 347f.)

Diese Beschreibung wurde - mindestens zum Teil - durch spätere Entwicklungen bestätigt: Die „Verringerung", auf die Elias hier hinwies, hat in der Tat zum Ende des Kolonialismus geführt.

Insgesamt: Die Feststellung einer Richtung in Zivilisationsprozessen darf nicht verwechselt werden mit einer Bewertung.

Ein zweiter Einwand lautet, daß der Zivilisationstheorie ein „teleologischer" Gedankengang zugrunde liege. Damit ist gemeint, daß spätere Geschehnisse zur Erklärung früherer benutzt würden und daß der ganze Prozeß beschrieben werde, als verliefe er auf ein vorausgesetztes Ziel hin, nämlich auf den Fortschritt der Zivilisation. Dieser Einwand beruht auf einem Mißverständnis: Elias hat ja gerade wiederholt darauf bestanden, daß sich der Zivilisationsprozeß als ganzer „blind" vollzogen hat. Die Veränderungen in den Beziehungen zwischen den Menschen, im Netzwerk ihrer wechselseitigen Abhängigkeiten verlaufen größtenteils ungeplant und nicht vorhergesehen, denn keine einzige der beteiligten Gruppen hat diese Veränderungen ausreichend im Griff. Die Individuen können einen gewissen „Spielraum", eine relative Autonomie gegenüber gewissen Figurationen haben, aber niemals im Hinblick auf Figurationen überhaupt. Die relative Autonomie von dynamischen Figurationen bzw. sozialen Prozessen gründet auf der fortschreitenden Verflechtung von Erfahrungen, Gedanken und Handlungen von vielen Menschen und Menschengruppen und auf der außermenschlichen Natur. Langfristig gesehen vollziehen sich diese Prozesse blind - d.h. relativ autonom gegenüber den Plänen und Absichten von Individuen -, weil alle intentionalen Handlungen sowohl aus nicht-intentionalen Interdependenzen hervorgehen als auch zu solchen hinführen. Auf diese Weise zeigt er auf, wie spätere Figurationen aus früheren entstanden sind bzw., von der anderen Seite her betrachtet, wie frühere zu späteren geführt haben. Damit konstatiert er eine Richtung in diesen Prozessen, nicht aber ein *telos*, ein vorausgesetztes Ziel. Die Richtung, die er für die Vergangenheit feststellt, ist auch nicht für die Zukunft festgelegt; die Prozesse sind umkehrbar. Und Umkehrbarkeit der Richtung ist unvereinbar mit jeglicher Teleologie. Die Feststellung einer Richtung in Zivilisationsprozessen impliziert also nicht per se die Annahme eines Ziels oder eine Bewertung.

Die Frage, wie bestimmte Geschehnisse zu bewerten sind, kann natürlich durchaus eine wichtige Triebfeder bilden, um die Richtung von Zivilisationsprozessen genauer zu untersuchen. Auf diese Weise ist ja die Zivilisationstheorie selbst entstanden:

„Die Fragestellung selbst entspringt allerdings weniger der wissenschaftlichen Tradition im engeren Sinne des Wortes, als den Erfahrungen von der Krise und der Umbildung der bisherigen, abendländischen Zivilisation und dem einfachen Bedürfnis zu verstehen, was es eigentlich mit dieser «Zivilisation» auf sich hat." (Elias 1976 I, LXXX)

3. Informalisierung und die Richtung des westlichen Zivilisationsprozesses

In der Zeit, in der sich die Zivilisationstheorie in weitere Kreise verbreitete, wurde auch zum ersten Mal die Frage nach der Richtung von Zivilisationsprozessen wieder aktuell: in den 1960er und 1970er Jahren. Damals ging diese Frage vor allem aus der Sorge über den Ausbruch der „expressiven Revolution" (ein Begriff von Talcott Parsons) und die in ihr entstandenen „lockeren Sitten" hervor.

Wer die damaligen Veränderungen in weniger moralischen Begriffen zu überschauen versuchte, konnte einen Prozeß der Informalisierung feststellen: Schon seit Ende des 19. Jahrhunderts hatten immer mehr Menschen - unterschiedlicher Klassen und Generationen sowie beider Geschlechter - damit begonnen, sich informeller zueinander zu verhalten. Beispielsweise sind Sprache, Kleidung, Musik, Tanz und Haartracht im buchstäblichen wie im bildlichen Sinne farbiger geworden; mehr Gefühle konnten zum Ausdruck gebracht werden, Gefühle, die zuvor nicht, in geringerem Maße oder nur unter guten Bekannten ausgetauscht worden waren. Mancherlei Dinge, die verboten waren oder unter gesellschaftlichen Einschränkungen gestanden hatten, konnten wieder in die gesellschaftliche Öffentlichkeit kommen, ohne daß „man" darüber empört war. In erster Linie im Bereich der Sexualität wurde es - vor allem von den 1960er Jahren an - möglich, Erfahrungen zu sammeln und darüber offen zu sprechen, was früher der Reputation ernstlich geschadet hätte. Allgemein wurde der Umgang vertrauter und vertraulicher; so ist man in vielen Beziehungen, zwischen Eltern und Kindern, zwischen Über- und Untergeordneten, dazu übergangen, sich gegenseitig zu duzen, so wurde das formelle „Hochachtungsvoll" meist ersetzt durch „Mit freundlichen Grüßen".

a. Amsterdam und die Soziologie in den 1960er und 1970er Jahren

Der Prozeß der Informalisierung brach in breiten Kreisen in der ganzen westlichen Welt durch, nirgendwo aber war der Übergang wahrscheinlich so markant wie in den Niederlanden. Verglichen mit anderen westeuropäischen Ländern waren die Niederlande in vieler Hinsicht bis in die 1960er Jahre hinein ein ziemlich traditionelles und obrigkeitstreues Land geblieben. Die Versäulung[1] und die Konkurrenz zwischen den Säulen hatten auf der einen Seite zu einer toleranten und auf Konsens orientierten parlamentarischen Demokratie geführt, aber eben dieser Prozeß kann auf der anderen Seite zugleich den relativen Rückstand erklären, der die Niederlande im Bereich der Umgangsformen und der Moral kennzeichnete. Wohl gerade deshalb hat sich die Lockerung der Umgangsformen in den 1960er und 1970er Jahren so kräftig durchgesetzt. Amsterdam wurde zum selbsterklärten magischen Zentrum der Welt, und die Provo-Bewegung gewann internationale Bedeutung. Die Informalisierungswelle, die die Niederlande überspülte, ließ natürlich auch die Soziologen und ihre Organisationen nicht unberührt. In Amsterdam, in einem Kreis um Professor J. Goudsblom, wurden diese Veränderungen vor allem anhand der Zivilisationstheorie erörtert. Eine Frage, um die damals niemand herumkam, war die nach dem Aktualitätswert dieser Theorie. Die Untersuchungen von Elias hatten sich ja auf die sozialen und psychischen Prozesse in den westlichen Gesellschaften zwischen dem 15. und dem 19. Jahrhundert beschränkt. So kam es, daß die Frage nach der Bedeutung der jüngsten Tabubrüche und der gesellschaftlichen Veränderungen im ganzen für die Zivilisationstheorie oft gestellt wurde. Aber auch unabhän-

---

1) Sozialwissenschaftlicher Begriff für ein Strukturmerkmal der niederländischen Gesellschaft: Die Vereine, das Bildungs- und Kulturleben sowie die sozialen Organisationen sind nach Konfessionen (und politischen Richtungen) gesondert organisiert und stehen wie Säulen nebeneinander (WFH).

gig von dieser Theorie standen die Soziologen - und stehen sie noch heute - vor dem sachlichen Problem, die raschen und tiefgreifenden Veränderungen in nahezu allen Gebieten des Zusammenlebens zu interpretieren und zu erklären. In Amsterdam war die Frage nach der Richtung dieser Veränderungen dann auch gleichermaßen zentral wie die nach der Bedeutung der jüngsten Tabubrüche für die Zivilisationstheorie. Hatte der westliche Zivilisationsprozeß seine Richtung verändert?

Die Schriften von Elias boten zu Anfang wenig Halt in dieser Problematik. In *Über den Prozeß der Zivilisation* finden sich verschiedene Bemerkungen, aus denen hervorgeht, daß die Richtung, in der die Zivilisationsprozesse im 19. und im 20. Jahrhundert verlaufen, gleichgeblieben war. Auch angesichts der Veränderungen, an die man bei dem Schlagwort „roaring twenties" denkt, hielt er an dieser Auffassung fest. Unter Hinweis auf das empirische Material aus der von ihm untersuchten Zeitspanne sagte er über die Veränderungen:

„Es gibt in jeder Phase mannigfache Schwankungen; sehr oft begegnet man einem Vor- oder Zurückfluten der inneren und äußeren Bindungen." (Elias 1976 I, 256)

Derartige Schwankungen, so Elias, trüben nur allzu leicht die Sicht auf den allgemeinen Trend der Bewegung, vor allem wenn es um Schwankungen in der Zeit geht, in der man selbst lebt. Als Beispiel für eine solche Schwankung nennt er dann die „Lockerung der Sitten" nach dem Ersten Weltkrieg:

„Eine Reihe von Bindungen, die dem Verhalten vor dem Kriege auferlegt waren, sind schwächer geworden oder ganz verschwunden. Manche Dinge, die ehemals verboten waren, sind nun erlaubt. Und die Bewegung scheint so, von nahem betrachtet, eher in der umgekehrten Richtung weiterzugehen, als es hier gezeigt wurde; sie scheint zu einem Nachlassen der Zwänge zu führen, die dem Einzelnen durch das gesellschaftliche Leben auferlegt werden. Aber wenn man genauer zusieht, erkennt man unschwer, daß es sich nur um ein ganz leichtes Zurückfluten, um eine jener kleineren Bewegungen handelt, wie sie aus der Vielschichtigkeit der geschichtlichen Bewegungen innerhalb jeder Stufe des umfassenderen Prozesses immer von neuem entstehen." (Elias 1976 I, 257)

Diese Schlußfolgerung, daß der allgemeine Trend des Zivilisationsprozesses dadurch nicht berührt werde, daß es sich nur um eine eingeschränkte („leichtes Zurückfluten") und vorübergehende („kleinere Bewegung") Schwankung handele, hat sich im Lichte der weiteren Entwicklungen als falsch herausgestellt.

Seit Mitte der 1960er Jahre wurde immer deutlicher, daß die Entwicklungen, die Elias als vorübergehende und eingeschränkte beschrieben hatte, sich weiter durchgesetzt hatten, und dies in beschleunigtem Tempo. Das führte zu dem Gedanken, daß sich der ganze Zivilisationsprozeß in seiner Richtung verändert habe; damit müßte die Zivilisationstheorie verworfen oder mindestens korrigiert sowie das Verhältnis zwischen den Prozessen der Zivilisierung und der Informalisierung genauer erforscht werden. Während einige dazu tendierten, die Veränderungen als eine Kursänderung des Zivilisationsprozesses zu interpretieren, als mögliche Vorboten einer Entzivilisierung, sahen andere darin in erster Linie eine Fortsetzung des Prozesses. Die meisten, die an dieser Diskussion teilnahmen bzw. in sie einbezogen waren, nahmen weder den einen noch den anderen dieser beiden Standpunkte ein, sondern argwöhnten, ob hierzu überhaupt ein Standpunkt eingenommen werden könnte. In der Folge eines Berichts über eine 1970 oder 1971 abgehaltene Zusammenkunft in Amsterdam sah Elias selbst in jenen Jahren vor allem eine Entzivilisierung. In diesem Bericht steht nämlich die folgende Skizze, die Elias als „didaktisches Hilfsmittel" einführte:

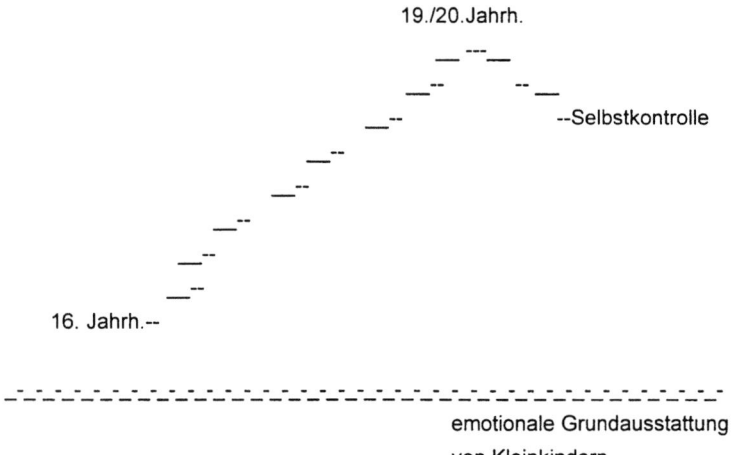

19./20.Jahrh.

--Selbstkontrolle

16. Jahrh.--

emotionale Grundausstattung
von Kleinkindern

Zufolge dieser Skizze haben die Anforderungen, die an die Selbstbeherrschung von Erwachsenen gerichtet werden, bis zum Ende des 19. Jahrhunderts zu-, dann aber abgenommen. Der westliche Zivilisationsprozeß hatte also wirklich seine Richtung geändert? Dieser Stand der Dinge war unbefriedigend: Schienen doch die lockereren Umgangsformen gerade höhere Anforderungen an die Selbstbeherrschung zu stellen.

b. Kriterien zur Bestimmung der Richtung von Zivilisationsprozessen

Ein erster Untersuchungsbericht im Zusammenhang mit dieser Problematik wurde 1976 veröffentlicht: Christien Brinkgreve und Michel Korzec berichteten über Veränderungen in „Gefühl, Verhalten und Moral während der letzten zwanzig Jahre in den Niederlanden" (Brinkgreve/Korzec 1976). Die Daten für ihren Bericht entnahmen sie zwei Jahrgängen (1954 und 1974) der Rubrik „Margriet weiß Rat", einer Rubrik von Ratschlägen zu Lebensproblemen. Unter anderem stellten sie fest, daß mehr Probleme besprechbar wurden, daß die festen Regeln für den Umgang zwischen den Geschlechtern schwächer und weniger genau beachtet wurden, daß der Ton der Ratschläge weniger pathetisch wurde und weniger durch strikte Gebote bzw. Verbote gekennzeichnet, daß das menschliche Gefühlsleben größere Aufmerksamkeit und größeres Gewicht erhielt (vgl. auch Brinkgreve/Korzec 1977; 1978). Das waren interessante Untersuchungsergebnisse, jedoch zu der Frage, ob sich dadurch die Richtung des Zivilisationsprozesses verändert hatte, brachten Brinkgreve und Korzec keine Aufklärung. Den Autoren zufolge war dies deshalb so, weil die Theorie und vor allem der Begriff Selbstkontrolle dafür zu doppeldeutig sei; nach meiner Meinung (Wouters 1976) jedoch lag der hauptsächliche Grund dafür in ihrer Auffassung vom Zivilisationsprozeß als „einem Prozeß zunehmender Affektkontrolle" (Brinkgreve/Korzec 1976, 17). Diese Auffassung war in den 1970er Jahren ziemlich gängig; z.B. hatte auch Nico Wilterdink 1973 diesen Prozeß „als eine Zunahme von Triebkontrolle" beschrieben (Wilterdink 1973b), und, wie aus der Skizze oben hervorgeht, hatte Elias auch selbst zur Verbreitung dieser Auffassung beigetragen. Brinkgreve und Korzec formulierten das Problem so:

„Kontrolle kann «Repression» oder «Unterdrückung» bedeuten, hat aber auch die Bedeutung von «meistern», zu eigenständiger (Selbst-) Steuerung imstande sein. Wenn wir nun die Entwicklung von 1954 bis 1974 betrachten, können wir sowohl von einer verringerten Kontrolle sprechen - im Sinne von Gefühlsunterdrückung - , als auch von einer Zunahme von Kontrolle: Das Zurechtkommen ohne ausdrückliche Richtlinien verlangt ja ein größeres Vermögen, sich selbst zu steuern."

Deshalb gelangten die Autoren zu der Schlußfolgerung, daß die Zivilisationstheorie „vor einer Widerlegung geschützt ist" durch „die Doppeldeutigkeit des zentralen Begriffs Kontrolle" (Brinkgreve/Korzec 1976, 29).

Dieser Auffassung lagen verschiedene Irrtümer und Mißverständnisse zu Grunde. Zunächst darf die Frage nach der Bedeutung von Kontrolle nicht als eine wertende aufgefaßt werden, nicht als Frage nach der Beurteilung von Kontrolle. Schon die negative Ladung des Wortes „Unterdrückung" und die positive von „meistern" legen nahe, daß hier bewertet wird. Aber auch in diesem Zusammenhang ist es falsch, eine geringere Unterdrückung der Gefühle ohne weiteres gleichzustellen mit einer verringerten Kontrolle, wie das im Zitat oben geschieht, weil so auch eine in der Regel positiv bewertete automatische Kontrolle, wie die der Impulse zu körperlicher und sexueller Gewalt, unter „Unterdrückung" fällt. In dieser wertenden Herangehensweise verweist der Begriff „Unterdrückung" so im Grunde auf „unnötige Kontrolle" oder, mit dem Wort von Herbert Marcuse, auf „Surplusrepression" (Marcuse 1965).

Auch im faktischen Sinne, also nicht wertend aufgefaßt, kann die Gleichsetzung von verringerter Unterdrückung der Gefühle mit verringerter Kontrolle nicht durchgehalten werden. Bei einer statisch-formalen Herangehensweise mag das vielleicht noch angehen, aber bei einer prozeßtheoretischen nicht mehr. So gilt sie ersichtlich nicht für „den Zivilisationsprozeß, den ein jeder Mensch im Laufe seiner individuellen Entwicklung durchlebt" (Goudsblom 1987, 57). Alle Kleinkinder lernen zunächst, bestimmte spontane und ungehemmte Verhaltensweisen zu vermeiden durch Unterdrückung der entsprechenden Regungen, denen sie zuvor ausgeliefert waren. Regungen, die sie zuerst nicht bezwingen konnten, werden dann so „unterdrückt", daß sie nicht mehr, außer in Träumen und anderen „unbewachten" Momenten, zum Ausdruck kommen. Auf diese Weise nimmt ihre Selbstkontrolle zu. Wenn die Kinder in der Folge lernen, ebendiese spontanen Regungen *kontrolliert* zum Ausdruck zu bringen, dann sind ihre *Möglichkeiten* zur Selbstkontrolle erweitert. Dann können sie diese Regungen nicht nur bezwingen, sondern auch äußern, sie also „meistern". In diesem Vorgang ist „Unterdrückung" der automatische Teil der Selbstbeherrschung, weil es dann um bezwingen *müssen* geht, während „Meisterung" beinhaltet, daß sie es gelernt haben, sich bezwingen oder die Regung äußern zu *können*, je nachdem. Es geht hier um einen tatsächlichen, einen beobachtbaren Unterschied. In Bezug auf den individuellen Zivilisationsprozeß ist also die Gleichstellung von geringerer Unterdrückung der Gefühle mit geringerer Kontrolle sachlich falsch.

Diese Einsicht war für sich noch nicht ausreichend, um auf die Frage eine Antwort geben zu können, ob der Zivilisationsprozeß seine Richtung verändert hatte. Manche Kinder können sich ja ein gängiges Muster der Selbstkontrolle aneignen und sich doch so verhalten, daß sie im Gefängnis oder im Irrenhaus landen werden. Dies Interpretationsproblem gilt für alle individuellen Sonderfälle, für einen Fakir, der auf der Straße seinen Haufen macht (Maso 1978, 265), oder für die Veränderungen der Selbstkontrolle von jemandem in psychoanalytischer Behandlung (Brinkgreve/Korzec 1976b, 363).[2] Wenn auch Untersuchungen zeigen, daß die Selbstkontrolle der Menschen in einigen Hinsichten zugenommen (oder abgenommen) hat, dann läßt sich daraus nichts anderes schließen, als daß sich ihr Muster der Selbstregulierung (der Begriff Regulierung statt Kontrolle kann vielleicht helfen, Mißverständnisse zu vermeiden) verändert hat, nicht aber, daß ihr Zivilisationsniveau gestiegen (oder gefallen) ist, und gewiß nicht, daß das Zivilisationsniveau ihrer Gesellschaft gestiegen (oder gefallen) ist. Wenn z.B. die Selbstkontrolle in bestimmten Gruppen der Bevölkerung einer Gesellschaft dadurch zunimmt, daß sie stärker unterdrückt werden und sich stärker als früher zurückhalten müssen, dann kann das Zivilisationsniveau dieser Gesellschaft als ganzer durchaus gefallen sein. Aus diesen Beispielen ergibt sich, daß Zu- oder Abnahme von Selbstkontrolle als einziges Kriterium allzu problematisch ist und deutlich unzureichend, auch und vor allem auf der gesamtgesellschaftlichen Ebene.

Es geht also, wie gesagt, in jedem Falle nicht um eine einfache Zu- oder Abnahme von Affektkontrolle, auch nicht um ein-

---

2) Diese Debatte wurde fortgesetzt, erweitert und zugespitzt unter dem Titel „Zivilisation und Gewalt" in zwei Heften der Zeitschrift *Sociologische Gids* (1982, 3-4, und 1984, 2).

zelne, unverbundene Kriterien von Zivilisation, und gewiß nicht um ihre Anwendung auf Sonderfälle, auf willkürlich herausgegriffene Individuen. Für so etwas finden sich bei Elias keine Vorbilder. In seinen Aussagen über die Richtung des Zivilisationsprozesses als ganzem drückt er sich nuancierter aus. Er spricht von Zivilisationsprozessen in einer bestimmten Richtung, einer Richtung, die er immer spezifiziert als eine Vermehrung von Situationen, in denen die Menschen sich selbst beherrschen (also als eine umfassendere Affektkontrole), als eine umfassendere, stabilere und gleichmäßigere Affektkontrolle bei Vermeidung von Extremen, und als eine Verinnerlichung von Kontrolle, als eine Zunahme von „Selbstzwängen", wodurch diese immer selbstverständlicher, automatischer werden. Neben diesen Zivilisationskriterien, die die Formen und Grade der Selbstkontrolle differenzieren und auf ihr Verhältnis zu „Fremdzwängen" hinweisen, gelten auch Kriterien des Grades der Langsicht, der Psychologisierung und Rationalisierung sowie der Gefühle Scham und Peinlichkeit. Es geht offensichtlich um Veränderungen im ganzen bzw. im *Muster* der Affektkontrollen. Weiter spricht er in seiner Studie über Zivilisationsprozesse erst von einer Richtung bzw. einer Niveaudifferenz, nachdem unterschiedliche *dominante Muster* der Affektkontrolle, d.h. die Muster von gesellschaftlichen Oberschichten, an denen sich die Menschen anderer sozialer Schichten mehr oder weniger ausrichten (müssen) und die deshalb eine Vorbildfunktion haben, ausführlich dokumentiert und miteinander verglichen worden sind. Auch zeigt sich, daß dieser Vergleich offensichtlich nach dem eventuellen Vorhandensein eines *dominanten Trends* sucht, einem Trend, der sich über mehrere Generationen durchzieht.

Es handelt sich aber noch um mehr. Die bis jetzt aus dem Werk von Elias hergeleiteten methodischen Richtlinien für den Vergleich von Veränderungen der dominanten Muster der Selbstkontrolle über mehrere Generationen, um so zu Aussagen über Modifikationen des Zivilisationsniveaus zu gelangen, sind noch unvollständig. Auch die Veränderungen in diesen Mustern in Richtung auf Verbreiterung und Vertiefung (oder umgekehrt) von Selbst- und Menschenkenntnis, von einer Selbstdistanz, die im ganzen zu einer Verbreiterung oder einer Schrumpfung von Verhaltens- und Gefühlsalternativen führt, müßten in den Vergleich einbezogen werden. Und selbst das ist noch nicht genug. Es geht nämlich um die dominanten Regimes von Emotionen und Macht. Der gemeinte Zusammenhang zwischen den Regimes der Macht und der Emotionen kommt auch in den Zeilen am Ende von „Über den Prozeß der Zivilisation" in einem Satz zum Ausdruck: „Erst mit den Spannungen *zwischen* den Menschen ... können sich die Spannungen und Widersprüche *in* den Menschen mildern." (Elias 1978 II, 453). Wenn das dominante Muster der Selbstkontrolle einer Generation im Vergleich mit dem von vorausgegangenen Generationen stabiler, gleichmäßiger, umfassender und differenzierter geworden ist und zu einer Verbreiterung der Gefühls- und Verhaltensalternativen geführt hat, dann kann insofern von einem gestiegenen Zivilisationsniveau gesprochen werden, als die Zunahme von Alternativen zumindest nicht verbunden ist mit einer Zunahme von Gewalt und Einschüchterung. Dies Kriterium betrifft offensichtlich die Fragen, inwieweit der Gebrauch dieser Alternativen auf einem Ertasten der beiderseitigen Gefühle gegründet ist, und inwieweit die Äußerungen von extremer Über- und Unterlegenheit gezügelt werden. Diese „Verringerung der Kontraste" hängt direkt zusammen mit dem oben angedeuteten Grad und der Reichweite von zwischenmenschlicher Identifikation, d.h. mit dem Vermögen, mit anderen mitzufühlen, ganz gleich zu welcher Gruppe sie gehören. Vor allem aufgrund dieses Kriteriums zur Bestimmung der Richtung von Zivilisationsprozessen kann der Zweite Weltkrieg ein vorübergehender Rückfall im Zivilisationsniveau, eine kurzzeitige Barbarisierung der Regimes von Macht und Gefühlen genannt werden. Anhand nur der anderen Kriterien ist das weniger evident.[3] In seinem Versuch, die Soziogenese dieses Krieges zu skizzieren, nennt Elias dies dann auch nachdrücklich „eines der zentralen Kriterien eines Zivilisationsprozesses ..." (Elias 1989, 145).

Auch im Kapitel über die Soziogenese der aristokratischen Romantik verweist Elias explizit auf „einige ... Kriterien der gesellschaftlichen Entwicklung ..., die in Zukunft als Basis für Vergleiche verschiedener Entwicklungsstufen, also auch zur Bestimmung der jeweiligen Entwicklungsrichtung dienen können ..." Er nennt dort, kurz zusammengefaßt: die Anzahl, die Länge, die Dichte und die Stabilität von Interdependenzen; die Anzahl der Routinekontakte; die zentralen Spannungsbalancen und die Zahl der Machtzentren; den Stand der drei grundlegenden Kontrollformen, 1. über das außermenschliche Naturgeschehen, 2. über einander und 3. über sich selbst (Elias 1983, 330). Diese drei Formen hat Elias auch als Formen von Zwang dargestellt, so auch in „Zivilisation und Informalisierung", wo die dritte Form von Kontrolle näher spezifiziert wird: Es handelt sich 1. um die Kontrolle von dem Zwang, dem die Menschen aufgrund ihrer animalischen Natur ausgesetzt sind (wie Hunger, Geschlechtstrieb, Altwerden und Sterben), und 2. um die Zwänge, auf die Begriffe wie Selbstkontrolle, Verstand und Gewissen verweisen: um die Selbstzwänge (Elias 1989, 47f.).

Die Richtung von Zivilisationsprozessen muß also durch die Untersuchung sowohl psychischer wie sozialer Prozesse festgestellt werden. Unterm Gesichtspunkt sozialer Prozesse geht es vor allem darum zu bestimmen, ob Integration oder Desintegration vorliegt, ob eine Verbreiterung und/oder Verdichtung oder eine Schrumpfung des Netzwerks der Interdependenzen gegeben ist. Solche Veränderungen sind ja in der Regel ver-

---

3) Unter Hitler war ja der ganze Staatsapparat, unter Beibehaltung der bürgerlichen Ordnung und eines komplexen Musters von Selbstkontrolle, eine effiziente Mord- und Terrormaschine geworden.

knüpft mit einer Verringerung bzw. einer Vergrößerung der Machtdifferenzen zwischen Menschen und zwischen Gruppen, als auch mit einer Verringerung bzw. einer Vergrößerung der Kontraste in den gesellschaftliche Standards von Verhalten und Gefühl. Veränderungen in den sozialen Codes gestatten also Zugang sowohl zu sozialen wie zu psychischen Prozessen. Zusammen bilden daher die Veränderungen in Umfang und Dichte der Netzwerke wie auch die der sozialen Codes das empirische Material, das die Richtung von Zivilisationsprozessen zu bestimmen gestattet. Wenn die Veränderungen in den dominanten Mustern der Affektkontrolle über mehrere Generationen dokumentiert sind, kann man zur Interpretation der beobachteten Veränderungen in der Dimension von Niveaudifferenzen und damit in der der Richtung des Zivilisationsprozesses als ganzem übergehen.

Dabei ist es zunächst wichtig, differierende Niveaus von Integration zu unterscheiden, weil auf den verschiedenen Integrationsniveaus entgegengesetzte Bewegungen vorliegen können. So ergab sich aus unserer Untersuchung *Frauen im Zwiespalt*, daß die wohlfahrtsstaatliche Integration, der Ausbau des sozialen Versorgungssystems und besonders das Sozialhilfegesetz alle Mitglieder der Gesellschaft mehr voneinander abhängig gemacht hat, daß aber die Anhebung dieser durch den Staat vermittelten *indirekten* Abhängigkeit aller voneinander auf dem Niveau der Familie und der individuellen Erfahrung als eine Verringerung von Abhängigkeiten erlebt worden ist. Die Erweiterung der Wahlmöglichkeiten (vor allem durch das Sozialhilfegesetz) bezüglich des Geldgebers, der ihr Leben finanziert, hat die *direkte* Abhängigkeit vieler Frauen von ihrem Mann vermindert (van Stolk/Wouters 1987, 86).

Genauso kann man auch nicht generell von einer Schwächung der Formen herkömmlicher sozialer Kontrolle sprechen, nur weil die *direkten* Formen sozialer Kontrolle schwächer geworden sind. Die weniger sichtbaren, mehr als Selbstzwänge funktionierenden *indirekten* Formen, das heißt die durch den

Staat vermittelte Abhängigkeit aller voneinander und der daraus resultierende Druck der «sozialen Kontrollen zur Selbstkontrolle» haben zugenommen.

Ein weiteres Beispiel entnehme ich einer Arbeit von Nico Wilterdink (1993). Darin hat er aufgezeigt, daß die kommerziellen und finanziellen Netzwerke durch Ausbreitung auf globaler Ebene weniger direkt abhängig geworden sind von den Nationalstaaten. Diese Ausbreitung von Interdependenzen kann auf den neuen globalen Niveaus von Integration zusammengegangen sein mit einer Verminderung von Machtdifferenzen, aber zugleich ist sie in einigen Hinsichten zusammengegangen mit einer Vergrößerung von Machtunterschieden, und zwar auf den niedrigeren, den nationalen Integrationsniveaus. Hier, auf der Integrationsebene des Nationalstaats, verschob sich das Machtverhältnis zwischen den (Organisationen von) Politikern, Arbeitgebern und Arbeitnehmern zugunsten der Arbeitgeber, was sich unter anderem in einer Vergrößerung der Einkommensunterschiede äußerte.

Diese verschiedenen Bewegungen auf den verschiedenen Integrationsniveaus zeigen, daß es sich hier nicht um einen simplen gesetzmäßigen Zusammenhang handelt, die wie eine einfache Meßlatte an die konstatierten Veränderungen angelegt werden kann.

Das Interesse an der Richtung von Zivilisationsprozessen (und an den Kriterien, aufgrund derer diese Richtung bestimmt werden kann) ist in den 1990er Jahren erneut angefacht worden durch bedeutende Verschiebungen in den weltweiten Beziehungen: durch die Spannungen und Konflikte im Zusammenhang mit dem Auseinanderfallen der UdSSR und Jugoslawiens. Die damit verbundenen Ausbrüche von Gewalt und die neuen Unsicherheiten in den internationalen Beziehungen haben die Frage, ob man von einer Veränderung der Richtung des Zivilisationsprozesses sprechen kann, erneut in den Mittelpunkt des Interesses gerückt. Und erneut treten, jedenfalls in den Niederlanden, dieselben bzw. ganz ähnliche Mißverständ-

nisse auf wie in den 1960er und 1970er Jahren. So geben einige Autoren in ihren Beiträgen zu einem Themenheft der *Amsterdams Sociologisch Tijdschrift* über die Zivilisationstheorie
zu verstehen, die Richtung von Zivilisationsprozessen zufolge
Elias (d.h. zufolge seiner Zivilisationstheorie) könne anhand der
Frage bestimmt werden, ob die Selbstkontrolle mehr oder weniger umfassend, differenziert, gleichmäßig verteilt und stabil
geworden ist (Spier 1995; Wilterdink 1995). Von hieraus bringen sie Kritik vor: Diese Kriterien halten sie nicht für zureichend. Kurzum: zwar kam die Auseinandersetzung in den
1970er Jahren zum Ergebnis, das eine Kriterium - Zu- oder Abnahme von Kontrolle - zu nuancieren, aber die Auffassung, dies
sei das Kriterium zur Bestimmung der Richtung von Zivilisationsprozessen, herrscht offenbar noch immer vor. Obendrein
wird in dem genannten Themenheft die Diskussion über die
Kriterien zur Bestimmung der Richtung von Zivilisationsprozessen wiederum außerhalb des Rahmens von systematischer
empirischer Erforschung der langfristigen Veränderungen der
sozialen Codes und des gängigen Musters von Selbstkontrolle
in und zwischen Gesellschaften geführt. Das heißt, daß wieder
allerhand Sonderfälle angeführt werden, meist Momentaufnahmen, die allesamt zur Illustration der Schwierigkeiten bzw. Unmöglichkeiten dienen, die Kriterien zu handhaben. So verweist
einer der Autoren auf die Schwierigkeit, die Konzentrationslager
unter Hitler „in Begriffen von Zivilisierung und Entzivilisierung zu
analysieren". Auf die Feststellung, hierbei habe es sich um ein
„verwickeltes Zusammenspiel von zivilisierenden und entzivilisierenden Tendenzen" gehandelt, folgt die Schlußfolgerung, es
sei unmöglich, „den Prozeß als ganzen eindeutig mit den Begriffen Zivilisierung, Entzivilisierung oder selbst Barbarisierung"
zu bezeichnen. Zivilisierende und dezivilisierende Tendenzen
kämen stets beide vor, so gehe es auch nicht darum, den Prozeß „eindeutig" zu benennen. Dieser Autor schreibt dann:

„Solche Abwägungsprobleme stellen sich in gewissem Maße
auch für die Periode, die Elias untersucht hat. Während die hö-

fische Gesellschaft Frankreichs im 18. Jahrhundert viele Formen verfeinerten Benehmens kultivierte, waren Krieg und andere Formen der Gewalt zwischen den europäischen Gesellschaften Kette und Schluß, vielleicht gerade wegen der gewachsenen Macht des französischen Staates als ganzem." (Spier 1995, 318)

Zur Illustration dieses „Abwägungsproblems" werden hier nicht allein verschiedene Integrationsniveaus gleichsam gegeneinander ausgespielt, es werden auch unterschiedliche Formen von Gewalt, innerhalb von wie zwischen Staaten, berechnend organisierte Gewalt wie impulsive Ausbrüche, in einen Topf geworfen. Obendrein wird auf diese Weise der Eindruck erweckt, daß die Kriterien einen ziemlich absoluten Aufschluß geben können für welche Sonderentwicklung auf welchem Integrationsniveau auch immer. Dadurch legt man nahe, daß das Ideal eine mechanistische Theorie sei, eine Theorie, die aus festen, gesetzmäßig zusammenhängenden Kriterien besteht. Auf diese Weise verliert auch der Frage, welche Entwicklungen dominant sind, ihre Bedeutung, weil die Antwort darauf stark von dem Zeitpunkt, dem Umfang und dem Integrationsniveau des Netzwerks von Interdependenzen abhängt, die die Frage ins Auge faßt. Klarheit darüber ist entscheidend, weil auch diese Frage nicht rein theoretisch beantwortet werden kann. In dem Maße, in dem die zu untersuchende Zeit kürzer ist und einer Momentaufnahme nahekommt, wird es schwer, gar unmöglich, eine Antwort auf die Frage zu geben. Wer sein Blickfeld auf den Zweiten Weltkrieg einschränkt, kann mit einigen Kritikern der Zivilisationstheorie in der Tat zu der Schlußfolgerung gelangen, daß der Versuch, eine Richtung in Zivilisationsprozessen festzustellen, durch die Barbarei in dieser Periode widerlegt wurde. Jedoch, der Krieg liegt unterdessen ein halbes Jahrhundert zurück und muß schon deshalb als eine vorübergehende Welle der Entzivilisierung betrachtet werden, die die langfristige Richtung nicht oder kaum berührt hat. Im Blick auf lange Fristen kann dieser Krieg als eine gewalttätige Phase des Integrationsprozesses von Deutschland innerhalb Europas interpretiert werden, und in der gleichen Perspektive können die Entwicklungen von der EWG zur Europäischen Union als eine Fortsetzung ebendieses Integrationsprozesses von Nationalstaaten in Europa betrachtet werden. Und was gegenwärtig Globalisierung (oder Mondialisierung) genannt wird, verweist auf den Integrationsprozeß von Nationalstaaten in ein weltweites Netz. Ob die Prozesse der Entzivilisierung, die sich im Laufe davon vollziehen können, auf längere Frist gleichfalls vorübergehende Teilprozesse der Entzivilisierung sein werden, läßt sich nicht voraussehen.

4. Die Informalisierungsthese

Nachdem nun die Kriterien zur Bestimmung der Richtung von Zivilisationsprozessen deutlich sein dürften, kann eine erste Aufklärung zum Stellenwert und zur Bedeutung der Informalisierung in den 1960er und 1970er Jahren im Ganzen der Zivilisationsprozesse gegeben werden. Diese Erkundung, hier dargestellt entlang der Hauptlinien meines Aufsatzes von 1976 *Is het civilisatieproces van richting veranderd?*, richtet sich vor allem auf die Frage, inwiefern einige Veränderungen, die auf den Nenner Informalisierung gebracht werden können, mit Hilfe der Zivilisationstheorie interpretiert und erklärt werden können.

a. Emanzipation und Informalisierung

Indem Elias auf die entspannteren Umgangsformen nach dem Ersten Weltkrieg hinweist, schreibt er:

„Auch in den Wehen anderer Aufstiegsschübe wurde der zuvor herrschende Verhaltensstandard der Oberschichten am Ende mehr oder weniger aufgelockert. Der Festigung eines neuen Standards voraus ging eine Zeit der Erschütterung. Verhaltensweisen übertrugen sich nicht nur von oben nach unten, sondern entsprechend der Verlagerung der sozialen Gewichte, auch von unten nach oben. So verlor etwa auch in den Aufstiegsbewegungen des Bürgertums der höfisch-aristokratische Verhaltenscode manches von seiner bindenden Kraft. Die Umgangs- und Geselligkeitsformen wurden lockerer und vergröberten sich zum Teil. Die strengeren Tabus, mit denen in mittelständischen Kreisen bestimmte Verhaltenssphären belegt waren, vor allem das Verhalten zum Geld und zur Geschlechtlichkeit, setzten sich, mannigfach abgestuft, in weiteren Kreisen durch, bis schließlich mit dem Verschwinden dieser Spannungsbalance, im Hin und Her von Auflockerung und Straffung und je nach der Geschichte dieses Ringens in der einen oder der anderen Fassung, Elemente des Verhaltensschemas beider Schichten von neuem zu einem festeren Verhaltenscode zusammenschmolzen." (Elias 1978 II, 442)

Die Vermischung von Umgangsformen, von der hier die Rede ist, findet also statt, wenn die Machtdifferenzen zwischen „unten" und „oben" nicht mehr so groß sind, vorher nicht. Ein erster Ansatz zur Beantwortung der Frage, wie nun die Informalisierung in den Zivilisationsprozeß als ganzem paßt, lautet deshalb: Prozesse der Informalisierung treten in Übergangsperioden auf, in denen sich Gruppen vormaliger Außenseiter emanzipieren und bis in die gesellschaftlichen Machtzentren vordringen können. Solche Emanzipationsprozesse haben im 20. Jahrhundert stark zugenommen, besonders in den 1960er und 1970er Jahren. Mit der Ausweitung der Menschengruppen, die in den Machtzentren vertreten sind, veränderten sich auch der auf diese Gruppen abgestimmte Standard des Umgangs und die dominante Selbstkontrolle in Richtung auf die Umgangsformen und Selbstkontrollmuster der Newcomer. Vor solchen Übergangsperioden, wenn der Druck der Außenseiter-Gruppen auf die etablierten Gruppen noch nicht so groß ist, achten die Etablierten noch nicht so darauf, auf ihrer Position als Etablierte zu beharren. Dementsprechend sind dann die Anforderungen, die sie an ihre eigene und die Selbstkontrolle anderer stellen, noch geringer. Sie brauchen das, was sie in späteren Zivilisationsphasen als derb und vulgär abstempeln werden, noch nicht aus ihrem Leben zu verbannen. Der Gedanke an Außenseiter hat dann noch wenig Beunruhigendes für sie. Das Benehmen von Außenseitern weckt noch keine Peinlichkeit, eher ein Gefühl der Verachtung, das noch ziemlich unverhüllt ausgedrückt werden kann. Jedesmal in der Geschichte, wenn die Machtdifferenzen zwischen etablierten und Außenseiter-Gruppen geringer werden, haben sich die etablierten Gruppen dadurch dazu getrieben gefühlt, ihren Lebensstil, ihr besonderes Benehmen und ihre Affektkontrolle als Unterscheidungsmerkmale zu betonen und zu kultivieren, als Barriere gegen die andringenden Gruppen. In diesem Augen-

blick stören Vergehen einzelner Etablierter gegen das herrschende Modell der Trieb- und Affektkontrolle das Gefühl des
Stolzes auf die eigene Gruppe stärker als zuvor. Eine solche
Kultivierung von sozialer und psychischer Distanz kann z.B.
auch für das 19. Jahrhundert gezeigt werden. In dem Maße, in
dem sich die „kleinen Leute" (Handwerker und Kleinbürger) und
etwas später die Arbeiter organisierten und u.a. dadurch an
Macht hinzugewannen, begannen die etablierten Bürger, sich
selbst und einander immer mehr zur Weiterentwicklung ihres
besonderen Lebensstils und zur strikteren Sanktionierung von
Verletzungen desselben zu zwingen, in einem Versuch also,
den Unterschied zwischen ihnen als Etablierten und den aufsteigenden Außenseitern zu erhalten. Wie im Laufe des 18.
Jahrhunderts am Hofe die Umgangsformen immer weiter verfeinert worden sind unter dem Druck der zunehmenden Macht
bürgerlicher Gruppierungen, so wurden auch im Laufe des 19.
Jahrhunderts die bürgerlichen Umgangsformen immer wichtiger
als Instrument der Distanzierung von den sozial aufsteigenden
„kleinen Leuten" und Arbeitern. Diese Entwicklung kulminiert in
dem, was wir den „viktorianischen Lebensstil" zu nennen gewohnt sind.

In der Struktur der ganzen Entwicklung, in der dies stattfindet, steckt Elias zufolge nicht nur ein Druck zur Erhaltung und
Steigerung von distinktiven Umgangsformen, sondern zugleich
auch ein Druck zur Abschwächung der Differenzen. Wie oben
angemerkt weist er zur Illustration auf die Keime von Entkolonisierung hin, die in jedem Kolonisierungsprozeß enthalten sind.
In der westlichen Welt war gegen Ende des 19. und im 20.
Jahrhundert entsprechendes geschehen: Die Spannungen und
die Konkurrenz, die in Richtung auf weitere Differenzierung und
Funktionsteilung wirkten, hatten zu einer immer größeren
wechselseitigen Abhängigkeit von immer mehr Menschen geführt und zu einer Verringerung der Machtdifferenzen. Die Kraft
dieser Entwicklung hatte sich auch hier als stärker erwiesen als
die Wälle, die die Etablierten um sich zu ziehen versucht hatten

(vgl. Elias 1978 II, 351). Schließlich hatten immer mehr Außenseiter-Gruppen - durch Vertreter - Zugang zu den Staatsmonopolen erhalten und zu anderen Machtzentren. Im Laufe dieses
Vorgangs waren die Etablierten unter einen immer stärkeren
Druck geraten, auf die aufsteigenden Außenseiter Rücksicht zu
nehmen und Kontakte mit ihnen zu unterhalten. Die geringer
werdenden Unterschiede in Umgangsformen und Affektkontrollen zwischen diesen Gruppen traten für alle Beteiligten deutlicher und schonungsloser zutage. Damit wurde der ältere, der
etablierte Standard für Verhaltens- und Affektkontrolle zum Teil
problematisch. Elias formuliert dies wie folgt:

„Die gesellschaftliche Situation selbst macht das «Verhalten»
zu einem akuten Problem. In solchen Phasen - und vielleicht
nur in solchen Phasen - öffnet sich der Blick der Menschen für
Vieles, was den vorangehenden Generationen an ihrem Verhalten als selbstverständlich erschien. Die Söhne beginnen an
Stellen weiterzudenken, wo die Väter mit dem Nachdenken Halt
machten; sie beginnen nach Gründen zu fragen, wo die Väter
keinen Grund, zu fragen, fanden: Weshalb muß «man» sich
hier so und dort so verhalten? Warum ist dieses erlaubt und
jenes verboten? Was ist der Sinn dieser Manieren- und jener
Moralvorschrift? Konventionen, die lange ungeprüft von Generation zu Generation weitergingen, werden zum Problem. Und
überdies lernt man zugleich kraft der stärkeren Mobilität, kraft
der häufigeren Begegnung mit Menschen anderen Gepräges
sich selbst distanzierter zu sehen ..." (Elias 1978 II, 443)

Während der 1960er und 1970er Jahre war deutlich, daß der
bis dahin herrschende Verhaltensstandard unter Sperrfeuer
lag, und daß die Fragen, die Elias in den 1930er Jahren als
kennzeichnend für solche Phasen fomuliert hatte, erneut äußerst aktuell waren. Auch nahmen die Machtdifferenzen und
die Kontraste in den Umgangsformen ab. Wie der Ausdruck
„Verbürgerlichung der Arbeiter" anzeigt, war der gesamte Lebensstil der aufgestiegenen Schichten mit der wachsenden Bedeutung ihrer Funktionen im Arbeitsprozeß dem von anderen

Schichten, vor allem der Mittelschichten, immer ähnlicher geworden. Der Ausdruck „Verarbeiterlichung der Bürger" ist nicht
gebräuchlich, dürfte aber ein ebenso brauchbarer Hinweis auf
das sein, was mit dem Lebensstil der Bürger geschah. Ja, allerhand Umgangsformen und Affektkontrollen, die aus dem
Drang entstanden waren, sich weiterhin von anderen zu unterscheiden, aus dem Wunsch, das größere Prestige zu behalten,
bekamen mit der Abnahme des Machtgefälles eine andere Bedeutung. Insgesamt ging es also offensichtlich um eine Integra-
tionsbewegung, eine Übergangsphase, in der Informalisierung
(erneut) dominant war. In dieser Phase verloren große Teile
des Walles, den das etablierte Bürgertum hochgezogen hatte,
ihre Funktion, und begannen vor allem jüngere Vertreter des
Bürgertums, eine andere Strategie zu verfolgen, die der Anpassung: Sie übernahmen viele der lockereren Umgangsformen der unteren sozialen Schichten. Dies kann die angewachsene Informalisierung zum Teil erklären. Es erklärt z.B.,
weshalb vieles, was einst als vornehm und elegant galt, von
nun an als Gehabe und Heuchelei gebrandmarkt wurde und
nach und nach verschwand. Dadurch wurde auch der Lebensstil der Bürger dem der Arbeiter ähnlicher. In eben den Kreisen,
die früher großen Wert darauf gelegt hatten, als „vornehm" zu
gelten, wuchsen Kinder heran, für die dies Wort nur noch einen
negativen Sinn hatte: Für sie war es synonym mit steif und
scheißvornehm geworden. Eine wachsende Zahl von Menschen, vor allem die jüngere Generation des etablierten Bürgertums, legte immer größeren Wert auf die Äußerung von
Gefühlen und auf ein freieres und „ungezwungeneres" Benehmen. Vor allem ihre Stimmen waren es, die gegen die alten
distinktiven Umgangsformen und Affektkontrollen protestierten.
Neben dem Gefühl der Authentizität - „Sei du selbst!" - ver-
schaffte ihnen das mehr moralische Befriedigung und erneut
Distinktion, hergeleitet aus der größeren Solidarität und Humanität, auf die sie mit ihrem Verhalten Anspruch erhoben, als den
Menschen aus den aufgestiegenen Gruppen. Für viele aus den

aufgestiegenen Gruppen behielten die alten Distinktionsmittel einiges von ihrem Glanz, weil sie sie ja noch für sich selbst verwenden wollten bei dem Versuch, ihre Stellung in der Statusordnung anzuheben. Aus diesen Gründen - wohl nicht bewußt - waren sie stärker geneigt, ihr Verhalten am Vorbild von seit jeher mächtigeren Gruppen zu orientieren, wenigstens daran, was sie dafür hielten. Das ist ein Aspekt von dem, was man „Verbürgerlichung der Arbeiter" nennt.

b. „Verringerung der Kontraste, Vergrößerung der Spielarten"

Die „Verbürgerlichung der Arbeiter" bildet zusammen mit der „Verarbeiterlichung der Bürger" eine Fortsetzung von dem, was Elias „Verringerung der Kontraste" nennt (Elias 1978 II, 342ff.). Die Kontraste nahmen ab, die Extreme in Verhalten und Gefühl schienen sich einander angenähert zu haben. Zugleich waren die Normen, die die Menschen bei der Beurteilung der Manieren, mit denen sie miteinander umgingen, handhaben, weniger fest, weniger rigide geworden; sie wurden flexibler und abgestufter, und die soziale Kontrolle ihrer Einhaltung war gleichfalls abgestufter und nuancierter geworden. Dies hatte Elias „Vergrößerung der Spielarten" genannt. Daß viele Menschen trotzdem den Eindruck gewannen, die Differenzen in Verhaltens- und Affektkontrollen würden zunehmen, liegt daran, daß sie innerhalb der verminderten Spannweite begannen, ihr Verhalten und ihre Gefühle stärker und feinmaschiger zu unterscheiden, während gleichzeitig die Skala der sozial akzeptierten Spielarten wuchs. Die „Verringerung der Kontraste" und die „Vergrößerung der Spielarten" sind Elias zufolge komplementäre Aspekte ein und desselben Zivilisationsprozesses:

„Die Kontraste des Verhaltens zwischen den jeweils oberen und den jeweils unteren Gruppen verringern sich mit der Ausbreitung der Zivilisation; die Spielarten oder Schattierungen des zivilisierten Verhaltens werden größer." (Elias 1978 II, 348)

„Vergrößerung der Spielarten" bedeutet, daß man mehr darf: Mit der Abnahme bzw. dem Verschwinden von Verhaltens- und Affektkontrollen, die aus dem Wunsch stammten, einen Wall aufzurichten gegen die aufsteigenden „Horden", wurden die betreffenden Umgangsformen weniger ge- und verbietend. Informalisierung besteht also größtenteils aus der Abschwächung bzw. dem Verschwinden von strikten Kontrollen, die aus dem Wunsch stammten, soziale Distanz und Distinktion gegenüber aufsteigenden Gruppierungen zu bewahren, im Zusammenhang mit einer weitergehenden Nuancierung von Verhaltens- und Affektkontrollen. Das gesellschaftliche Spektrum von akzeptablem Verhalten und Gefühl war zwar stärker nuanciert worden, aber damit wurde zugleich das Gefühl verstärkt, daß es sehr genau darauf ankommt, wie man sich benimmt. Umgangsformen waren eher mehr als weniger wichtig geworden zur Bestimmung von jemandes sozialem Wert und für das Selbstwertgefühl. Das beinhaltet zugleich, daß die Anforderungen an die Selbstkontrolle verschärft worden waren, daß der gesellschaftliche Zwang zum Selbstzwang zugenommen hatte.

c. Zunehmender gesellschaftlicher Zwang zum Selbstzwang

In den 1960er und 1970er Jahren wurden viele der strikten Verhaltensvorschriften, die aus Prestige-Erwägungen stammten, als Zeichen von Unterdrückung erfahren und mitunter so weitgehend zurückgewiesen, daß „Manieren" im Sinne von „Regeln" für den sozialen Umgang auf verschiedenen Gebieten und in verschiedenen Hinsichten für unnötig gehalten wurden. Dies Ideal bedeutete natürlich nicht, daß man auch wirklich ohne Manieren oder Regeln miteinander umging, eher im Gegenteil: Man zwang sich selbst, zum Teil unbewußt und „automatisch", zu den gesellschaftlichen Regeln, die so von „außen" nach „innen" verlegt wurden. Deshalb wurden sie kaum als Regeln erkannt: Sie waren für alle selbstverständlich geworden und ins Gewissen aufgenommen worden. Auch des-

halb stellten die neuen Umgangsformen und -ideale höhere
Anforderungen an den Selbstzwang.

Das neue Ideal, das Verhalten aus eigener Kraft, ganz selbständig zu steuern durch Kenntnis des „Selbst" und durch
„Einfühlen" in die anderen, bildete eine weitreichende und weit-
verbreitete Äußerung von Unzufriedenheit mit dem und Protest
gegen den von anderen kommenden Zwang. Dies war erkenn-
bar am marxistisch inspirierten Widerstand gegen die bürger-
lich-kapitalistische Gesellschaft, aber auch an Provo-, Hippie-
und „Encounter"-Bewegungen, die durch Kerouac, Reich,
Marcuse, Maslow und Rogers angeregt waren, und wurde zum
Ausdruck gebracht in den damals sehr populären Worten
Selbstverwirklichung, Selbstentfaltung, Bewußtwerdung und
Persönlichkeitsentfaltung. Der Protest gegen Zwang und Unterdrückung bildete gleichsam den Nährboden für das neue
Ideal, ohne Umgangsformen auskommen zu können. Schon
die Verwendung von Worten wie Normen, Manieren und Regeln klang für viele allzusehr nach „Fremdzwang", nach von
„außen" kommenden Regeln, was gegen das so stark angewachsene Individualitätsbewußtsein verstieß. Wer solche Worte benutzte, stand bei jenen, die das neue Ideal verkündigten,
sehr rasch im Verdacht, ein „fatsoensrakker" (Sittenrichter) zu
sein. „Sittenrichter" war die Bezeichnung für Menschen, die
verdächtigt wurden, Angst zu haben, ihre Selbstkontrolle zu
verlieren, wenn sie sich selbst an jenes „gefährliche Verhalten"
wagen würden, Angst also, daß die Gelegenheit einen Dieb
aus ihnen machen könnte. Obendrein sind Sittenrichter Menschen, die durch das Motiv „Was werden die Leute dazu sagen?" bestimmt sind - ein treffender Ausdruck von Fremdzwang. Immer mehr Menschen vermieden das Wort Anstand
und legten in ihrem Umgang und in ihrer Kleidung die „Unkon-
ventionalität" einer verfeinerten Lässigkeit und einer einstu-
dierten Nonchalance an den Tag. Das suggerierte, daß man
nicht alles so eng nahm, und weckte den Eindruck von großer
Freiheit und Unabhängigkeit. Es klang darin Widerstand durch.

Das Wort „fatsoensrakker"[4] ist ziemlich neu. Es wurde durch den Schriftsteller Vestdijk in die niederländische Sprache eingeführt, und seine schnelle Verbreitung in den 1960er Jahren verweist nicht auf eine schnelle Verbreitung von dem, was es meint, sondern von dem Bedürfnis, sich dagegen aufzulehnen. Dies geschah in unterschiedlichen Abstufungen, angefangen bei Menschen, die sich durch die Entwicklungen in die Enge getrieben fühlten, die aber stillhielten und nicht als „fatsoensrakker" auf sie reagierten, bis zu Menschen, die ihren Widerstand in ziemlich (selbst-) destruktive Höhen steigerten. Diese Reaktionsformen ähneln denen von Kindern, die an ein verhältnismäßig strenges häusliches Regiment gewöhnt sind und in einer anderen Familie zu Besuch sind, in der weniger strenge Regeln gelten. Diese Kinder verschließen sich und lösen sich nicht, oder sie lassen sich gehen. Sie haben kein Gefühl dafür, wie weit sie gehen können und wann sie zu weit gehen. Kurzum, in Informalisierungsprozessen verändert sich die soziale und individuelle Definition von sich verschließen (sich nicht lösen) und sich gehen lassen (zu weit gehen).

d. Zunehmende Identifikation der Menschen miteinander

Mit der Ausbreitung des neuen Umgangsideals wurden allerhand ältere Umgangsformen mit Scham und Peinlichkeit beladen. Das galt unter anderem für eine Anzahl von bis dahin gängigen Aussagen, die Ungleichheit voraussetzen: Widersprich mir nicht! Denk daran, mit wem du sprichst! Wenn Erwachsene reden, müssen kleine Kinder ihren Mund halten. Vergiß nicht, wo dein Platz ist! Überlaß das Denken mir!, und dergleichen. Von großer Ungleichheit zeugende Bräuche, wie Aufnahmerituale bei Studenten, wurden als zu peinlich erfahren und verschwanden. Aus dem neuen Code sprach also, vergli-

---

4) Im Deutschen keine direkte Entsprechung. Die Übersetzung „Sittenrichter" ist eine Hilfslösung, dies deutsche Wort ist auch keineswegs neuerer Herkunft. Möglich wäre auch: Moralapostel (WFH).

chen mit dem alten, ein geringeres Machtgefälle beziehungsweise eine größere Gleichheit zwischen den Menschen - das
war Ausdruck einer Emanzipation. In Übereinstimmung damit
bezeugten die neuen Manieren, mit denen man miteinander
umging, eine größere wechselseitige Identifikation. Es wurde
vorausgesetzt, daß die Menschen stärker für sich selbst eintreten (Individualisierung) und dabei zugleich mehr Rücksicht
aufeinander nehmen (Solidarisierung). Dadurch war es schwieriger geworden, eine ausgeglichene Balance zwischen Gefühlen der Solidarität und solchen der Individualität zu finden, zwischen Gefühlen also, die sehr rasch in ein Spannungsverhältnis zueinander geraten.

In den 1950er Jahren und davor existierte dies Problem
noch nicht so, weil diese Balance (von Norbert Elias später als
Wir-Ich-Balance konzeptualisiert; Elias 1987, 207ff.) damals
noch stärker von den tonangebenden mächtigeren Gruppen
bestimmt wurde; ihre Umgangsformen und damit ihre Balance
von Solidarität und Individualität galten als Vorbild für die Menschen aus anderen Gruppen. Mit der Verringerung des Machtgefälles zwischen den Menschen bekamen sie in ihrem Prestigekampf miteinander einen Blick für die persönlichen Qualitäten von jemandem als „Individuum", dessen Wahrnehmung
nun weniger bestimmt war durch Beruf und Einkommen oder
durch die Etikette der früheren Elite. Wenn jemand seit den
1960er Jahren wegen seines Benehmens zu anderen Menschen gelobt wurde, wurde er nicht mehr gleich „gepflegt" oder
„anständig" genannt, sondern eher „nett", „ehrlich", „natürlich"
oder „aufgeschlossen". Auch negativ gebaute Bewertungen wie
„ziert sich nicht", „kein Getue", „nicht von oben herab, sondern
ganz normal" kamen immer öfter vor.

In dem Maße, in dem die Machtdifferenzen geringer wurden,
wurde das Problem der Qualität des menschlichen Zusammenlebens akuter, auch weil die Probleme von Gewalt und
materieller Not immer weniger im Vordergrund standen: Der
Wohlstand wuchs, Kriege blieben aus. Die Manieren, mit denen

die Menschen mit sich selbst und mit anderen umgehen, gewannen verhältnismäßig an Gewicht, unter anderem als Waffen
in ihrem Wettkampf um Status und Prestige. Das ergibt sich
sowohl aus der stark angewachsenen Menge von Lebensstilva-
rianten als auch aus der Intensität, mit der diese Lebensstile in
ihrer Auseinandersetzung verteidigt wurden.

e. Ambivalenz und die Chancen zur Äußerung von Gefühlen

Wenn die Machtdifferenzen zwischen den Menschen geringer
werden und sie den Manieren, mit denen sie mit sich selbst und
miteinander umgehen, größeres Gewicht zur Feststellung ihrer
wechselseitigen Rangordnung beimessen, dann kommt dadurch der ambivalente Charakter menschlicher Beziehungen
deutlicher und drängender zum Vorschein. Das, was sie als
vorteilhaft oder günstig in ihren gegenseitigen Bindungen erfahren, erhält, mit der Abnahme von Machtdifferenzen, immer
mehr das gleiche Gewicht wie das, was sie darin als ungünstig
oder nachteilig erfahren, und umgekehrt. Diese Ambivalenz tritt
bei einem ziemlich großen Machtgefälle kaum als psychisches
Problem auf. Für Mächtigere überwiegen die vorteilhaften und
günstigen Aspekte der Beziehung, und ihre Ambivalenz kommt
z.B. im Murren über die Faulheit und Dummheit ihrer Untergebenen zum Ausdruck. Für diejenigen, die weniger Macht haben, überwiegen die nachteiligen und ungünstigen Aspekte der
Beziehung, aber sie bleiben geduldig wegen ihrer geringeren
Macht. Sie müssen viel „hinnehmen" und „herunterschlucken".
In einem ausgeglicheneren Verhältnis nehmen die Menschen
weniger voneinander hin, der ambivalente Charakter ihrer Beziehungen kommt deutlicher und stärker als ein psychisches
Problem zum Vorschein. Die Machtverhältnisse wie auch die
Wir-Ich-Balance kamen in Bewegung, damit war eine größere
Unsicherheit und eine Zunahme von psychischen Problemen in
Beziehungen verknüpft. Der Anstieg der Zahl von Eheschei-
dungen bildet hiervon einen Ausdruck. Eine Differenz zwischen

den Ehegatten (oder Lebenspartnern), die ihre Balance von Individualität und Solidarität betrifft, ist in dem Maße bedrängender, in dem sie der Balance, die sie für sich selbst handhaben, größeres Gewicht zuerkennen. Sie geben dann unterschiedliche Antworten auf Fragen wie: Wann und auf wieviel muß ich wegen dem anderen verzichten, was ich selbst möchte, und wieweit muß ich den Wünschen des anderen, die meine Wünsche nicht sind, entgegenkommen? In den ausgeglicheneren Verhältnissen wird eine unterschiedliche Antwort auf diese Fragen eher Gegenstand von Verhandlungen. Früher wurden solche Fragen selbstverständlich zum Vorteil der mächtigeren Partei, in diesem Falle des Mannes, beantwortet. De Swaan hat diese Feststellung mit der bekannt gewordenen Formulierung „Vom Befehlsprinzip zum Verhandlungsprinzip" (de Swaan 1991) ausgearbeitet. Die Daten von Brinkgreve und Korzec legen dar, wie diese Machtdifferenz auch in der Moral zum Ausdruck gebracht wurde und wie das „Herunterschlucken" und „Sichfügen" („sei die Klügere"), wozu Frauen ermahnt wurden, aus der Moral der 1970er Jahre fast verschwunden ist.

Die Spannungen zwischen Individualität und Solidarität in weniger ungleichen Machtverhältnissen und die damit verknüpften Spannungen im Affekthaushalt von Individuen haben die Aufmerksamkeit für Gefühle und deren Regulierung zunehmen lassen. Die große Nachfrage nach allerhand (Sensivity-) Training und Therapien, durch die die Menschen lernen, besser Zugang zu ihren eigenen Emotionen zu finden und diese zu äußern, kann in diesem Licht verstanden werden. Der Zusammenhang zwischen abnehmenden Machtdifferenzen und wachsender Aufmerksamkeit für emotionale Probleme und für Gefühle ganz allgemein ergibt sich auch aus der Studie über die Veränderungen in der Beratungsrubrik „Margriet weiß Rat":

„... der Unterschied zwischen den Ratschlägen von 1954 und von 1974 (ist): Aus der Vorgabe von Regeln und Vorschriften wird der Rat, Gefühle zu äußern ... 1954 muß man die Emotionen vor allem zügeln oder jedenfalls abbremsen. Selbstbeherrschung und sich fügen: Das ist der Rat, der 1954 gegeben wird. Eine Büroangestellte beklagt sich über ihre Arbeitgeber. Margriet: «*Sie* sind die Vorgesetzten und können dir vieles auftragen ... Wenn das deinem Gefühl von Rechtschaffenheit und Ehrlichkeit widerspricht, dann kannst du zweierlei tun: Sich ihren Wünschen fügen oder kündigen»." (Brinkgreve/Korzec 1976, 25f.)

Wenn nun das Machtgefälle zwischen Arbeitergebern und Arbeitnehmern abnimmt, dann können mehr Emotionen zum Ausdruck gebracht werden, weil es für beider Position und Prestige weniger gefährlich ist, das zu tun. Den Gewinn davon haben zum größten Teil die Untergebenen. Sie können seit den 1970er Jahren ihren Chef wissen lassen, daß er von ihnen nur das verlangen kann, was nicht ihrem Gefühl widerspricht. Hilft das nicht, dann können sie ihre Gewerkschaft einschalten. Früher mußten sie ihre Gefühle oftmals unterdrücken, jetzt können sie sie kontrolliert äußern. Der Chef seinerseits muß sie heutzutage ernster nehmen; er kann ihnen kaum noch befehlen oder sie anschnauzen. Er kann sich nicht mehr ungestraft bis zum Extrem eines Wutausbruchs gehen lassen; einen solchen Kontrast lassen die Machtverhältnisse nicht mehr zu. Er bittet „freundlich" und äußert seine Gereiztheit beherrschter. Jedoch kann auch er - innerhalb der durch die Machtbalance gegebenen Grenzen - seine Gefühle freier äußern; Herzensergüsse schaden seiner Autorität nicht so wie früher. Der Umgang miteinander am Arbeitsplatz ist weniger durch Rangunterschiede als früher bestimmt und kann stärker durch Merkmale der Beteiligten als „Individuen" gefärbt werden, wenigstens durch solche, die dafür gehalten werden. Daß in den 1970er Jahren in immer mehr Personalanzeigen nach Bewerbern mit „guten Kontakteigenschaften" gesucht wird, bildet einen Hinweis in die gleiche Richtung; hierzu gehört auch die verbreitete Gewohnheit, daß sich Über- und Untergeordnete gegenseitig duzen.

f. Vorläufige Schlußfolgerungen: Die Informalisierungsthese

Mehrere Aspekte des Zivilisationsprozesses wie die „Verringerung der Kontraste, Vergrößerung der Spielarten", die Umformung von Fremdzwängen in Selbstzwänge, die zunehmende Identifikation, Psychologisierung und Individualisierung scheinen sich in dieselbe Richtung entwickelt zu haben; mindestens in diesen Hinsichten zeigen die Veränderungen im dominanten Muster der Affektkontrolle, daß der Zivilisationsprozeß seine Richtung in den 1960er und 1970er Jahren nicht signifikant verändert hat. Zugleich hatten einige Selbstzwänge an Kraft verloren. Im Prozeß der Informalisierung wurden nämlich auch Tabus auf Gebieten durchbrochen, in denen früher Regeln galten, denen die Menschen ziemlich „automatisch" gefolgt waren. Ein wichtiges Beispiel hierfür ist die Verminderung der Selbstverständlichkeit, mit der Autorität akzeptiert wird, die aus dem Innehaben einer Position in einem hierarchischen Rahmen hervorgeht. Seit Mitte der 1960er Jahren sahen sich die Machtträger öfter vor die Notwendigkeit gestellt, ihre Autorität rechtfertigen zu müssen. *Wer* jemand war, ergab sich immer weniger aus seiner gesellschaftlichen Position und aus dem, *was* er oder sie dieser Position zufolge sein sollte, sondern mehr aus der *Art und Weise*, wie er handelte. Die unbefragte Hinnahme von Autorität, diese Form des Selbstzwangs, war stark verringert, und ihr Ursprung, der Fremdzwang, wurde wieder stärker als solcher erkannt.

Zur Reichweite von Kontrollen kann noch angemerkt werden, daß sich die Selbstkontrollen mit der stärkeren „Empfindsamkeit", mit der „Vergrößerung der Spielarten" auf mehr Situationen erstreckten und gleichmäßiger geworden sind. Dies kann unter anderem daran abgelesen werden, daß manche Formen von Doppelmoral abgenommen haben, daran, daß man an ihnen nun Anstoß nimmt und in ihnen die ungleiche Machtbalance erkennt. Auch die Verminderung der Fälle, in denen es um Rollenkonflikte ging, bzw. die Verminderung der

Intensität, mit der Rollenkonflikte als „Gewissenskonflikte" erfahren wurden, deutet darauf, daß die Reichweite der (Selbst-) Kontrollen in vieler Hinsicht zugenommen hat.

Alles in allem scheinen die Anforderungen, die kraft der dominanten Umgangsformen an die Affektkontrolle der Menschen gestellt werden, gestiegen zu sein. Die vorläufige Antwort auf die Frage, ob der Zivilisationsprozeß seine Richtung verändert hat, muß deshalb differenziert sein. In mancher Hinsicht hat sich in der Tat eine Richtungsveränderung gezeigt, denn eine Lockerung der dominanten Umgangsformen hat sich, zusammen mit Demokratisierungsprozessen, schon seit dem Ende des 19. Jahrhunderts durchgesetzt, während die in Vorschriften und Umgangsformen gegebenen Ge- und Verbote in den voraufgehenden Jahrhunderten immer umfangreicher, detaillierter und starrer geworden waren. In mancher Hinsicht hat sich die Richtung nicht verändert, denn der schwächere Zwang von anderen her, der sich an der Lockerung zeigt, war verknüpft mit einem Anstieg der Anforderungen an die *Selbst*regulierung der Beteiligten im lockereren Umgang, eine Fortsetzung einer jahrhundertelangen Tendenz. Kurz zusammengefaßt: In dem Maße, in dem die in den „guten Manieren" gegebenen Ge- und Verbote weniger umfangreich, weniger detailliert und weniger streng wurden, sind die selbstverständlichen Erwartungen, die die Menschen im Hinblick auf die eigene Selbstkontrolle und die der anderen hegen, geradezu umfangreicher, detaillierter und starrer geworden. Zusammen macht dies den Prozeß der Informalisierung aus. So aufgefaßt bedeutet Informalisierung tatsächlich eine *Kursänderung* des westeuropäischen Zivilisationsprozesses im Sinne einer Ausweitung von erlaubten Verhaltensalternativen, aber zugleich auch einen *Fortgang* in Richtung eines kräftiger, stabiler, gleichmäßiger und umfassender werdenden dominanten Musters der Selbstkontrolle und Gefühlsregulierung, der von Elias als kennzeichnend für den europäischen Zivilisationsprozeß betrachtet worden ist. In den

folgenden Kapiteln werden diese Schlußfolgerungen näher ge-
prüft und ausgearbeitet.

g. Implikationen für die Zivilisationstheorie und die Reaktion von Elias

Warum neigte Elias so lange dazu, die Vorgänge, die hier Informalisierung heißen, als eine Abnahme von Affektkontrolle
und Affektregulierung anzusehen, wenn auch nur als vorübergehende und eingeschränkte Abnahme? Nun, sein Untersu-
chungsmaterial bestand zu einem erheblichen Teil aus Anstandsbüchern aus den Jahrhunderten vom 15. bis einschließlich dem 18. Veränderungen der Umgangsformen und
Verhaltensvorschriften bildeten seinen Zugang zur Untersuchung des europäischen Zivilisationsprozesses, und immer
wieder stellte er fest, daß strengere und stärker ausgearbeitete,
umfassendere Umgangsformen verbunden waren mit einem
höheren Niveau der Affektkontrolle - mit einem stabileren, de-
taillierteren und umfassenderen Muster der Selbstkontrolle -,
sowie beide mit wachsenden Interdependenzen: Formalisierung erwies sich immer als dominant. Ein Gedanke in Caxtons
Book of Curtesye, wahrscheinlich Ende des 15. Jahrhunderts
geschrieben, lautet: „Thingis sometyme alowed ist now re-
preuid" (Was früher erlaubt war, wird jetzt mißbilligt), und diesen Satz macht Elias zum Motto für die ganze Entwicklung
(Elias 1976 I, 107). Bei Behandlung der „Lockerung der Sitten"
verweist er implizit auf dies Motto, wenn er schreibt: „Manche
Dinge, die ehemals verboten waren, sind nun erlaubt." (Elias
1976 I, 257) Nachdem er diese Aussage zum Motto für das
Geschehen im 15. und 16. Jahrhundert gemacht hatte, ist es
ihm ersichtlich schwer gefallen, den späteren Entwicklungen
der Umgangsformen, vor allem den Informalisierungen eine
differenziertere Bedeutung zuzuerkennen.

Diese Auffassung, daß eine Lockerung der Sitten mit geringeren Anforderungen an die Selbstkontrolle verbunden ist, hat
Elias eine Zeitlang davon abgehalten, die fortschreitenden In-

formalisierungen in seine Zivilisationstheorie zu integrieren. (Einen weiteren Grund hat Waldhoff herausgearbeitet, s. Kapitel 9).

Dennoch sind die wichtigsten Einsichten, mittels derer die Hereinnahme der Informalisierungsprozesse in die Zivilisationstheorie zustande gebracht wurde, von Elias selbst gekommen. Wie in diesem Kapitel festgestellt wurde, können viele Veränderungen, die unter der Bezeichnung zunehmende Informalisierung versammelt werden müssen, durch das Konzept der „Vergrößerung der Spielarten" begriffen und erklärt werden. Das theoretische Potential dieses Konzepts ist von Elias nicht voll ausgeschöpft worden. So ist der Abschnitt mit der Überschrift „Verringerung der Kontraste, Vergrößerung der Spielarten" in der Zusammenfassung seiner Theorie am Ende des Buches *Über den Prozeß der Zivilisation* ganz der „Verringerung der Kontraste" gewidmet. Die „Vergrößerung der Spielarten" ist nicht ausgearbeitet worden.

Auch das theoretische Potential seiner Formel „controlled decontrolling of emotional controls" hat Elias kaum ausgeschöpft. Zuerst gebrauchte er diesen Ausdruck ungefähr in der Bedeutung von „Ventilsitten" und auch, um die Funktion zu beschreiben, die Sport für Zuschauer hat. 1970 benutzte er in Kollegs in Amsterdam den Ausdruck auch, um verschiedene Beispiele für Informalisierung besser verstehen zu können. Das tat er jedoch nur beiläufig und im Hinblick auf die Reichweite des Konzepts immer eingeschränkt. 1976 habe ich Elias brieflich informiert, daß ich die Reichweite des Konzepts (in dem Artikel von damals, auf dem das vorliegende Kapitel beruht) drastisch vergrößern wolle. Ich fragte ihn nach seiner Meinung dazu und auch danach, wie er den Ausdruck bis dahin gebraucht hatte. Hier folgt ein Auszug aus seiner Antwort:

„If I remember rightly I first used this expression in my studies of sport events. A football crowd can in fact loosen some emotional controls. The situation is, as it were instituted in such a way that people - the spectators and to some extent also the players themselves are emotionally aroused. The spectators can shout and sing and also in other ways behave with less emotional control than is socially possible outside this particular setting; and this pleasurable loosening of affect controls is one of the attractions as well as one of the social functions of this and other spectator sports. But it is a controlled decontrolling or loosening of emotional controls. Of course sometimes spectators as well as players go too far in decontrolling. They do not control the decontrolling of their impulses sufficiently. Players may push or otherwise bodily attack one of their opponents. Spectators may go wild because they believe that a linesman has done wrong to their own side, to the side with which they identify. If players cannot loosen their aggressive impulses sufficiently the game will be boring; if they decontrol too much they break the rules of the game which set very firm limits to their aggressiveness. The same goes for the spectators. Controlled decontrolling of emotions (or emotional controls) refers in this case to something clearly observable. As a theoretical concept it is perfectly testable.

The same can be said with regard to the use of this term in relation to certain aspects of the present stage of the civilising process."

Nach der Publikation meines Artikels über Informalisierung (1976) hat mir Elias bei der Übersetzung ins Englische geholfen, und zwar für *Human Figurations*, den Sammelband, der aus Anlaß seines 80. Geburtstags herausgegeben wurde (Wouters 1977). Seitdem hat er die Einsichten, die sich aus der Informalisierungsthese ergeben, bei seinen Arbeiten einkalkuliert, die entsprechende Schrift erschien jedoch erst 1989 im Sammelband *Studien über die Deutschen*. Hauptsächlich im ersten Teil, der die Überschrift „Zivilisation und Informalisierung" trägt, hat Elias seine Zivilisationstheorie in Übereinstimmung mit den Einsichten aus der Informalisierungsthese korrigiert und die entsprechenden Gedanken auch weiter ausgearbeitet, u.a. durch den Begriff *Formalitäts-Informalitäts-Spanne*[5] (Elias 1989, 41).

5) Diese Spanne verweist auf Differenzen zwischen dem Verhalten gegenüber im Rang Höher- und Tiefergestellten einerseits und gegenüber Gleichgestellten andererseits; sie ist im Laufe von voranschreitenden Informalisierungsprozessen kleiner geworden, wobei sich der Schwerpunkt in Richtung Informalität verschoben hat.

5. Informalisierung im Umgang zwischen den sozialen Klassen und Informalisierung bei der Trauer

1979 hielt Abram de Swaan seine Antrittsvorlesung als Hochschullehrer für Soziologie in Amsterdam. Der Untertitel seiner Vorlesung enthielt die bekannt gewordene Formel „Vom Befehlsprinzip zum Verhandlungsprinzip". In diesem Vortrag bekräftigte er die Informalisierungsthese und arbeitete die Auffassung aus, daß die veränderten Umgangsformen durchaus höhere Anforderungen an die Selbstkontrolle stellen. De Swaan wies auf, daß die Kontrolle gewalttätiger Impulse strikter geworden und daß die Neigung zu Arroganz und zu anderen Überlegensheitsgesten stärker gezügelt worden ist. Auch verschiedene Selbsteinschränkungen wie die, die mit Aufmerksamkeit, Pünktlichkeit, Zuverlässigkeit, Diskretion, Sauberkeit und Akkuratesse zusammenhängen, haben eher zu- als abgenommen. Selbst in den sexuellen Beziehungen „kann keine Rede sein von einer schrankenlosen Erweiterung, sondern es gibt neue und andersartige Beschränkungen: Zwang und Arroganz sind auch in den sexuellen Beziehungen weniger vertretbar als früher. Den Menschen sind jetzt mehr Variationen von sexuellen Beziehungen erlaubt, aber immer unter der Voraussetzung von gegenseitigem Einvernehmen und beiderseitiger Zustimmung." Auch in anderen Lebensbereichen, in denen sich der Bereich der erlaubten Umgangsweisen erweitert ist, geschieht dies unter der neuen einschränkenden Bedingung von Verhandlungen miteinander und von beiderseitiger Einwilligung. In diesen Verhandlungen müssen die Menschen „mehr Rücksicht nehmen auf mehr Aspekte von mehr anderen Menschen zu mehr Zeitpunkten und müssen ihre Neigungen zu Zwang und Arroganz stärker zügeln." Diese Verschiebung vom Befehls- zum Verhandlungsprinzip bringt de Swaan in Verbindung mit der gewachsenen Interdependenz: „Die Organisationen haben sich ausgebreitet, umfassen, bedienen und beherrschen inzwischen mehr Menschen; das hierarchische Treppensystem

ist länger geworden, die Anzahl der Stufen hat zugenommen"
(de Swaan 1979, 15, 18). Diese Entwicklung beinhaltet, daß das etablierte Bürgertum
im Laufe von vielen Jahrzehnten Menschen aus den Unterklas-
sen sowohl körperlich als auch sozial immer weniger auf Distanz halten konnte. In dem Maße, in dem die alten Grenzlinien
zwischen den sozialen Schichten zerflossen oder sich ab-
schwächten, geschah das gleiche mit den (anderen) Möglichkeiten, Überlegenheitsgefühle zur Schau zu tragen. Angeregt
durch diese Antrittsvorlesung von de Swaan erschien es mir
deshalb fruchtbar, diesen Prozeß näher zu untersuchen und
unter anderem in Anstandsbüchern der Frage nachzugehen,
welche Spuren dieser Prozeß der sozialen Vermischung hin-
terlassen hat. Hier nun eine Zusammenfassung der Ergebnisse
dieser Studie (Wouters 1979):

a. Untersuchung von Anstandsbüchern:
Meidungsverhalten als soziale Beschmutzungsangst

An Anstandsbüchern des 19. Jahrhunderts fällt auf, daß es sich
damals von selbst verstand, daß das Bürgertum die Unterklassen soviel als möglich mied. Mit zunehmender Industrialisierung und Verstädterung sahen sich die Etablierten genötigt,
ihre Positionen und ihre „Empfindsamkeiten" mit Hilfe von Meidungsverhalten und dem Aufbauschen des sozialen Abstandes
zu verteidigen. Seit Mitte des 19. Jahrhunderts wurde das
Machtgefälle etwas geringer, und die „Untergeordneten" konnten nicht mehr so wirksam bestraft werden, wenn sie „ihren
Rang nicht kannten". Die „vornehmen Leute" werden dann angeregt, sich freundlicher zu betragen, damit die Untergeordneten das Vertrauen in die ihnen Übergeordneten nicht verlieren
und mit ihrem Platz in der Gesellschaft zufrieden bleiben, und
gleichzeitig kann man dringliche Warnungen lesen, „den Kontakt zu schlechter, ja selbst unkultivierter Gesellschaft" zu meiden:

„Der Engländer STERNE hat zu dieser Frage sehr richtig gesagt: Schlechte und ungebildete Gesellschaft ähnelt einem schmutzigen Hund, der Sie umso mehr verunreinigt, je mehr er Sie liebkost." (*Handboek* 1868, 143)

Im ganzen genommen ist das Meidungsverhalten jedoch noch so selbstverständlich, daß es nur beiläufig zur Sprache kommt. Das verändert sich dann um die Wende zum 20. Jahrhundert. Die sozialen Schichten waren offenkundig so stark aufeinander angewiesen, sowohl im Bereich der Arbeit wie darüber hinaus, daß die Menschen am Arbeitsplatz und in ihrer Freizeit immer mehr „soziale Vermischung" hinnehmen mußten. Auf der Straße, in öffentlichen Verkehrsmitteln und in den Freizeiteinrichtungen wie Tanzsälen, Kinos und Eisbahnen kamen immer mehr „Stände" direkter in Kontakt miteinander. Das Meidungsverhalten wird dann so problematisch, daß in den Anstandsbüchern darüber geschrieben wird. 1919 heißt es beispielsweise bei de Viroflay:

„Vor fünfzehn Jahren wäre es ganz und gar unnötig gewesen, irgendetwas übers Tanzen in der Öffentlichkeit zu sagen. Die Frau und das junge Mädchen aus guten Kreisen dachten an nichts anderes, als in geschlossenen Bällen die Tanzkunst zu pflegen. Öffentliche Tanzgelegenheiten waren für Soldaten und Dienstmädchen." (Viroflay 1919, 54)

Über neue Formen der „Vermischung" zu Beginn des 20. Jahrhunderts schreibt Louise Stratenus:

„In öffentlichen Verkehrsmitteln trifft man nicht immer eine erlesene Gesellschaft an. Auch Bauern, Fischfrauen und andere können neben Ihnen sitzen. Dann mit einer erschrockenen Bewegung sich in Ihr Eckchen zurückzuziehen beziehungsweise mit einem geringschätzigen Ausdruck auf sie herunterzusehen, würde sehr gegen Ihre gute Erziehung sprechen. Sie hätten ebenso gut in diesen Stand geboren werden können, und wiewohl man natürlich mit dergleichen Leuten nicht *en frère et compagnon* umgeht, so sind sie doch Menschen wie wir und haben als Mensch Anspruch auf unsere Achtung." (Stratenus 1909, 139)

Offensichtlich ist es nötig zu sagen, daß sie auch Menschen sind. Die aufgenötigte soziale Vermischung zwingt dazu. In jeder Welle von Demokratisierung und sozialer Vermischung kann das Mitmenschsein von einigen Menschengruppen wieder nachdrücklich festgestellt werden: Zuvor hatte man also an ihrer Menschlichkeit gezweifelt. Norbert Elias schrieb darüber: „Bei großen Machtdifferentialen und einer entsprechend großen Unterdrückung werden Außenseitergruppen oft als schmutzig und kaum mehr menschlich betrachtet." (Elias/Scotson 1990, 23)

In diesem Zusammenhang weist Elias noch auf das Wort „The Great Unwashed" hin, das in England um 1830 als Bezeichnung für die Arbeiterklassen in Mode kam. Neben Rohheit und Plumpheit wurde vor allem die Schmutzigkeit der unteren Klassen und die „Beschmutzungsgefahr", die der Umgang mit ihnen einbringt, zur Legitimierung des Meidungsverhaltens angeführt. Weil die Körperlichkeit unsere früheste und tiefste Quelle von Lust und Unlust ist, kann eine konditionierte Koppelung der Worte schmutzig, dreckig, unrein mit Unlustgefühlen eine großartige Waffe zur Markierung von sozialen Trennlinien sein. Das ergibt sich auch hinreichend aus den abschreckenden Sanktionen gegen „unnötige" soziale Vermischungen: Wer sich mit Geringeren „abgab", wurde ausgestoßen. Diese soziale „Beschmutzungsangst" saß tief. Die Trennlinie zwischen der Eigengruppe und der Gruppe darunter wäre durch unnötige Vermischung abgeschwächt worden, und jede „Grenzüberschreitung" nach unten wurde als Anschlag auf die Gruppenidentität und damit auf die persönliche Identität erfahren. Sie wurde als „Verrat" erlebt und entsprechend bestraft: durch Ausstoßung. Insofern war diese Statusangst auf der Angst, verlassen zu werden, gegründet: auf die Angst, sich als minderwertig zu verraten und folglich von den Menschen im Stich gelassen zu werden, zu denen man gehören will und zu denen man dem eigenen Gefühl nach gehört. Die „Beschmutzungsangst" kann also als Angst vor der Demütigung, ausgestoßen zu werden, verstanden werden, und diese Angst hängt wiederum zusammen mit der Angst, die Reputation der Gruppe als ganzer könnte angetastet werden. So kann dies Meidungsverhalten zum Teil verstanden und erklärt werden. Es handelt sich jedoch um mehr. Auch das „zu Fall kommen" selbst ist mit Angst besetzt. Das kann anhand eines Kapitels in *Goede Manieren* beleuchtet werden, das ganz „Der Kunst der Vermeidung und des Ausschlusses" gewidmet ist. In den ersten Regeln wird zur Begründung für die Beachtung dieser „Kunst" angeführt:

„... daß man sich, wenn man zu den empfindsameren und ästhetisch verfeinerteren Naturen gehört, in viele Situationen nicht begeben darf, in die sich ein gröberer Mensch unbelastet begeben kann." (van Zutphen-van Dedem 1928, 150)

Die Beispiele, die dann gegeben werden, sind: Bestimmte Orte, an denen sich Männer und Burschen zusammenrotten, Elendsviertel, bestimmte Lokalzüge und Straßenbahnen zu den Zeiten, zu denen Fabrikarbeiter und -arbeiterinnen zur Arbeit fahren bzw. von dort kommen, drittklassige Lokale, billige Plätze im Kino, Aufläufe und Streitereien auf der Straße, Sonntags ausgehen und Volksfeste besuchen. Aber auch wenn man dies alles meidet, bleiben jedoch die Mittel, sich zu schützen, „unentbehrlich im öffentlichen Verkehr in einer Welt, in der noch solche schlechte Manieren herrschen". Deshalb muß sich „der empfindsamere Mensch" in der Öffentlichkeit auf zwei Weisen schützen können. Er muß

„... soviel als möglich auch oberflächliche Berührungen des Körpers und der Kleidung mit anderen vermeiden, wissend, daß da, mehr noch als die hygienische Beschmutzungsgefahr, ständig die Gefahr eines Kontaktes mit dem geistig Schlechten und Widerwärtigen besteht, die sich vor allem in den dicht bevölkerten Zentren der Städte, wie Krankheitskeime in einem kranken Körper, jeden Augenblick in unserer nächsten Umgebung befinden können." (van Zutphen-van Dedem 1928, 162)

Was soll man tun, wenn dieser „beschmutzende" Kontakt doch stattfindet, „wenn untere Mächte versuchen, uns nach unten zu ziehen"?

„... dann hat der Mensch, der scharfe Worte und Streit verabscheut, das Recht, zu seiner Verteidigung «frostig zu werden». Feuer greift gefährlich um sich, das Eis tut niemandem weh, der seine Hand nicht danach ausstreckt." (van Zutphen-van Dedem 1928, 160f.)

Mit einem Beispiel präzisiert die Autorin ihre Metapher:

„Wenn der triebhafte, unbeherrschte Mann von schlechter Erziehung sich das Recht nimmt, sich unmittelbar, wenn er sich zurückgesetzt fühlt, aufzuregen und zu schimpfen oder grob zu werden, «um seinen Gefühle Luft zu machen», dann hat ein «Herr» demgegenüber das Recht, sich kraftvoll zu beherrschen, zu schweigen und sich abzuwenden, «um seine Empfindsamkeit zu schonen» und sich Szenen und Wortwechsel in der Öffentlichkeit zu entziehen, die er als nutzlos und verwerflich ansieht." (van Zutphen-van Dedem 1928, 160)

Kurzum, wer in „ungehobelter" Gesellschaft verkehrt, kann dabei herausgefordert und in Händel verwickelt werden. Dabei besteht die große Gefahr, seine Selbstbeherrschung zu verlieren; dann wird man „nach unten" gezogen, „herunter gerissen". Dann „kommt man zu Fall" und „vergißt sich selbst", wie der Ausdruck lautet. Der Verlust der Selbstkontrolle ist wie ein Feuer, das gefährlich um sich greift. Darin steckt also die „Beschmutzungsangst", gegen die man die sozialen Trennlinien so fest wie möglich gebaut hatte. Vom Wert von Selbstbeherrschung war man tief durchdrungen. Das brachte eine „Empfindsamkeit" ein, durch die man sich nicht nur von den Tieren, sondern auch von „niederen Arten von Menschen" unterschieden fühlte. Auch zum Schutze ihrer Selbstbeherrschung also schränkten die Etablierten ihren Umgang mit Menschen, die diese auf die Probe stellen könnten, auf das Notwendigste ein. Man hatte Angst, daß der Umgang mit „ungehobelten

Menschen" peinliche bis gefährliche Provokationen einbringen würde.

Wo die gesellschaftlichen Entwicklungen die Einhaltung der alten sozialen Grenzlinien schwieriger oder nicht länger möglich machten, da vor allem war es geboten, „sich kraftvoll zu beherrschen." In dem Maße, in dem die unteren sozialen Schichten an Macht und Selbstachtung gewannen, wurden bestimmte Formen der Arroganz sogar gefährlich, weil sehr verführerisch für „Provokateure". Hierin verbarg sich ein Zwang zur Zügelung von bis dahin unverhohlenen Überlegenheitsgesten, zu einer Ausweitung der zwischenmenschlichen Identifikation und damit zur allmählichen Entwicklung eines höheren Niveaus der Kontrolle. Außerdem begann man, solches Verhalten als ein deutliches Zeichen dafür anzusehen, daß man nur unzureichend Herr der eigenen Emotionen war; auch das Überlegenheitsgefühl mußte nun ja unter Kontrolle gebracht werden.

In fast allen Anstandsbüchern aus dem Beginn des 20. Jahrhunderts zeigt sich das. Das oben gegebene Zitat über die Verwerflichkeit eines geringschätzigen Ausdrucks in der Straßenbahn ist ein Beispiel dafür. Noch deutlicher ist Frau Etikette, die schreibt:

„Einmal hörte ich eine Dame von einer schmutzigen Gasse erzählen, in der sie sich aufhalten mußte, und eine andere Dame bemerkte mit bedenklichem Gesicht dazu: «Eine Dame sollte eigentlich nicht in ein so unanständiges Viertel kommen», worauf die erste seelenruhig erwiderte: «Überall, wohin *ich* komme, *ist* es anständig»." (v.d.M. o.J., 270)

Die Gleichsetzung von „schmutzig" und „unanständig" mit Menschen von „geringerem Stand" blieb bestehen, dennoch aber wurde die soziale „Beschmutzungsangst" ein wenig kleiner, weil man jetzt auch zusehen muß, die Angst vor Herausforderungen der Selbstkontrolle unter Kontrolle zu bekommen. Dann nämlich erst ist man imstande, sich so wie die Dame zu verhalten, die in diesem Zitat als Vorbild hingestellt wird. Sie beherrscht ihre Furcht vor Provokationen und ihr Überlegenheitsgefühl auf eine solche Weise, daß ihre „Sicherheit im Auftreten" zunimmt. Vielleicht ist auch ihr Überlegenheitsgefühl dadurch stärker geworden, aber dies Gefühl hat sie derart unter Kontrolle, daß die Menschen aus dem „unanständigen Viertel" daran keinen Anstoß nehmen können.

In ihrer Selbstkontrolle, ihrer Gelassenheit und ihrer Feinfühligkeit fanden etablierte Gruppen immer Anlässe zu Gefühlen der Überlegenheit und zu Verhaltensweisen, die diese zum Ausdruck brachten. In ihren Augen sind das Tugenden, Eigenschaften, auf die man stolz sein kann. Man wollte sie mit aller Macht erhalten, so daß sie an die nachfolgenden Generationen weitergegeben und den unbeherrschten und „gröberen" Menschen als Vorbild hingestellt werden können. Bis zu einem gewissen Grade spricht aus jedem Etikettebuch das Gefühl des Wohlbehagens, diese Qualitäten zu verkünden. Im Meidungsverhalten können diese Funktionen des Erhaltens und des Verkündens festgestellt werden. Das Meidungsverhalten kam zu einem Höhepunkt, als Industrialisierung und Verstädterung Manieren des Zusammenlebens mit sich brachten, worin alle auch nur einigermaßen etablierte Gruppen jede Chance nutzten, um die andrängenden unteren Gruppen zu meiden - mindestens wenn und solange das nicht allzu nachteilig für sie war. Und in dem Maße, in dem die sozialen Schichten zu engerer Zusammenarbeit genötigt wurden, wurde das Meidungsverhalten langsam aber sicher als nachteilig und insofern als negativ erfahren. Aus dem Meidungsverhalten und anderen Formen unumwundener Überlegenheitsgesten ergaben sich „Szenen", weil sich das „geringere" Publikum gegen die Erniedrigung, die es darin spürte, zu wehren begann. „Überlegene" blieben sie vielleicht, aber „geringschätzige" Töne gingen künftig zu weit: „Sie sind Menschen ebenso wie wir".

Auch diese „Menschen" bekamen immer weniger Interesse an „Szenen". Bei ihrem sozialen Aufstieg wurde es immer mehr ihr Interesse, die etablierten Gruppen nicht zu verletzen und sich nach deren Lebensstil und deren Umgangsformen zu richten. Mehr noch, der soziale Aufstieg war nur möglich mit einem für den Aufstieg geeigneten Muster der Selbstkontrolle. Etablierte und Außenseiter hatten immer mehr miteinander zu „verhandeln", immer seltener konnten „Befehle" ausgeteilt werden. Um mit Erfolg verhandeln zu können, mußten die Etablierten zusehen, ihre „Beschmutzungsangst" und ihre „Angst, zu Fall zu kommen", zu überwinden, die Außenseiter ihre „Aufstiegsangst". Die Etablierten blieben vom Wert des eigenen Lebensstils überzeugt, im direkten Kontakt aber mit dem Lebensstil von unteren Gruppen entwickelten sie ein stärkeres Gefühl der Identifikation mit diesen, so daß auch sie begannen, allzu herablassende Überlegenheitsgesten als peinlich zu erleben. Zum Teil war die Überlegenheitsdemonstration gerade aufgeführt worden aus Angst vor jenen Gruppen, einer Angst, die im direkteren Kontakt unter Kontrolle gebracht wurde, so daß ihre Funktion - die Angst zu verbergen - verschwand. Dann sind wieder mehr Dinge erlaubt, es handelt sich um einen „Informalisierungsprozeß". Im ganzen genommen wurden die Unterschiede zwischen dem Verhalten gegenüber im Rang Höher- und Tiefergestellten und dem Verhalten gegenüber Gleichgestellten kleiner; die Spanne von Formalität und Informalität wurde schmaler, wobei sich der Schwerpunkt in Richtung Informalität verschob.

In dem Maße, in dem die Machtverhältnisse zwischen Gruppen von Etablierten und von Außenseitern weniger ungleich wurden, verringerten sich die Verhaltensdifferenzen zwischen ihnen in dem Sinne, daß distanziertes und distinguiertes Verhalten in bezug auf die ehemaligen Außenseiter auf gleiche Weise sanktioniert wurde wie früher in bezug auf Mit-Etablierte. Zu dem Zeitpunkt wurden immer mehr formale Regeln als nur der Befestigung und Unterstützung der Macht von herrschenden Gruppen dienend entlarvt. Das geringer gewordene Machtgefälle äußerte sich also in neuen, informelleren Umgangsregeln und in einer stärkeren wechselseitigen Identifikation. In den Begriffen von de Swaan: Im „Befehlsprinzip" gaben bestimmte Menschen Befehle, ohne viel Rücksicht auf die Gefühle derer zu nehmen, die diesen Befehlen gehorchen mußten; in der Entwicklung zu einem „Verhandlungsprinzip" sind bestimmte Gefühle unter jedermanns individuellen Befehl gelangt, und im übrigen wird auf jedermanns Gefühle mehr Rücksicht genommen.

b. Informalisierung bei der Trauer

Auch im Umgang mit Sterben und Tod haben sich in den 1960er und 1970er Jahren dramatische Veränderungen vollzogen. Die Untersuchung dieses Themas ist besonders gut geeignet zu ermitteln, wie die Menschen im Leben stehen. 1979 habe ich zusammen mit einem Freund und Kollegen an einem Sezierpraktikum für Erstsemester im Medizinstudium teilgenommen. In diesem Zusammenhang habe ich auch eine Untersuchung erarbeitet über die Entwicklungen im Bereich der Trauer, über die Art und Weise, wie die Menschen mit dem Tod ihrer mehr oder weniger Lieben umgehen. Die Daten stammten hauptsächlich aus Etikettebüchern, später ergänzt durch einige Zitate aus entsprechenden Büchern, die in den 1980er Jahren erschienen sind. Dieser Abschnitt bietet eine Zusammenfassung (Wouters/ten Kroode 1980).

Die Trauersitten unterscheiden sich von Gesellschaft zu Gesellschaft; und sie verändern sich. Sie bewegen sich zwischen einer stark institutionalisierten Verpflichtung und dem Ausdruck eines stark individuellen und persönlichen Gefühls. In den westlichen Gesellschaften hat die zwingend institutionalisierte Trauer während des 20. Jahrhunderts viel von ihrer früheren Kraft verloren, während die persönliche Seite des Trauerns akzentuiert und zugleich privatisiert wurde.

Philippe Ariès hat auseinandergesetzt, daß auch diese neuesten Entwicklungen eine Fortsetzung bilden von denen, die im 19. Jahrhundert Gestalt gewannen:

„... au XIXe siècle, une passion nouvelle s'est emparée des assistants. L'émotion les agite, ils pleurent, prient, gesticulent.

Ils ne refusent pas les gestes dictés par l'usage, bien au contraire, mais ils les accomplissent en leur enlevant leur caractère banal et coutumier. On les décrit désormais comme s'ils étaient inventés pour la première fois, spontanés, inspirés par une douleur passionnée, unique en son genre.

Certes, l'expression de la douleur des survivants est due à une intolérance nouvelle à la séparation." (Ariès 1975, 53)

Im 20. Jahrhundert wurde dies neue Gefühl immer kräftiger, wurde der Tod, in der Vergangenheit überall gegenwärtig, immer weiter hinter die sozialen Kulissen gedrängt. Ariès zufolge ist der Tod versteckt und verboten worden. In Übereinstimmung damit wurde die Trauer zu „... un état morbide qu'il faut soigner, abréger, effacer" durch die „doctors of grief" (Ariès 1975, 76). Diese Schlußfolgerung stellt Ariès 1975 vor, während jedoch seit Mitte der 1960er Jahre eine entgegengesetzte Entwicklung eingesetzt hatte: Mindestens als Gesprächsgegenstand wurde der Tod aus dem Bereich des Verbotenen geholt.

Gerade in der zweiten Hälfte der 1960er Jahre begann in den Niederlanden auf eine beinahe freudige und triumphierende Weise die Durchbrechung „des letzten Tabus", wie man es damals nannte. Provos baten zum Beispiel ein anatomisches Institut, ihnen eine Leiche auszuleihen, um damit ein „Happening" zu gestalten. Eine etablierte Zeitschrift wie *De Gids* widmete ein Doppelheft dem Thema Tod (1966), das soviel Nachfrage auf sich zog, daß eine Ausgabe in Buchform beschlossen wurde. Von der niederländischen Übersetzung des bekanntesten Buches von E. Kübler-Ross *On Death and Dying* von 1969 war 1979 schon die 16. Auflage erschienen.

Jedoch wurde Ariès' Schlußfolgerung, daß der Tod „verborgen" und „verboten" sei, in einer Hinsicht bestätigt. Die Vorgänge von Sterben und Trauer vollzogen sich ja mehr als früher hinter den gesellschaftlichen Kulissen. Todesanzeigen gaben immer öfter an: „Bitte von Kondolenzbesuchen absehen", „Die Kremation hat in aller Stille stattgefunden" oder ähnliches (Fortuin 1977, 1980). Trauerkleidung wurde nicht mehr getragen. Bestattungsunternehmer, denen wir telefonisch einige Fragen stellten, bestätigten unseren Eindruck, daß weniger Menschen als früher an Begräbnissen teilnehmen, daß diejenigen, die teilnehmen, nur selten schwarze Kleidung tragen, und daß der Sarg gewöhnlich dem Anblick entzogen, weil unter Blumen begraben ist.

Das Paradox eines wachsenden öffentlichen Interesses an Sterbenden und Trauernden, die sich in die Privatsphäre zurückziehen, ist auch kennzeichnend dafür, was Louis Sinner Ende der 1970er Jahre tat. Er war Journalist, der einem Krebskranken - Leendert Vriel - zuhörte, um über dessen letzte Lebensphase in einer Zeitung zu schreiben. Das war eine Reportage, die viel Aufmerksamkeit auf sich zog. Etwas später, als Louis Sinner selbst Krebs bekam, schrieb er zwar auch darüber, aber diese Öffentlichkeit und Offenherzigkeit stehen in scharfem Kontrast zu der Tatsache, daß Sinner es vorzog, diese Tatsache erst an die Öffentlichkeit kommen zu lassen, nachdem seine Kremation „in aller Stille" stattgefunden hatte.

Wie kam es zu dem wachsenden öffentlichen Interesse an Ereignissen, die selbst immer weiter aus dem öffentlichen Leben zurücktraten? In der öffentlichen Diskussion ging es selten oder nie um Menschen, die ihrem verzweifelten Kummer hemmungslos Ausdruck gaben. Und soweit Sterbende oder Trauernde selbst zu Wort kamen, was selten geschah, hielten sie sich soviel wie möglich an den Verhaltensstandard, der vorschreibt, daß man sich vernünftig, beherrscht und also distanziert äußern möge. Die meisten Menschen sprachen so, als ob sie die zu Sterben und Trauern gehörigen Emotionen wohl kennen, sie aber schon lange „verarbeitet" haben. Mit zuweilen kaum verhohlenen Überlegenheitsgesten verteidigten sie dann meist ihre in menschlicher Hinsicht „Unterlegenen", nämlich jene, die ihrer Emotionen noch nicht derart Herr sind, sie noch leugnen oder verdrängen. Und sollten die Emotionen die Oberhand haben oder sie zu bekommen drohen, dann war (ist) die Reaktion negativ: Mitleid oder schlimmer - schon weil aus der

Kontrolle geratene Gefühle von Kummer, Angst oder Wut über einen Kamm geschoren wurden: sie sind gefährlich! Dann „vergißt" man sich selbst, mit allem Risiko von körperlichen und seelischen Schäden. Das erklärt, warum der gültige Standard von Verhalten und Gefühl vorschreibt, daß man sich, wenn Menschen durch Emotionen überwältigt zu werden drohen, aus der Öffentlichkeit zurückzieht. Das bedeutet, daß nicht so sehr Emotionen, als vielmehr nicht ausreichend beherrschte Emotionen vermieden werden müssen, mindestens in der Öffentlichkeit. Ariès sagt das viel weniger nuanciert:

„Une peine trop visible n'inspire pas la pitié, mais une répugnance ... le deuil solitaire et honteux est la seule ressource, comme une sorte de masturbation ..." (Ariès 1975, 70)

Ariès protestiert, aber wogegen genau? Würde er diese Emotionen in roher, unbearbeiteter Form nicht gefährlich und bedrohlich finden, und würde er selbst anders gehandelt haben, als jemanden damit an einen Vertrauten oder an einen Therapeuten, also hinter die gesellschaftlichen Kulissen verweisen? Gefühlsausbrüche werden überdies als Anschlag auf die eigene Affektkontrolle erlebt, auf die eigene Gemütsruhe. Deshalb finden Menschen recht schnell, daß ihnen andere mit ihren unvermittelten Emotionen „lästig fallen". Ariès zeigt nur eine Seite der Medaille (und der Bewertungen), während dies als die andere Seite angesehen werden kann. Er denkt nostalgisch, und diese Nostalgie färbt sein Werk. Die Frage, wie die Entwicklungen der Haltung zum Tode dann wohl aussehen, kann anhand eines Beispiels beantwortet werden, daran, daß das Tragen von Trauerkleidung und anderer Zeichen der Trauer wie schwarze Armbinden und Aufnäher außer Gebrauch gekommen ist. Diese letzten Symbole der Trauer sind in den 1960er Jahren in den Niederlanden ganz und gar verschwunden.

In England und darüber hinaus hat Geoffrey Gorer mit einem Buch Interesse gefunden, aus dem gleichfalls ein stark nostalgischer Wunsch nach „entschwundenen" Trauerritualen spricht

(Gorer 1965). Parkes hat gegen diese Auffassung von Gorer Einspruch erhoben, u.a. mit der Differenzierung:

„Als «erfolgreicher» Trauernder gilt, wer bei jeder Gelegenheit zu erkennen gibt, daß er seine Gefühle unter Kontrolle hat. Unter solchen Umständen werden Bestattung, Shivah oder Totenwache zu einer Plage, der man wahrscheinlich mit gemischten Gefühlen begegnet." (Parkes 1974, 178)

Aber das Wort „Plage" würde noch stärker gelten, wenn jemand heutzutage noch während der traditionellen Trauerzeit von anderthalb Jahren eine schwarze Armbinde tragen müßte, von auffälliger Trauerkleidung ganz zu schweigen. Und zur Beschreibung der Reaktion auf jemanden, der das Trauerritual tatsächlich noch ausführen würde, ist das von Ariès benutzte Wort „Widerwille" zutreffend. Der Widerwille gilt nicht den Gefühlen der Trauer an sich, vielmehr der Art und Weise, wie sie nach außen gezeigt werden. Sie weckt Zweifel an der Echtheit der Gefühle, ruft den Verdacht herauf, daß jemand seinen Kummer zur Schau trägt. Eine solche mitleiderregende Form der Erregung von Aufmerksamkeit ruft Widerwille hervor. Das alte Ritual würde übrigens keinen authentischen Eindruck machen, weil sich niemand noch derart ständig, tagein, tagaus, mit diesem Kummer konfrontieren will. Darauf würde man mit Peinlichkeit reagieren.

Noch in den 1950er Jahren war die Trauer eine ziemlich stark institutionalisierte soziale Verpflichtung, was schon aus der Einteilung in „schwarze", „halbe" und „helle" Trauer hervorgeht. Das Tragen von Zeichen der Trauer war durchweg gebräuchlich. In *Hoe hoort het eigenlijk?* von Amy Groskamp-ten Have finden sich ausführliche Vorschriften darüber. So steht hier z.B. in entschiedener Formulierung:

„Während der ersten sechs Wochen der schwarzen Trauer geht man nicht aus dem Hause, außer zur Kirche." (Groskamp-ten Have o.J., 254)

Aus einer Vorschrift wie dieser ergibt sich, daß es auch damals das gab, was Ariès und andere eine „Verbannung des

Kummers in den Privatbereich" nennen würden. Die Trauervor-
schriften symbolisierten zwar Kummer und verwandte Emotionen, aber ihre Form lag größtenteils fest. Der Spielraum, der
zugestanden war, lag vor allem im finanziellen Bereich, und
daraus ergibt sich, daß das öffentliche Trauerverhalten mindestens ebensosehr den Status der Hinterbliebenen symbolisier-
te. Das ergibt sich zum Beispiel aus der folgenden Vorschrift:
    „Zur Trauerkleidung werden weder Gold noch Juwelen ge-
tragen. Nur Perlen dürfen bei Trauer getragen werden, jedoch
nicht bei schwarzer Trauer (dann nur schwarze Perlen)."
(Groskamp-ten Have o.J., 253)
    Daß die Trauergefühle nicht direkter in der Öffentlichkeit ge-
äußert werden durften, sondern nur auf rituell symbolische
Weise, hatte gleichfalls mit Angst vor Statusverlust zu tun. Die
direktere Äußerung solcher Gefühle wurde nämlich als ein Zeichen der Schwäche gesehen, und schwächte also die persönliche Reputation. Das öffentliche Trauerzeremoniell verlangte
von den Hinterbliebenen, mit Blick auf die fortdauernd aufer-
legte Konfrontation mit ihrem Kummer, eine starke und ent-
schiedene Gefühlsbeherrschung. Auch außerhalb des öffentlichen Lebens, im Privatbereich, galten die Normen des
„Rückgrat zeigen" und der Würde. Sogar unter Vertrauten galt,
daß jemand einen Gesichtsverlust erlitt, wenn er seinen Kummer, seine Angst oder seine Wut zeigte. Solche Gefühle miteinander zu teilen, wie das heutzutage heißt, war nicht oder
kaum gängig, und Versuche in dieser Richtung wurden recht
schnell als „sich gehen lassen" aufgefaßt. Das galt als Kennzeichnen von Schwachen und niedrig Gestellten, von dem
Range nach „Geringen". Man mußte seinen Kummer
„würdevoll" tragen, was darauf hinauslief, daß man so wenig
wie möglich davon zeigte. Das erhöhte Status und Rang. Im
übrigen bestand die wichtigste Art und Weise, Kummer „würdevoll" zu tragen und sich in dieser Hinsicht vorteilhaft von anderen zu unterscheiden, darin, möglichst reichhaltig und aufwen-
dig Sorgfalt auf das Begräbnis, den Grabstein und die Trauer-

kleidung zu verwenden. In der „Größe" des Begräbnisses und in der „Vornehmheit" der Trauer äußerte man seine persönliche und soziale Identität, und vor allem auf diese Weise wollte man sich darin auch anerkannt sehen. Dies zeigt auch die bis tief ins 20. Jahrhundert stark wirksame Angst davor, in einem Armengrab begraben zu werden. Diese Angst hat viele dazu gebracht, wegen der Begräbniskosten in eine „Sterbeversicherung" einzutreten, eher noch als in eine „Krankenversicherung".

In dem Maße, in dem die Menschen die Statusaspekte der Trauer deutlicher als solche erkannten, wurden diese auch als peinlich erlebt und deshalb abgeschliffen. Man will jemandem mit seinem Kummer nicht mehr so wie früher lästig fallen und will umgekehrt nicht mehr, daß einem jemand damit lästig fällt, und die Empfindlichkeit hierfür hat derart zugenommen, daß man sehr schnell meint, daß das der Fall sei. Auf der einen Seite schlagen die Menschen einander immer mehr vor, solche Emotionen doch auf keinen Fall zu unterdrücken oder zu verdrängen - bis zu den 1960er Jahren habe ich davon nicht gehört, aber seit dieser Zeit dreht sich ein großer Teil der öffentlichen Diskussion gerade darum -, aber auf der anderen Seite sind sie empfindlicher geworden für die geringsten Zeichen von mangelhaft kontrollierten Gefühlsäußerungen, die als bedrohlich erlebt werden (für die eigene ausgeglichene Affektkontrolle, die eigene Gemütsruhe). Entsprechend dieser gewachsenen Empfindlichkeit stellen die Menschen höhere Anforderungen aneinander und an die eigene Selbstkontrolle in diesem Bereich. Zugleich erfahren sie in den Trauerritualen einen Druck von anderen, die Gefühle der Wut, des Kummers und der Angst zu bezwingen und sie nach einem festen Muster zu äußern, wie eine Zwangsjacke. An dem festen Muster erleben sie nämlich zuviel Unterdrückung und Verdrängung von persönlichen Nuancen dieser Emotionen. Obendrein wird ein derartiger Fremdzwang immer stärker als erniedrigend erfahren, als eine Unterschätzung ihres eigenen Vermögens, die sozial verlangte

Affektkontrolle aufzubringen und an den Tag zu legen. Man will diese Emotionen selbständig bekunden und sie aus eigener Kraft meistern, sogar so, daß man sie auf eine persönlichere Weise äußern kann, als das im traditionellen Ritual möglich war, ohne jedoch mit ihnen jemandem lästig zu fallen oder peinlich zu berühren: eine wahre „Kunst". Der derzeitige Verhaltensstandard bezüglich der Trauer erfordert also eine stabilere, differenziertere und umfassendere Affektkontrolle.

Von hieraus können wir den scheinbaren Widerspruch zwischen dem gewachsenen öffentlichen Interesse an den Vorgängen von Sterben und Trauer und der gewachsenen Privatisierung dieser Vorgänge selbst begreifen. Das gewachsene Interesse kann im Lichte der Angleichung der Machtverhältnisse zwischen den sozialen Klassen verstanden werden, in deren Verlauf immer mehr sogenannte „unanständige" und „statusdegradierende" Gegenstände an die Öffentlichkeit gebracht wurden. Das Tabu davor wurde also zu dem Zeitpunkt angegriffen, als die wichtigsten Existenzgrundlagen dieses Tabus, nämlich Statuserhalt wie auch Statuserhöhung und Schutz gegen (die Angst vor) Verlust von Selbstkontrolle, verblaßten wegen der Verminderung des Machtgefälles und dem erhöhten Selbstvertrauen, Herr dieser Emotionen bleiben zu können. Im Laufe dieses Prozesses verringerten sich die gesellschaftlichen Kontraste beziehungsweise die Extreme in Verhalten, Gefühl und Moral, und konnte eine „Emanzipation der Emotionen" und eine „Vergrößerung der Spielarten" stattfinden. Die gewachsene Privatisierung der Sterbens- und Trauerprozesse selbst kann als eine Funktion der angewachsenen Gefühle von (Scham und) Peinlichkeit angesehen werden, einer gestiegenen Empfindlichkeit für Schattierungen in Verhalten und Emotionen. Als notwendige Voraussetzung gilt hier wiederum eine Verkleinerung der gesellschaftlichen Machtdifferenzen: Nur dann können sich die Verhaltenskontraste verringern, und kann die Empfindlichkeit zunehmen.

Ein weiterer Aspekt des Informalisierungsprozesses kann aus einem Zusatz zum Kapitel „Trauer" in der 13. Auflage (1965) von *Hoe hoort het eigenlijk?* entwickelt werden. Nach einer unveränderten Übernahme des Textes aus der 12. Auflage klingen die gesellschaftlichen Veränderungen in den folgenden neuen Formulierungen durch:

„Diese Regeln beschäftigen sich mit formeller Trauer. Kritik daran von jenen, die diese Regeln aus welchen Gründen auch immer negieren, hilft niemandem. Jeder Mensch bekennt sein Leid auf ganz verschiedene Weise. Niemand hat das Recht, hierüber - von äußerlichen Symptomen ausgehend - ein Urteil zu fällen." (Groskamp-ten Have o.J., 254)

Hier wird geradeheraus zugestanden, daß es um *formelle* Regeln beziehungsweise um *äußerliche Symptome* ging. Auch das Credo des Individualismus - „jeder Mensch ist anders" - findet sich hier. Daß die Verhaltensregeln in den 1950er Jahren „formeller" und „äußerlicher" waren, bedeutet, daß man sich weniger genierte, sich öffentlich nach anderen zu richten, und also in dieser Hinsicht weniger individualistisch war. Aus den Etikettebüchern, die in den 1980er Jahren erschienen sind, ergibt sich, daß sich dieser Trend weiter durchgesetzt hat:

„Früher gab es eine formelle Trauerzeit... ein System, das nicht mehr in die heutige Gesellschaft, die stark individualisiert ist, passen würde - während uns obendrein bewußt geworden ist, daß Trauer nicht an Äußerlichkeiten gebunden ist." (Grosveld u.a. 1983, 151)

„Für Trauernde ist es sehr wichtig, daß sie über ihren Verlust sprechen können und ihn nicht wegdrängen oder hinunterschlucken brauchen. Dabei müssen Sie keinen Rat geben, allein intensives Zuhören ist ausreichend und Verständnis für den Kummer des anderen. Versuche nicht, dem Kummer zu widersprechen, mache nicht gleich scheinbar aufmunternde Sprüche wie: «Kopf hoch, du hast noch deine Kinder! Das Leben geht weiter ...»

Für die Abfassung von Kondolenzbriefen können kaum Ratschläge gegeben werden, gerade weil sie persönlich sein sollen." (van Eijk 1983, 146f.)

Kurzum, die Trauerrituale von einst bieten mittlerweile viel zu
wenig Gelegenheit, um Emotionen auf „persönliche" Weise zum
Ausdruck zu bringen. In diesen strengen Ritualen wird jetzt eine
zu große Gleichschaltung des persönlichen Kummers mit dem
von anderen erfahren und damit eine Leugnung der besonderen Persönlichkeit dieses Toten und der eigenen, individuellen
Trauergefühle. Nicht länger in der „Größe" des Begräbnisses
und in der „Vornehmheit" der Trauer, sondern vor allem im Vor-
bringen der persönlichen Nuancen, so feinfühlig und doch so
„natürlich" wie möglich, will man sich in seiner individuellen und
sozialen Identität anerkannt sehen. Der gegenwärtig dominante
Standard im Hinblick auf Trauerverhalten ist also, damit übereinstimmend, „informeller" und „innerlicher", er stellt höhere
Anforderungen an den Selbstzwang der Menschen und widerspiegelt die Verringerung der Status- und Machtdifferenzen in
unserer Gesellschaft.

c. Informalisierung als psychischer Prozeß:
   ## Zusammenfassung

Die oben zusammengefaßt dargestellte Untersuchung regte
eine weitere Präzisierung der Bedeutung von Informalisierung
als psychischem Prozeß an.

In der individuellen Psyche besteht der Informalisierungsprozeß, wie er sich seit dem Ende des 19. Jahrhunderts durchgesetzt hat, zu einem erheblichen Teil aus dem Ausloten von tieferen Gefühlen und aus dem Streben, verborgene oder
„verdeckte" Ängste zu überwinden, Bedingungen für die
„Emanzipation der Emotionen", die mit Informalisierung verbunden ist. Durch diese „Entdeckungen" werden sich die Menschen solcher Emotionen und Impulse (wieder) bewußt, die in
ihrer Vergangenheit in der Regel abgewehrt worden waren aus
Angst vor den Sanktionen ihrer Eltern oder anderer Personen,

von denen sie abhängig waren. Das betrifft vor allem die primären Impulse und Gefühle - diejenigen also in den Bereichen
Sexualität, Besitz, Gewalt und Tod. Diese Affekte, in der frühen
Kindheit noch nicht bewußt erfahren, wurden dermaßen mit
Angst besetzt, daß sie größtenteils aus dem Bewußtsein und
aus der Erinnerung verschwanden. Diese Angst hatte zwei
Seiten: Angst vor dem Versagen der „Außen-" und Angst vor
dem Versagen der „Innenpolitik"; es geht sowohl um die Angst
vor den Sanktionen, die andere ergreifen würden, würde man
ihnen diese Emotionen gestehen oder danach handeln, als
auch um die Angst, diese Triebe und Impulse nicht hinreichend
im Zaum halten zu können, entsprechend dem Verhaltenscode,
den man sich beim Aufwachsen angeeignet hat. Indem diese
Impulse und Emotionen aus dem Bewußtsein verbannt wurden,
wurden die daran gebundenen Ängste und Gefahren unterdrückt und gleichfalls aus dem Bewußtsein verwiesen bzw., in
den Begriffen von Norbert Elias, wurden sie verinnerlicht und in
mehr oder weniger automatisch wirkende Ängste und Selbstzwänge umgewandelt. Diese tieferen Gefühle und versteckten
Ängste sind also eng miteinander verbunden: So, wie sie einst
zusammen aus dem Bewußtsein verbannt worden sind, so
kommen sie auch zusammen wieder zutage.

Der soziale Ursprung dieser Ängste und Selbstzwänge ist
oben schon behandelt worden. Ein jedes Individuum wächst
unter einem gesellschaftlichen Zwang zum Selbstzwang auf,
was darauf hinausläuft, daß soziale Degradation, Verlust von
Achtung und von Selbstachtung hervorgerufen würden, gäbe
man bestimmten verlockenden Impulsen und Emotionen nach.
Im Extrem drohen die Sanktionen der Vernichtung (Todes-
strafe) oder der sozialen Verbannung in eine psychiatrische
Einrichtung oder in das Gefängnis: die Vernichtung der sozialen Existenz. Um diese Eventualität und die Angst davor aus-
zuschließen, ist die Verbannung sowohl der Erinnerungen ans
kindliche Gefühlsleben als auch von dem, was sich davon in
unbewachten und heimlichen Momenten noch aufdrängt, aus

dem Bewußtsein eine wichtige und gängige „Lösung" dieser Probleme des Zusammenlebens geworden. Auf diese Weise zogen und ziehen viele Menschen eine sorgfältig bewachte Trennlinie zwischen ihrer Kindheit und ihrem Leben als Erwachsene. Die „Emanzipation der Gefühle" seit den 1960er Jahren, innerhalb der psychotherapeutisch orientierten „Encounter-" und „Sensitivity-Bewegung" wie auch außerhalb davon, hat viele dazu gebracht, diese Trennlinie zu durchbrechen und wieder etwas flüssiger zu machen. So gesehen sind Informalisierungsprozesse mithin auch Entdeckungsreisen in die eigene nahe und ferne Vergangenheit, Erkundungszüge zu den Gründen, weshalb und auf welche Weise das eigene Gefühlsleben in die Bahnen, denen man gefolgt ist, gelenkt worden war. Es war vor allem eine Zwischengeneration[6], die sich an Experimente dieser Art gewagt hat. Für ihre Kinder wiederum wurden diese Erkundungszüge normal; sie wurden (formalisiert) in den Verhaltenscode der folgenden Generationen aufgenommen.

Das Aufstöbern und Analysieren der Regulierung der eigenen Triebe, Ängste und anderen Emotionen kann ein genauer informiertes und ausgearbeitetes Selbstbild bzw. Bild der auto-

---

6) Der Begriff Zwischengeneration verweist auf das von Norbert Elias eingeführte Drei-Generationenmodell. Das „ist ein Modell von Persönlichkeitsveränderungen, wie sie eintreten, wenn sich das Machtgefälle zwischen zwei voneinander abhängigen Gruppen erheblich verringert. Solche sozialen Wandlungsprozesse bringen bei den Mitgliedern beider Gruppen, sowohl der aufsteigenden als auch der zuvor etablierten, Veränderungen der Identitäts- und Gewissensbildung mit sich. Oft läßt sich eine Ungleichzeitigkeit zwischen den Wandlungen der Machtverhältnisse und den Wandlungen der mit ihnen verknüpften Persönlichkeitsstrukturen beobachten. Auf diese Ungleichzeitigkeit und auf die Probleme, die sich aus einem Zurückbleiben der letzteren ergeben, macht das Drei-Generationen-Modell aufmerksam. Doch hat ein solches Modell gewiß nicht die Kraft eines Gesetzes; in der Praxis kann sich der Prozeß sowohl über mehr als auch über weniger Generationen erstrecken." (Elias in: van Stolk/Wouters 1987, 15) Im Sinne dieses Modells meint der Begriff Zwischengeneration also die zweite Generation.

biographischen Kontinuität erbringen, auch eine größere soziale und psychische Flexibilität. Auf der anderen Seite besteht die Gefahr, daß das Aufrühren von weggedrängten Gefühlen wie gewalttätiger Wut, Eifersucht, Geilheit, Habsucht und Raubgier, Überlegenheits- und Unterlegenheitsgefühl so viele Ängste hervorruft, daß die Menschen mit ihnen nicht entsprechend den herrschenden Standards fertigwerden können. Dies Risiko des Kontrollverlusts ist in Sprichworten ausgedrückt wie „Man darf der Katze nicht auch noch den Speck hinhalten", wird aber auch durch Menschen demonstriert, die an Höhenangst litten und sich hinuntergestürzt haben: Ihre Angst zu fallen war so unerträglich, daß sie hinunter sprangen, um ihr zu entgehen. Dennoch aber wachsen auf diese riskante Weise, bei einem stärkeren und wirklichkeitsgetreueren Bewußtsein von autobiographischer Kontinuität, die Möglichkeiten, tiefere und versteckter Gefühle nach oben zu holen, einschließlich der damit verbundenen Ängste, und sie umzusetzen in im Hinblick auf Ort und Zeit dosierte Worte und Handlungen. In diesem Sinne ist Informalisierung sowohl ein tatsächlicher Vorgang als auch ein Ideal, ebenso wie Emanzipation. Z.B. lassen Eltern, in Übereinstimmung mit dem Ideal der Informalisierung, ihren Kindern mehr Raum für die Äußerung von Gefühlen und für momentane libidinöse Anfechtungen. Die Eltern versuchen auf diese Weise zu vermeiden, daß ihre Kinder sich ihrem Gefühlsleben „entfremden" und Kontrollen erlernen, die hauptsächlich dazu dienen, die Autorität von herrschenden Gruppen (einschließlich der Eltern selbst) ohne weiteres zu akzeptieren. Diese Erziehungspraxis ist aus dem Ideal dieser Eltern entstanden, auch sich selbst von solcherart Kontrollformen zu befreien. Ihr Streben ging und geht darauf, sich selbst und ihre Kinder in den Stand zu setzen, mit dem Leben großzügiger fertig zu werden, und gleichzeitig eine stabilere und haltbarere emotionale Befriedigung zu erreichen - eine positive Lustbilanz. Mit der Entstehung dieses Ideals sind die Anforderungen gestiegen, die Eltern an ihre eigene emotionale Regulierung stellen; ein derartiges Ideal verlangt von ihrer Selbstkontrolle im Umgang mit ihren Kindern mehr. Sie können sich nicht mehr bequem an feste Regeln klammern oder sich einfach auf ihren Befehl berufen: „weil ICH das sage". Sie sind bereit, länger eine größere „Wildheit" ihrer Kinder in der Erwartung zu tolerieren, daß sie so auf lange Sicht lernen, mit einem größeren Spielraum von Situationen besser aus eigener Kraft fertig zu werden als Kinder, die in eher autoritären und formellen Eltern-Kind-Beziehungen aufwachsen. Sie hoffen, daß ihre Kinder durch diese Toleranz ihre Impulse und Emotionen durch Langsicht und durch erwartete Gefühle von Schuld, Scham und Reue zu regulieren lernen, und weniger aufgrund von Angst vor der erwarteten Strafe von anderen. Und wirklich, Kinder, die in strengeren häuslichen Regimes aufgewachsen sind, lernen wahrscheinlich weniger gut, ihre eigenen Grenzen und Möglichkeiten als auch die Bedingungen der Situationen, in denen sie sich befinden, einzuschätzen. Wenn Autoritäten fehlen oder wenn die Regimes, an die sie gewohnt sind, sich lockern, dann laufen sie ein größeres Risiko, die eigenen wie die sozialen Grenzen zu übertreten als Kinder, die in weniger strengen Regimes aufgewachsen sind und die sich darin eine stabilere und umfassendere Selbststeuerung angeeignet haben.

Nicht nur zwischen Eltern und Kindern, ganz allgemein im Umgang hat die Fähigkeit, feinere Nuancen in Verhalten und Gefühl zu unterscheiden und das Verhalten flexibler darauf abzustimmen, ein größeres Gewicht für jemandes Achtung und Selbstachtung bekommen.

6. Formalisierung und Informalisierung Zwei Phasen von Zivilisationsprozessen

Nachdem in den 1960er und 1970er Jahren die Verhaltenscodes lockerer und variationsreicher geworden waren, während die Anforderungen an die emotionale Regulierung der Menschen angestiegen waren, schien in den 1980er Jahren der Informalisierungsprozeß an ein Ende gekommen zu sein (Wouters 1985; 1986a). Schon zu Ende der 1970er Jahre ging der Elan von manchen Emanzipationsbewegungen zurück, ebenso die Kraft des Widerstandes gegen traditionelle Umgangsformen und traditionelle Moral. Obgleich sich einige Emanzipations- und Informalisierungsprozesse noch bei den unteren sozialen Klassen fortzusetzen schienen, stagnierten andere dagegen vollständig, und im ganzen genommen schien wieder ein *Formalisierungsprozeß* in Gang zu kommen. Die „sexuelle Revolution" wurde für beendet erklärt, die Bewertung von Disziplin, von „law and order" stieg an, und es erschienen wieder neue Etikettebücher auf dem Buchmarkt.

Zu Beginn der 1980er Jahre habe ich diese Veränderungen als zwei aufeinander folgende Phasen von Zivilisationsprozessen interpretiert, als kurzfristige Phasen der Informalisierung und der Formalisierung. Einige Hauptgedanken dieser Darlegung werden im Folgenden zusammengefaßt.

a. Informalisierung als langfristiger Sozialprozeß: Zwei Phasen in Spiralbewegung

Wie Norbert Elias gezeigt hat, sind der Äußerung von emotionalen und körperlichen Empfindungen in einem viele Jahrhunderte währenden Prozeß immer festere Zügel angelegt worden, sind sie aus dem sozialen Verkehr verbannt worden, ein langfristiger Prozeß der Formalisierung. Im Prozeß der Informalisierung im 20. Jahrhundert haben die Verhaltens- und Gefühlsalternativen wieder zugenommen. Ebensowenig wie der langfristige Prozeß der Formalisierung hat sich der langfristige Prozeß der Informalisierung geradlinig vollzogen. In den Bewegungen unterschied Elias zwei Phasen bzw. Ausbreitungswellen, die in großen Zügen damit zusammenfallen, was als kurzfristige Phasen von Formalisierung und Informalisierung gesehen werden kann. Es geht um:

„Eine *Kolonisations- oder Assimilationsphase*, in der die jeweils untere und breitere Schicht zwar im Aufsteigen, aber doch noch der oberen deutlich unterlegen, in der sie spürbar am Vorbild der oberen orientiert ist und in der diese obere Gruppe sie, gewollt oder ungewollt, mit ihren Verhaltensweisen durchsetzt. Und eine zweite *Phase der Abstoßung, der Differenzierung oder Emanzipation*, in der die aufsteigende Gruppe spürbar an gesellschaftlicher Stärke und an Selbstbewußtsein gewinnt, in der dementsprechend die obere Gruppe zu einem stärkeren Ansichhalten, einer betonteren Abschließung gedrängt wird und in der sich die Kontraste, die Spannungen in der Gesellschaft verstärken." (Elias 1978 II, 424; Hervorhebung C.W.)

In *Über den Prozeß der Zivilisation* behandelt Elias die beiden Phasen als Momente ein und derselben Zivilisationsbewegung: In der Abfolge des Aufstiegs von immer breiteren Schichten bildeten die Phasen die spezifischen Ausbreitungswellen von Verhaltensstandards, in deren Verlauf sich die Kontraste in Verhalten und Gefühl sowohl der an Macht verlierenden Etablierten als der aufsteigenden Außenseiter verringerten und die Nuancen darin zunahmen. In jeder dieser Phasen kommen, Elias zufolge, die beiden Tendenzen der Annäherung und der Abstoßung zweifelsohne gleichzeitig vor, aber in der ersten Phase besteht generell stärker die Neigung, von oben nach unten zu kolonisieren und sich von unten nach oben anzupassen, und in der zweiten Phase herrscht die Neigung vor, sich oben von denen unten zu unterscheiden, und unten, sich nach oben hin zu emanzipieren. Elias benennt diese Phasen, arbeitet sie aber kaum aus. In *Frauen im Zwiespalt* haben Bram van Stolk und ich für die Periode nach dem letzten Krieg bis ungefähr 1980 zwei Phasen unterschieden, die den von Elias

für die Periode vom 15. bis zum 19. Jahrhundert angedeuteten
Phasen sehr ähneln. Wir beschrieben eine *Phase der Anpassung und der Ergebung*, die bis in die 1960er Jahre läuft, wonach sich bis Ende der 1970er Jahre eine *Phase der Emanzipation und des Widerstandes* erstreckt. In den 1980er Jahren
zeichnete sich immer deutlicher eine neue Phase der Anpassung und der Ergebung ab. Aufsteigende Gruppen orientierten
sich wieder stärker am Vorbild der eher formellen Lebensstile
und Verhaltenscodes von alten und neuen Etablierten, deren
Macht- und Statuspositionen wieder kräftiger und stabiler wirkten. In diesen Vorgängen werden Veränderungen in der
Machtbalance und in der Statushierarchie von kollektiven Ge-
mütsveränderungen begleitet: Veränderungen im allgemeinen
Lebensgefühl, in den dominanten Auffassungen von Vergangenheit, Gegenwart und Zukunft, einschließlich der sozialen
Definition der wichtigsten sozialen Gefahren und Ängste, der
für am nötigsten gehaltenen sozialen und individuellen Kontrollen und der kollektiven Ideale - kurzum all das, was man
sonst mit dem Begriff „Zeitgeist" bezeichnet.

b. Gemeinsame und gegensätzliche Interessen: Grundvertrauen zu den Unternehmen und Grundvertrauen zum Staat

In den 1950er und 1960er Jahren war ziemlich überall im Westen eine Spannung zwischen den tatsächlichen Machtverhältnissen und den institutionalisierten, den Rangbeziehungen entstanden (vgl. Elias 1983, 404). Die fortgeschrittene Arbeits-
teilung und Koordination der Funktionen, die Automatisierung
und die Arrangements des Wohlfahrtsstaates hatten den Wohlstand steigen und sich verbreitern, die Machtchancen von vielen Gruppierungen zunehmen lassen. In den 1960er und
1970er Jahren, einer Phase von Emanzipation und Widerstand,
wurden diese Chancen verwirklicht. Hieraus läßt sich verstehen, warum in einer Phase der Anpassung und Ergebung eine
größere Betonung auf den gemeinsamen Interessen von obe-

ren und unteren Gruppen, von Etablierten und Außenseitern liegt, während in einer Phase der Emanzipation und des Widerstandes die Betonung mehr auf gegensätzlichen Interessen zu liegen kommt. In der letztgenannten Phase, so schrieben van Stolk und ich 1983 (deutsch: 1987), wurden immer mehr gegensätzliche Interessen „entdeckt", wurden immer mehr alte Umgangsideale einerseits als Ergebnis von Unterdrückung, andererseits als Resultat eines „Sklavengeistes" erkannt. Die Demütigungen, die darin lagen, konnten von den etablierten Gruppen nicht oder kaum entkräftet bzw. bestritten werden, und sowohl die moralische wie die materielle Verteidigung ihrer Interessen hielt in vielen Fällen den Angriffen von aufgestiegenen und aufsteigenden Gruppen nicht stand. Etablierte, die sich zuvor in der Phase der Anpassung und Ergebung noch erfolgreich an gemeinsame Interessen wie nationale Solidarität und Humanität - von allen „gebildeten Bürgern" anerkannte Werte, weil mit ihrem Gewissen übereinstimmend - appellieren konnten, kamen in der neuen Phase in Verhandlungssituationen, in denen diese Begründung nicht wirkte. Sie wurden zum Schweigen gebracht oder sogar von Vertretern der aufsteigenden Gruppen verhöhnt, die die gleichen Werte benutzten, aber der Parteilichkeit der Begründung zu entgehen suchten, indem sie ihr eine mehr Menschen umfassende, universeller gedachte Solidarität und Humanität gegenüberstellten. Auf diese Weise konnten diese Gruppen öfter ihren „berechtigten" Vorteil erlangen und die Vertreter von etablierten Gruppen in Industrie und Geschäftswelt in die Verteidigung drängen.

Bei den wichtigsten dieser Verhandlungen, denen in größerem Rahmen, war der Staat direkt oder indirekt beteiligt. Bei zunehmendem Wohlstand und einem günstigen Arbeitsklima wurde unter dem anhaltenden Druck von aufsteigenden Gruppen eine Menge von (Versorgungs-) Arrangements getroffen, wodurch der Wohlstand breiter gestreut wurde, wodurch aber gleichzeitig der Machtbereich des Staates zunahm und dem der Privatinitiative von Unternehmern und Industriellen Zügel an-

gelegt wurden. Regierungsfunktionäre und Parteipolitiker entwickelten die Erwartung, daß sie weitreichendere Maßnahmen
treffen sollten und mußten, um die Wirtschaft in (moralisch) an-
nehmbarere Grenzen zu zwingen. In parlamentarischen Demo-
kratien mit einer freien Presse hängt die Frage, wo diese Grenzen genau gezogen werden, unter anderem von dem Grade
ab, zu dem gegensätzliche wie gemeinsame Interessen im
Zentrum des öffentlichen Interesses stehen. Als in den 1960er
und 1970er Jahren die gegensätzlichen Interessen den Vor-
rang erhielten, wurde viel Unrecht sichtbar, von dem man erwartete, daß es der Staat beseitigen solle; kurzum, es
herrschte Grundvertrauen in den Staat.

Etwa 1980, als die Phase der Emanzipation und des Widerstandes umschlug in eine Phase der Anpassung und der Ergebenheit, geriet der Staat in Geldnot. Die Unternehmer und Industriellen hatten immer mehr Vertrauen in die staatliche Politik
verloren, viele fingen damit an, sich ihr zu entziehen, indem sie
die Produktion in Länder mit niedrigeren Löhnen und Belastun-
gen verpflanzten. Weil dies geschah, stagnierte das Wirtschaftswachstum. Durch Maßnahmen zur Einschränkung der
staatlichen Ausgaben und zur Bekämpfung der stark angewachsenen Arbeitslosigkeit wurde zum ersten Mal seit langer
Zeit wieder deutlich auf allgemeine, gemeinsame Belange hingewiesen. Die Machtchancen der Gewerkschaften schwanden,
ebenso die Aufmerksamkeit, die sie von den Medien erhielten.
Die Politiker und andere leitende Beamte standen unter dem
Druck zu versuchen, das Vertrauen der Menschen in den Han-
dels- und Finanzkreisen wieder zurückzugewinnen. Der Sozial-
demokrat Duisenberg, einst Finanzminister, in den 1980er Jahren Präsident der Nederlandse Bank[7], hat das so ausgedrückt:
„Aber ich glaube auch sehr an immaterielle Dinge: Die Stärkung
des Vertrauens der Unternehmer in die gesellschaftliche Konti-

---

7) inzwischen Präsident der Europäischen Zentralbank in Frankfurt am Main

nuität und Stabilität." (Caljé/van Benthem van den Bergh 1983, 427)

Im Laufe von aufeinanderfolgenden Schwankungen des Grundvertrauens sind die Zentren des Kommerzes, der Arbeit (Gewerkschaften) und der Regierung stärker voneinander abhängig geworden, und größere Interdependenz bedeutete gleichzeitig mehr gemeinschaftliche Interessen. Als diese gemeinsamen Belange wieder stärker betont wurden und das Vertrauen in den Staat wieder stärker an das zu den Unternehmen gekoppelt wurden, wuchs auch die Macht der Autoritäten sowie die Tragweite ihrer Versuche, die Uneinigkeit über gegensätzliche Interessen zu dämpfen und das wechselseitige Vertrauen zu vergrößern. Gewerkschaftsführer mit einem radikalen Ruf zeigten sich wieder bereit, „eine Politik auf der Grundlage von Konsens zu machen und die Konfrontationspolitik eine Zeitlang aufzugeben."[8] Der Nachdruck auf kollektiver Emanzipation machte wieder dem Nachdruck auf individuellem Aufstieg auf der gesellschaftlichen Leiter Platz.

c. Druck von unten versus Druck von oben:
Abwärts versus aufwärts gerichtete Perspektive

Wenn der Druck von unten dominiert, regt das eine „Identifikation mit den Außenseitern" und eine *abwärts gerichtete Perspektive* auf die Gesellschaft an, während ein überwiegender Druck von oben umgekehrt eine „Identifikation mit den Etablierten" und eine *aufwärts gerichtete Perspektive* in Gang bringt.

In der letzten Informalisierungsperiode, den 1960er und 1970er Jahren, konnte man den „guten Ton" treffen, indem man sich in Kleidung, Sprache und anderem Benehmen nach „unten" orientierte, am „Manne auf der Straße". In dieser abwärts gerichteten Perspektive erschien der „salon sense" der

---

8) Diese Worte kennzeichneten die Haltung des Vorsitzenden der Industriegewerkschaft FNV; sie standen im *NRC Handelsblad* vom 15.2.1984.

Etablierten als ein Mangel an Realitätsgefühl und an Gefühl für Beziehungen. Gegenüber der Abschirmung von den einfachen Menschen, die als übertrieben bis überflüssig erachtet wurde, wurde damals gerade die dynamische Vitalität ihres „street sense" besungen:

„You've gone to the finest school, all night Miss Lonely,
But you know you only used to get juiced in it,
And nobody has ever taught you how to live on the street,
And now you are gonna have to get used to it."
(Bob Dylan, Like a Rolling Stone, 1965)

Ende der 1970er Jahre hatte der aufwärts gerichtete Druck von sich emanzipierenden Gruppen seine Dominanz verloren zugunsten des abwärts gerichteten Drucks von disziplinierenden Etablierten. Die „abwärts gerichtete Perspektive" machte einer „aufwärts gerichteten Perspektive" Platz: In den 1980er Jahren gewannen die Vorbildfunktion und das Gruppencharisma der Etablierten und Höhergestellten wieder stark hinzu. Ihr „salon sense", ihre Fähigkeit, auf subtile Weise spüren zu lassen, daß sie eben nicht „von der Straße sind", gewann an Beachtung und Bedeutung. Sowohl in den Medien wie auch in den Sozialwissenschaften verschob sich das kollektive Interesse nicht allein von „unten" nach „oben", sondern auch von den „Rechten" zu den „Pflichten", und die „Identifikation mit den Etablierten" bekam wieder die Oberhand über die „Identifikation mit den Außenseitern." Pech und Ergebenheit gewannen an Kraft im Vergleich zu Unrecht und Widerstand, und Demütigungen wurden wieder stärker aus dem Bewußtsein ferngehalten oder als zur condition humaine gehörig hingenommen. Die in der Phase von Informalisierung, Emanzipation und Widerstand gängige Idealisierung der Freiheit der Straße und der alerten Vitalität der „Menschen von der Straße" machte wieder einer Idealisierung der Freiheit und des verfeinerten Lebensstils von Menschen Platz, die eben nicht „von der Straße" sind. 1983 drückte das der christdemokratische Minister Brinkman mit Hilfe

von Worten aus, die noch immer der Sprache „der Straße" entlehnt waren:

„Ein Minister muß Autorität haben. Ein Minister ist kein ge-
wöhnlicher Mann ... das Volk soll den Mann sehen, der die Entscheidungen trifft, nicht Jan, Piet oder Klaas, die das schon
schaffen werden." (*Vrij Nederland* vom 11.6.1983)

Kurzum, der „street sense" verlor seine Vorherrschaft an den
„salon sense", als die Chancen auf kollektive Emanzipation geringer wurden, und damit das Bemühen, die individuellen Auf-
stiegschancen optimal zu gestalten, an Kraft gewann. Die Balance zwischen Solidarität und Individualität, zwischen „Rück-
sichtnahme aufeinander" und „Eintreten für sich selbst" - die
Wir-Ich-Balance - schlug wieder in Richtung des „Wir" aus, Äußerungen von partikularen Gruppenidentitäten wurden wieder
stärker akzeptiert. Die Emanzipationsbewegungen verloren an
Elan, und die Identifikation mit Außenseitern wie psychiatri-
schen Patienten, Gefangenen, Frauen, Arbeitern und Arbeitslo-
sen verlor an Kraft; dennoch aber blieben die Verhältnisse weniger hierarchisch, weniger starr und formell, als sie es in die
1950er Jahren gewesen waren. Die Informalisierung der Umgangsformen stagnierte zwar, aber in der darauf folgenden
Phase der Formalisierung wurden nicht alle Informalisierungen
aus der vorausgehenden Phase annulliert. Viele der Verhal-
tens- und Gefühlsalternativen, die in der letzten Informalisierungsperiode Eingang gefunden hatten, blieben erhalten; sie
wurden in der Phase der Formalisierung in den Standard von
Verhalten und Gefühl übernommen und in diesem Sinne formalisiert.

d. Nationalisierung und Regionalisierung: Das Beispiel des Sprachgebrauchs

Auch im Sprachgebrauch ist der Informalisierungsprozeß seit
der Wende zum 20. Jahrhundert dominant. Es ergab sich eine
wachsende Toleranz für Kraftausdrücke, für Wörter, die auf
körperliche Funktionen wie Sexualität und Stuhlgang oder auf

primäre Impulse und Emotionen verwiesen, und für (andere) „vulgäre" Wörter, auch für die „Gaunersprache". Eine steigende Hochschätzung für die Lebensweise der „einfachen Leute" war verknüpft mit einer Verminderung der sozialen Unterschiede im Sprachgebrauch. Die Informalisierung des Sprachgebrauchs bestand auch aus dem Gebrauch von Wörtern und Ausdrükken, die ehedem auf das Privatleben beschränkt gewesen waren, die jetzt aber gängig wurden in den sekundären und formelleren Kontakten des öffentlichen Lebens. Vor allem nach 1964 setzte sich diese Tendenz als informellerer Sprachgebrauch stark durch, als wachsende Toleranz und Anerkennung der Dialekte und regionalen Akzente.

Noch in den 1950er Jahren sprachen ungelernte Arbeiter selten das ABN[9] (Haveman 1952, 39-40), und wenn jemand im öffentlichen Leben Dialekt sprach, wurde ziemlich allgemein geschlossen, daß der Sprecher von geringer Herkunft war. Seit den 1960er Jahren spielte vor allem das Fernsehen eine große Rolle bei der schnellen Verbreitung des ABN in der Bevölkerung, aber schon ziemlich bald, seit den 1970er Jahren, entstand auch eine Gegenbewegung: Verschiedene regionale Bewegungen ergriffen Partei für die eigenen Dialekte und die regionalen Mundarten. Diese waren für sie kein Anlaß für Scham und Peinlichkeit, sondern geradezu für Stolz und Rührung: Sie sprachen nicht die Sprache ihrer Herren, sondern die ihrer Mütter. Die gleichen Gefühle, kombiniert mit einer tüchtigen Dosis Nostalgie, können die seit dieser Zeit anhaltenden Hausse von (Büchern mit) alten Fotos und Ansichtskarten von Dörfern, Städtchen und Städten erklären, ebenso die in Dialekt geschriebenen Bücher und Spalten in Regionalzeitungen. Das Sprechen mit einem regionalen Akzent wurde, entsprechend dem gestiegenen Selbstbewußtsein, zu einem Weg, um die

---

9) ABN, gebräuchliche Abkürzung für Algemeen Beschaafd Nederlands, vergleichbar mit „Hochdeutsch", also die Niederländische Hochsprache (WFH).

soziale Hierarchie - mit den ABN-Sprechern an der Spitze - zu relativieren und ihr zu trotzen. In dem allgemeinen Strom von Emanzipation und Widerstand verlangten die „Regionalisten" ihr Recht auf „eigene Identität für kulturelle Minderheiten" (z.B. Kool 1982, 194-197). Sie betonten eine „gleichwertige Vielfalt" bzw. eine „Pluriformität" gegenüber einer „massenhaften Uniformität", während ihre Gegner diese Begriffe vermieden und vorbrachten, daß die gemeinsame bzw. allgemeine „Eindeutigkeit" (i.S.v. Uniformität) der niederländischen Sprache nicht durch „Partikularismus" oder „Zersplitterung" (i.S.v. Pluriformität) gefährdet werden dürfe, die die Regionalisten in ihren Augen verfechten. In diesem Miniatur-Sprachenstreit hatten die Regionalisten ihren größten Erfolg in der ab 1985 eingeführten Möglichkeit, die friesische Mundart in den Schulen verpflichtend zu machen. Damit erhielten sie eine gesetzliche Bestätigung ihres Ideals:

„... ein Land mit einer die Provinzen übergreifenden Standardsprache, dem Niederländischen, und daneben eine große Vielfalt von als gleichwertig geachteten Sprachen und Dialekten ... Einheit und Solidarität bei Erhaltung von Eigenart." (Kool 1983)

Mit dem größeren Nachdruck auf allgemeinen Belangen und auf individuellem sozialen Aufstieg ist in den 1980er Jahren auch die Wertschätzung der niederländischen Hochsprache gestiegen. Die Stimmen gegen eine Fortsetzung der Regionalisierung, jetzt „Provinzialismus" genannt, klangen lauter und selbstbewußter.

Aus den Abschnitten über Dialekte in den neuen Anstandsbüchern der 1980er Jahre geht hervor, daß der Einfluß der Regionalisten zwar gesehen und bis zu einem gewissen Grade auch respektiert wird, daß er aber doch hauptsächlich als „überholte Mode" und als „Sprachverlotterung" verworfen wird.

„Mode auf dem Gebiet der Sprache, gewiß. So wie das angelernte Platt sprechen, um vor allem nicht spüren zu lassen, daß man eine akademische Bildung hat oder «aus gutem Hau-

se» kommt. Dies Streben nach einem ehrlichen Leben ohne
überflüssiges Beiwerk finden wir auch wieder im Kampf für eine
vereinfachte Rechtschreibung ... Platt sprechen ist wieder aus
der Mode, und die Vereinfachung der Rechtschreibung offensichtlich auch." (van Eijk 1983, 34)

e. Neue Etikettebücher: Der Umgang zwischen den Geschlechtern

Anfang der 1980er Jahren erschienen in den meisten westlichen Ländern viele neue Etikettebücher auf dem Markt. Das
Interesse an guten Manieren wuchs stark an: In den Niederlanden wurden mindestens neun solcher Bücher auf den Markt
gebracht, und von einem, *Zo het hoort nu*, wurden allein im
Jahre 1984 25.342 Exemplare verkauft. Dies kann als Symp-
tom für den Umschlag von der Phase der Informalisierung in
eine Phase der Formalisierung angesehen werden. Im folgenden Abschnitt werden die neuen Anstandsbücher erörtert und
mit den älteren verglichen, wobei sich die Aufmerksamkeit speziell auf Ratschläge zum Umgang zwischen den Geschlechtern
richtet. Der Abschnitt bildet einen Ausschnitt aus einem Auf-
satz, der zuerst 1985 erschienen ist (deutsch: 1986).

In der Periode von 1930 bis 1985 sind drei Phasen zu unterscheiden:

1. Seit Ende der 1920er Jahre - nach den „roaring twenties" -
bis in die Mitte der 1960er Jahre erschienen auch in den Niederlanden ziemlich viele Anstandsbücher, und einige von ihnen
wurden viele Male nachgedruckt. Das bekannteste Buch erschien 1939 und hieß *Hoe hoort het eigenlijk?* (Was gehört sich
eigentlich?) Seine 13. Auflage erschien 1966. Aus der Untersuchung dieser Anstands- und Ratgeberbücher (vgl. hierzu auch
van Stolk/Wouters 1987, vor allem 149-172) ergibt sich, daß
der Umgang zwischen Männern und Frauen vor allem auf der
Komplementarität der Funktionen gründete, die sie füreinander
erfüllten. In der Figuration dieser Funktionen stand dem Schutz
vor Gewalt, Armut und Statusverlust, den die Männer den

Frauen boten, das Recht auf deren Fürsorge und Sexualität gegenüber. Der starke Mann sollte liebevoll gegen die Gefahren beschützen, die vom öffentlichen Leben her drohten, und die schwächere Fraue sollte in dem so geschützten Privatleben ihren Mann und ihre Kinder liebevoll versorgen, eine Versorgung, die sich auch auf seine sexuelle Wünsche erstreckte. Auch in der Öffentlichkeit und außerhalb der Ehe gründete der Umgang zwischen Männern und Frauen auf Führung und Schutz durch den Mann, Schutz ihres Lebens, ihrer Güter und ihres guten Rufes. Nicht nur im Verhältnis zwischen Männern und Frauen, sondern z.B. auch im Verhältnis zwischen Eltern und Kindern, Lehrern und Schülern, zwischen der geistigen und politischen Elite und ihrer Gefolgschaft bestanden in den Niederlanden noch vor etwa dreißig Jahren Figurationsideale, die mit dem Ausdruck harmonische Ungleichheit zu kennzeichnen waren. Das soll natürlich nicht heißen, daß keine Konflikte auftraten, aber idealiter, dem Maßstab der herrschenden Figurationsideale zufolge, sollte es nicht so weit kommen. Dies Figurationsideal der harmonischen Ungleichheit kam damals auch in vielen Tanzfiguren zum Ausdruck: Der Herr führt, die Dame folgt, und zusammen vollführen sie harmonische Figuren; in der Bewegung des einen ist die Bewegung des anderen vorausgesetzt und inbegriffen.

2. In der Periode zwischen 1966 und 1979 wurde nur eines dieser Anstandsbücher wieder aufgelegt, und es erschien nur ein neues Buch.[10] Das Figurationsideal der harmonischen Ungleichheit geriet in Mißkredit; die Regeln und Ideale wurden recht rasch als altmodisch und diskriminierend erlebt. In der Lücke, die zwischen älteren und neueren Anstandsbüchern lag, florierte ein anderes Genre: die Selbstverwirklichungs- und

---

10) Bei der Neuauflage handelt es sich um Breen-Engelen 1959, 4. Aufl. 1969. 1972 erschien H.F. van Loon, *Hoe hoort het nu?* Beide Bücher wurden nach einiger Zeit in modernen Antiquariaten zu stark reduzierten Preisen angeboten.

Emanzipationsliteratur. Es ergab sich eine Hausse von Anleitungen für neue Methoden, mit Hilfe derer man sich gesellschaftliche Achtung und Selbstachtung erwerben konnte, darin auch neue Umgangsideale. Bücher wie *Ich bin OK, du bist OK* und *Die Scham ist vorbei* erreichten große Bekanntheit. Diese Literatur regte die Emanzipation und Informalisierung an; sie schien in erster Linie für Menschen bestimmt zu sein, von denen man unterstellte, daß sie einander gleich waren oder werden würden. Auf diese Weise wurde die Frage „Was gehört sich eigentlich?" umgebogen zur Frage, wie Menschen einander von gleich zu gleich behandeln können. In der Selbstverwirklichungs- und Emanzipationsliteratur wurden neue Umgangsregeln und -ideale formuliert, die auf die neue Frage eine Antwort zu bieten schienen. Diese Literatur wurde ab Mitte der 1960er Jahre auch an den Sozialen Akademien und an den Universitäten behandelt, und in diesem Sinne wurde die Frage nach „guten Manieren" - „Was gehört sich eigentlich?" - sogar in den Zentren der Wissenschaft und der Sozialarbeit erörtert, wenn auch in einem anderen Jargon. Die Emanzipationsliteratur wurde in den Niederlanden sogar so populär, daß in ihrer Folge an manchen Universitäten die Andragologie (Erwachsenenbildung) als eigenständige Studienrichtung anerkannt wurde. Die Andragologie begründete ihre Existenzberechtigung vor allem mit dem Anspruch, sozialwissenschaftliches Wissen in praktische und verständliche Beratung für eine bessere Gesellschaft umsetzen zu können. In der gleichen Periode, in der Anstandsbücher wieder in Mode kamen, zu Beginn der 1980er Jahre, wurde die Andragologie als selbständige Studienrichtung abgeschafft.

3. 1979 erschien die unveränderte 14. Auflage von *Hoe hoort het eigenlijk?*, aber erst in den 1980er Jahren blühte das Interesse an guten Manieren wieder auf. 1982 und 1983 er-

schienen in den Niederlanden folgende neue Anstandsbücher:[11]

A: Thea Kranenburg, *Etiquette. Hoe hoort het nu eigenlijk...?* (Etikette. Was gehört sich heute eigentlich...?) Amersfoort 1982

B: Netty Bakker-Engelsman, *Etiquette in de jaren '80.* (Etikette in den '80er Jahren) Utrecht 1983

C: Inez van Eyk, *Vandaag Etiquette.* (Etikette heutzutage) Utrecht und Antwerpen 1983

D: H. Görz, *Moderne Omgangsvormen. Etiquette voor jong en oud.* (Moderne Umgangsformen. Etikette für jung und alt) Antwerpen und Bussum 1983 (übersetzt aus dem Deutschen)

E: Amy Groskamp-ten Have, *Hoe hoort het eigenlijk?* (Was gehört sich eigentlich?) Vollständig überarbeitet von Maja Krans und Wia Post. Amsterdam 1983 (2.Aufl. 1984)

F: Frans Grosveld, Hrsg., *Zo hoort het nu. Etiquette voor de jaren tachtig.* (So gehört es sich heute. Etikette für die achtziger Jahre) Amsterdam und Brüssel 1983 (2. und 3.Aufl. 1984)

G: H.F. van Loon, *Goede Manieren. Hoe Hoort Het Nu.* (Gute Manieren. Was sich heute gehört) Amsterdam 1983

H: Heleen van Nulandt, *100 Vragen over Omgangsvormen.* (100 Fragen über Umgangsformen) Utrecht und Antwerpen 1983

I: H.P.M van den Hout, M.A., *Omgangsvormen.* (Umgangsformen) Rijswijk 1982 (Dieses Buch wurde verfaßt für die Kurse des Institut Schoevers, dem größten Ausbildungsinstitut für Sekretärinnen in den Niederlanden)

Eine Förderung von Emanzipation und Informalisierung war nicht die Absicht dieser Schriften. So findet sich in einem dieser Bücher ein Kapitel mit dem Titel „Die Frau muß wieder Frau

---

11) In Klammern die Buchtitel jeweils ins Deutsche übersetzt.

werden" (G77)[12]; auch erwecken manche Autoren schon in ihrem Vorwort den Eindruck, sie wünschten sich die formellen Regeln von ehedem zurück. Trotzdem ist noch deutlich zu bemerken, daß der Umgang zwischen Männern und Frauen ein umstrittenes Gebiet blieb: Viele Autoren versuchten nämlich, diesem Gegenstand soweit wie möglich auszuweichen. Dies Ausweichen geschah auf mancherlei Art und Weise. Nur ein Autor (G) machte den erklärten Versuch, das alte Figurationsideal der harmonischen Ungleichheit wiederherzustellen, und bei ihm klingt die alte Doppelmoral mitunter durch. Jedoch ist auch die Emanzipation der Frauen bei diesem Autor deutlich durchzuhören, z.B. in der folgenden Passage:

„Alles, was ein Mann zu einem anderen Mann sagen kann, kann er auch zu einer Frau sagen ... Die heutige Konversation ist uneingeschränkt offen - und ich kann mir keinen Gegenstand und kein Wort vorstellen, das heute in Anwesenheit von Frauen wirklich tabu wäre." (G80)

Eins der Bücher, die dem Thema am wenigsten auswichen, war das von Frans Grosveld u.a. (F). Angesichts der neuen gesellschaftlichen Veränderungen hielten die Autoren

„es eigentlich nicht mehr für möglich zu sagen, was sich gehört, sondern wie es zugeht - und warum ... Anstelle von festen Etiketteregeln brauchen wir flexible Richtlinien, die jeder im Hinblick auf die Situation interpretieren können muß." (F6)

Das „neue Prinzip" der Situationsbezogenheit zur Bestimmung der richtigen Umgangsformen wurde dann an verschiedenen Stellen deutlich ausgearbeitet, z.B.:

„An unserem Arbeitsplatz ... haben wir öfter, Mann oder Frau, zwei Hüte bereitliegen, die zu unterschiedlichen Situationen passen. Nennen wir einander beim Vornamen, eventuell auch unsere Chefs, dann geht das einen Außenstehenden

---

12) Die Verweise auf die neuen Anstandsbücher stehen im Text, und zwar durch Angabe des Buchstabens, mit dem das entsprechende Buch in der Auflistung oben bezeichnet wurde, und der Seitenzahl.

nichts an ... Das «Duzen oder nicht» ist also im täglichen Leben nicht mehr so sehr eine Frage der Unterscheidung zwischen Menschen (Mann/Frau, älter/jünger, höher/niedriger), sondern eine der Unterscheidung von Situationen (formell/informell, geschäftlich/privat, abschirmen/öffnen der persönlichen Lebenssphäre). Eine Entwicklung vom Höhenmesser zum Flächenmaß." (F50)

Auch im Hinblick auf das Verhältnis zwischen Männern und Frauen versuchten Grosveld u.a. zu einer Synthese von traditionellen Umgangsformen und deren Informalisierungen zu gelangen; ein Beispiel:

„Moderne Frauen stehen heutzutage bei der Vorstellung genau so wie Männer auf, obgleich Frauen offiziell sitzen bleiben dürfen. Sie brauchen nicht einmal ihre Hand auszustrecken ..., sondern können sich auf das bekannte Kopfnicken beschränken. Sogar das liebenswürdigste Kopfnicken wird heutzutage allerdings als sehr distanziert und kühl erlebt, und der andere denkt: Warum bekomme ich nicht die Hand? Bin ich nicht gut genug? Es kann also einen unhöflichen Eindruck machen, und daher: Als Frau stehen wir auf und geben wir die Hand." (F32)

Wie ausweichend die neuen Anstandsbücher auch sein mögen, so fallen doch beim Vergleich mit den älteren eine Reihe von zusammenhängenden Veränderungen auf.

a. Ein erster Unterschied betrifft nicht so sehr den Ton der neuen Anstandsbücher (der ist zuweilen ebenso bestimmt und streng), als die fast beiläufig formulierte Toleranz. So steht in einer Einleitung, die Wahrscheinlichkeit sei groß, daß die jüngste Generation von manchen Etiketteregeln sagen werde:

„«Das mag sich so gehören, aber wir machen es lieber so!» [wonach folgt] Das ist selbstverständlich jedermanns gutes Recht." (B8)

Ein anderer Autor hält an der alten formellen Form fest, aber fügt mit verblümten Worten an, man solle es übersehen, wenn jemand sich nicht zufolge des alten Registers beträgt (E116). Derartige *Vorbehaltsklauseln* fehlen in den älteren Anstandsbüchern; sie belegen eine doppelte Moral des Autors, einen Zwiespalt.

b. Ein zweiter Unterschied betrifft die *Beziehungs- und Situationsbezogenheit* der neuen Manieren, eine Entwicklung, die am treffendsten bei Grosveld u.a. formuliert und ausgearbeitet ist. Wie schon gesagt, versuchten diese Autoren „flexible Richtlinien" zu geben, „die jeder in Abhängigkeit von der Situation interpretieren können muß ... vom Höhenmesser zum Flächenmaß." Ein weiteres Beispiel:

„Dann: Das Essen zu Hause mit Freunden oder Familienangehörigen oder mit dem Direktor des Betriebs als Gast. Beim Wörtchen «oder» kann eine Verschiebung von strikt informell in Richtung auf ein wenig formeller auftreten; das hängt von der Beziehung zum Direktor (oder zu einem anderen besonderen Gast) ab." (F223)

Generelle Regeln der Etikette sind zu mannigfaltigen und nuancierteren, nach Situation und Art der Beziehung stark differenzierten Richtlinien geworden. Auch andere Autoren bezeugen das:

„Umgangsformen ... lassen sich etwas schwerer in «Regeln» fassen und sind des öfteren von den Umständen abhängig." (H15)

„Aber es bleibt riskant, Beispiele zu geben. Auch hier hängt doch wieder alles ab von Gelegenheit, Umgebung und Situation. Und was bei dem einen geistreich ist, wirkt bei einem anderen derb." (E85)

c. Im Zusammenhang mit der gewachsenen Beziehungs- und Situationsbezogenheit hat auch das *Bewußtsein von der Veränderlichkeit* von Umgangsformen sehr zugenommen. Allein schon in den Titeln und Untertiteln der neuen Anstandsbücher kommt das zum Ausdruck. Ein Beispiel:

„Es gehört sich nun einmal nicht, daß eine Frau einem Mann Feuer gibt. Diese Gewohnheit hätte sich im Laufe der Zeit vielleicht verändern können, aber das ist nicht geschehen." (E155)

d. Ein weiterer Unterschied zwischen älteren und neueren Anstandsbüchern betrifft die *Individualisierung* - „das Anlegen eigener Normen" -, die bei nahezu allen Autoren an verschiedenen Stellen zu bemerken ist:

„Immer häufiger stellen sich Menschen selbst vor. Das gilt
sowohl für Männer wie für Frauen." (E269)

„... umso mehr, als in unserer Zeit niemand mehr verantwortlich
sein will für die Fehltritte von Familienangehörigen." (G135)

„Wenn wir ein Fest geben, kommen Leute, die für sich selbst
sorgen können: «Jungs, dort stehen die Getränke und dort der
Käse und die Pastete und die Dips ... Ihr findet es schon.» Und
weg tanzt die Gastgeberin ..." (C33)

Wenn sich ein Autor über diese individualisierten Umgangsformen im klaren ist, denkt er das entsprechend dem traditionellen Gegensatz von äußerer und innerer Zivilisiertheit. Wiederum klingt darin ein gestiegener gesellschaftlicher Zwang
zum Selbstzwang durch:

„Waren wir früher nett und höflich, weil das die Etikette verlangte, so sind wir es jetzt, weil wir es selbst wollen!" (C37)

Wer etwas selbst will, verweist auf sein Gefühl, nicht auf andere oder auf äußere Regeln; innere Regeln bzw. Selbstzwänge verbergen den gesellschaftlichen Zwang. Die Regeln selbst
zu wollen, das impliziert ein höheres Niveau von Selbstzwang.
Wer die Regeln in eigene Regie nimmt, kann ihnen geschmeidiger und nuancierter nachkommen und so zugleich jeden Hinweis auf einen Zwang von anderen, vor allem auf Macht- und
Abhängigkeitsverhältnisse vor sich und vor anderen verbergen.
Um so wenig wie möglich vom Zwang der Menschen aufeinander zu spüren, müssen die Selbstzwänge sowohl äußerst flexibel als auch ziemlich automatisch funktionieren. Das ist jedenfalls die Voraussetzung für die Entwicklung „der Fähigkeit, für
andere, *ohne sich selbst Gewalt anzutun*, in sehr verschiedenen Situationen Verständnis aufzubringen". (F347. Hervorhebung von C.W.).

e. Verknüpft mit der Abnahme des Machtgefälles zwischen den sozialen Klassen und Gruppen war eine Verringerung der Kontraste in ihrem Verhalten, ihrem Gefühl und ihrer Moral, ein sozialer *Egalisierungsprozeß*, auch zwischen den Geschlechtern. Hat „ein Gast" zuviel getrunken: „Mach ein Bett für ihn - und verständige den eventuell zu Hause wartenden Partner -, oder rufe ein Taxi." (E35)

„... es ist immer sehr unangenehm, lästig und kompliziert, auf einmal einen Ausgangspartner auf dem Halse zu haben, der betrunken ist. Gleichgültig, ob das nun ein Mann oder eine Frau ist." (F173)

„Ist eine Frau Gastgeberin, so ist es heute ganz üblich, daß sie auch selbst zahlt." (E53)

Wenn in einem Lokal von Zeit zu Zeit eine Runde gegeben wird, darf sich dem keiner der Anwesenden dauerhaft entziehen:

„Das hat nichts zu tun mit Mannsein oder Frausein, sondern mit Schmarotzen". (F171)

Auch außerhalb des Lokals und eigentlich überall gilt dies als Ideal:

„Für Frauen ist es immer öfter möglich, verhältnismäßig unabhängig zu sein und zu bleiben. Wenn sie selbst arbeitet, wird sie es - außer wenn sie sich lieber aushalten läßt - vorziehen, für ihre Ausgaben selbst aufzukommen, so daß sie in ihrer Beziehung zu anderen frei ist." (E54)

Diese Zitate, vor allem das Wort schmarotzen, verweisen darauf, daß von Frauen im öffentlichen Leben erwartet wird, einen eigenen Anteil an den Kosten eines Lokal- oder Restaurantbesuchs zu tragen. Das bedeutet, daß finanziell selbständige Frauen immer deutlicher zur Norm und zum Ideal werden. Außer den „guten Manieren" tendieren auch die Gesetze in diese Richtung, so daß finanzielle Selbständigkeit „ohne Ansehn des Geschlechts" der Standard sowohl des Alltagslebens wie auch der Staatsordnung geworden ist.

Die modernen Tänze geben einen weiteren bildhaften Ausdruck von den Umgangsregeln und -idealen der 1980er Jahre. Wiewohl die alten Tanzstile als „Stiltänze" wieder aufgeblüht sind, hat das individualisierte Tanzen kaum an Popularität verloren. Ziemlich überall, wo getanzt wird, kann man sehen, wie die Tanzpartner getrennt voneinander ihre Bewegungen sowohl auf die Musik als auch aufeinander abzustimmen versuchen. Die Tänzer folgen einem weniger starren, einem informelleren Grundschema, und ihre Bewegungen sind variierter. Wer führt und wer folgt, ist sowohl weniger vorhersehbar als auch weniger sichtbar; allerhand Abstufungen und Balancen von Führen und Folgen sind möglich. Wenn sich der eine Tanzpartner harmonischer zur Musik bewegt (meist eine Frau), ist das gewöhnlich derjenige, auf den der andere seine Bewegungen abzustimmen versucht. Oft wird das überhaupt nicht versucht, und auch das ist erlaubt. Falls beide Partner einander gewachsen sind, können Augenblicke entstehen, in denen die separaten Bewegungen dennoch ineinander zu strömen scheinen bis zu gemeinsamen harmonischen Figuren.

Dies scheint das hochgestimmte Ideal des individualisierten Tanzens sein, es gibt bildhaften Ausdruck vom neuesten Figurationsideal des harmonischen Umgangs zwischen den Geschlechtern im ehelichen Bereich und darüber hinaus.

Die fünf genannten Veränderungen hängen zusammen, ein Zusammenhang, der sich in größeren Entwicklungslinien zeigt, wovon nun zwei folgen.

f. Von der Obhut des Mannes zur Selbstbehauptung

Jedes neue Anstandsbuch weist auf die gewonnene Unabhängigkeit und Selbständigkeit von Frauen hin. Das ist neu. Das „schwache Geschlecht" ist stärker geworden, und dieser Ausdruck ist so auch nicht mehr im Gebrauch. Die Veränderungen ergeben sich auch aus Passagen über die Berufsarbeit. Früher war da zu lesen:

„Es ist nichts dagegen einzuwenden, daß eine Frau zu 100%
Frau ist, aber eine Geschäftsfrau, will sie Erfolg haben, sollte
sich eher sachlich als weiblich verhalten." (Groskamp-ten Have
1939, 313; in der 13. und 14 Auflage: 328)

Daraus kann man ableiten, daß die „hundertprozentige Frau"
auch bei ihrer Berufsarbeit recht rasch unter männlichen Schutz
geriet. Das geht nun nirgends mehr hervor, es finden sich Feststellungen wie:

„Immer mehr Frauen verrichten Arbeiten, die früher zu einer
hermetisch abgeschlossenen Männerwelt gehört haben." (F
344)

„Eine Sportkameradin steht genauso wie eine Arbeitskollegin
als *Gleiche* neben uns." (F187; das Wort Gleiche aber noch
hervorgehoben)

Die Angleichung der Machtchancen von Männern und Frau-
en zeigt sich darin, daß sich Frauen in größerem Umfange
selbst beschützen, während sie früher in diesem Bereich auf
Männer angewiesen waren. In den neuen Anstandsbüchern
sind dann auch zum ersten Mal einige Passagen darüber zu
finden, wie Frauen unerwünschte Annäherungsversuche selbst
abwehren. Den Frauen wird angeraten, sich in erster Linie
selbst ihrer Haut zu wehren und nicht abzuwarten:

„In jedem Falle muß sie ihm von Anfang an zu verstehen geben, daß das für sie überhaupt nicht in Frage kommt."

Wenn er eine anzügliche Geste macht:

„Dann gib ihm eine Ohrfeige ..." (G82)

Als nützlich wird geraten:

„... deutlich vernehmlich wiederholen, was er gesagt hat:
«Oh, also Sie möchten, daß ich mit Ihnen ...»" (F48)

„Aber ... ein nüchternes und bedenkliches Hochziehen der
Augenbrauchen [ist] häufig schon ausreichend, um den anderen in die Wirklichkeit zurückzubringen." (I73)

Die geringere Ungleichheit impliziert auch ein weniger passi-
ves Verhalten von Frauen, was erwünschte Annäherungen an-

geht. So stellen sich Frauen heutzutage einem Mann selbst vor.

Diese Veränderungen sind allesamt Hinweise darauf, daß sich Frauen heutzutage stärker selbst beschützen, als daß sie durch Männer beschützt und geleitet werden. Frauen stellen sich heutzutage selbst vor, wie sie auch selbst unerwünschte Avancen abwehren. Ihr Recht auf einen eigenen Berufsweg wird anerkannt, die „hermetisch abgeschlossene Männerwelt" ist aufgebrochen, und was Wortwahl und Gesprächsthemen angeht, werden sie nicht länger „verschont". Die Hochschätzung der Obhut, die die Männer traditionell boten, ist auch durch die Einrichtung von allerhand Versorgungsarrangements gesunken, ein Prozeß der Verstaatlichung von Obhut. Vor allem durch das Sozialhilfegesetz[13] und ein vereinfachtes Ehescheidungsverfahren - Ehescheidung bringt heute obendrein wesentlich weniger Statusverlust mit sich als früher - bieten Staaten wie die Niederlande heutzutage einen Schutz für Frauen, bei dem sie früher auf einen Mann oder auf die Eltern angewiesen waren. Die Männer sind im Hinblick auf die Frauen in eine Konkurrenzposition mit dem Wohlfahrtsstaat geraten.

g. Vom Distanzhalten zum Schutz der Privatsphäre

Der Begriff Privatsphäre kam in den alten Etikettebüchern nicht vor. Hingegen wird er in den meisten neuen hoch bewertet:

„Einsamkeit ist ziemlich scheußlich, aber es gibt wohl etwas, was noch schlimmer ist: Mangel an Privatsphäre." (E193)

„Soweit es in unserem Vermögen liegt, müssen wir diesen letzteren [Menschen, die allein sein wollen, C.W.] ihr Recht auf eine Privatsphäre gönnen und auch ermöglichen. Eltern sollten das Recht ihrer Kinder, allein zu sein, respektieren und, wenn irgend möglich, dafür Raum schaffen." (B162)

---

13) Diesem niederländischen Gesetz zufolge hat jeder Einwohner Anspruch auf ein Mindesteinkommen, das staatlich garantiert wird (WFH).

In den älteren Anstandsbüchern wurde das, was der Privatsphäre noch am nächsten kommt, unter Überschriften wie „Die
Kunst des sich Fernhaltens und des Ausschließens" (van Zutphen-van Dedem 1928, 150) und „Distanz wahren" (Groskamp-
ten Have 1939, 25) behandelt. In Übereinstimmung mit der
schmaler gewordenen Formalitäts-Informalitätsspanne ist dazu
in den neuen Anstandsbüchern nichts mehr zu finden.
Distanz halten bezog sich vor allem auf den Umgang mit Untergeordneten, aber nicht nur. Von der ersten bis zur 12. Auflage (1939-1957) steht im bekanntesten niederländischen Anstandsbuch zu lesen, daß

„wir gut daran tun, unter allen Lebensumständen einige Distanz zu wahren. Distanz wahren heißt: sich vor allzu großer
Vertraulichkeit hüten. Daß man zu vertraulich mit Untergeordneten umgehen kann, wissen wir alle nur allzu gut, aber ...
kann man zu vertraulich sein unter Freunden und in der engeren Familie?Ja!" (Groskamp-ten Have 1939, 26)

Zu wenig Distanz bringe die „Sicherheit" und die „gute Har-
monie" des Umgangs in Gefahr. Sie wird auf folgende Weise
verworfen:

„Wer uns allzu nahe kommt, sieht zu viel, zu viel vom Allzu-
menschlichen, zu viel von den weniger schönen Seiten an uns,
und der Blick, den wir anderen so auf unser Innenleben bieten,
kann zu einer überraschend unerfreulichen Einsicht führen, die
durch nichts mehr weggewischt werden kann." (Groskamp-ten
Have 1939, 27)

Es sind diese direkten Hinweise auf die psychische Distanz
und auf jedermanns hierarchischen Platz im sozialen Verkehr,
die damit zum Ausdruck kamen, die mit dem Aufkommen des
Begriffs Privatsphäre verdeckt werden. Das Recht auf Privatsphäre wird legitimiert durch Hinweis auf ein allgemein mensch-
liches, individuelles psychisches Bedürfnis. Hingegen können
die alten Formen der Wahrung von Distanz und der Angst vor
zu großer Vertraulichkeit zurückgeführt werden auf die Angst,
sich zu verraten, Schmutzwäsche herauszuhängen, auf Sta-

tusängste. Mit Hilfe von verhaltenen, distanziert formellen Umgangsformen hielten die Menschen ihre „weniger schönen" und gefährlichen Impulse und Emotionen unter Kontrolle, indem sie sie abschirmten, sowohl vor anderen wie vor sich selbst. Dies Muster der Affektkontrolle korrespondierte mit einem starken Nachdruck auf den Gefahren, die mit dem Bloßlegen von inneren Ängsten und Phantasien verbunden sind: die Gefahr, „zu Fall zu kommen" und Respekt und Selbstachtung einzubüßen. Die traditionelle Akzentuierung der Gefahren, die damit verbunden waren, jemandes Inneres unter die Lupe zu nehmen, ist in den Psychologisierungs- und Intimisierungsprozessen der neuesten Informalisierungsperiode stark vermindert; man spricht nicht mehr von „zu Fall kommen", und der Ausdruck „gefallene Frauen" ist außer Gebrauch geraten. Unter dem Druck der wachsenden gesellschaftlichen Verflechtung und der damit verbundenen Verringerung der Machtdifferenzen sind die Menschen einander sowohl psychisch als auch sozial näher gekommen, als das den alten Maßstäben zufolge für ratsam und gesund gehalten wurde. Die größere Nähe kommt in den „freieren" und „ungezwungeneren" Umgangsformen zum Ausdruck. Entsprechend den bei jedermann gestiegenen Ansprüchen auf eine möglichst gleiche, respektvolle Behandlung wird im vertrauteren sozialen Umgang von jedem eine flexiblere Nachgiebigkeit verlangt, und dies stellt höhere Anforderungen an den Gefühlshaushalt der Beteiligten, an die Kunst, anzuziehen und abzustoßen. Das verlangt eine sensiblere und subtilere Regulierung der Gefühle, und dafür ist eine ausgeglichenere und differenziertere Beherrschung der Affekte eine notwendige Bedingung.

Das schwere Tabu, das früher auf dem Austausch von Vertraulichkeiten ruhte, ist in dem Maße schwächer geworden, in dem die damit verbundenen Ängste und Gefahren (sich gehen zu lassen und sich zu verraten) allgemein stärker unter individuelle Kontrolle gebracht wurden. Unter dem Druck von rasch zunehmenden Bindungen der Menschen und ihrer Organisatio-

nen entstand in der letzten Informalisierungsperiode eine Welle
von „Vertraulichkeit" und „Familiarität", in denen manche Ängste und Phantasien ausgetauscht wurden, die ein „kultivierter"
Mensch zuvor kaum sich selbst zuzugeben gewagt hätte. Diese
Gemütsbewegung breitete sich schnell aus, und recht bald
wurden die „entdeckten" Ängste und Träume als Teile eines
kollektiven Gefühlshaushalts (wieder-) erkannt. Deshalb gab
deren Äußerung immer weniger Anlaß zur Angst vor der Gefahr, stigmatisiert zu werden und „zu Fall zu kommen". Allgemeiner ausgedrückt: Die Identifikation der Menschen miteinander und ihr Gefühl von (Schicksals-) Verbundenheit nahmen zu,
und die gegenseitig erwartete Selbstkontrolle breitete sich aus.
Die Erwartung wuchs, daß die Menschen ihre „allzu-
menschlichen" und „gefährlichen" Gefühle nicht länger zufolge
den alten, formellen Mustern abwehren müssen; sie wurden
immer stärker für imstande gehalten, die Gefühle subtiler und
geschmeidiger zu regulieren, abhängig von der Situation und
den Bindungen zwischen den Beteiligten darin: „controlled decontrolling of emotional controls."

In dem Maße, in dem die Menschen einander zu größerer
und doch „ungezwungener" Familiarität und Intimität brachten,
stieg der gesellschaftliche Zwang zum Selbstzwang, und diese
größere, dauerhaftere und gleichmäßigere psychische Bela-
stung bildet den Motor für die Entwicklung von der „Distanz" zur
„Privatsphäre". In dem gestiegenen Zwang, den die Menschen
sich selbst und einander auferlegen, dem gestiegenen Niveau
der wechselseitig erwarteten Selbstkontrollen zu genügen, wur-
zelt der Wunsch, sich davon ab und zu frei zu fühlen, der
Wunsch, zeitweise allein zu sein. Ohne die legitime Möglichkeit,
zeitweise dem sozialen Verkehr durch Berufung auf die
„Privatsphäre" entfliehen zu können, zu leben, kommt den Autoren der neuen Anstandsbücher beinahe undenkbar vor, jedenfalls ohne sich selbst dabei „Gewalt anzutun."

In diesem Abschnitt wurde das gewachsene Bedürfnis nach
einer Privatsphäre in Verbindung gebracht mit der geringeren

sozialen Distanz und den schwächeren sozialen Trennlinien. In diesem Prozeß wurden die beteiligten Individuen stärker angehalten, sich mit mehr anderen zu identifizieren und eine größere Sensibilität und Flexibilität zu entwickeln. Vor allem von hieraus kann der Erfolg der moralischen Appelle der Frauen (mittels der Frauenbewegung) auf das Gewissen und das Verhalten der Männer verstanden und erklärt werden. Verschiedene Entwicklungen wie die Vereinfachung der Ehescheidung, der gestiegene Wohlstand und die Ausbreitung dieses Wohlstandes gemäß den Prinzipien eines Wohlfahrtsstaat helfen, die Veränderungen in der Machtbalance zwischen den Geschlechtern zu erklären, jedoch nicht vollständig. Ohne die hier zur Sprache gekommenen Veränderungen in der Gefühls- und Selbstkontrolle und der wechselseitigen Identifizierung in den Versuch einzubeziehen, die Veränderungen im Umgang zwischen Männern und Frauen zu erklären, kann dieser Versuch wenig Erfolg haben. Namentlich das „moralische Unvermögen" der Männer, die neuen, höheren Anforderungen, die Frauen inzwischen an eine Beziehung zu ihnen stellen, zurückzuweisen, bliebe dann größtenteils unbegriffen.

h. Die neue Formalisierungsphase und die Richtung des Zivilisationsprozesses

Aus dem Vergleich von älteren und neueren Anstandsbüchern ergibt sich, daß in der jüngsten Formalisierungsphase viele informelle Umgangsformen aus der Phase davor in einen festeren Verhaltensstandard aufgenommen und in diesem Sinne formalisiert fortgeführt wurden. Auch frühere Informalisierungswellen, wie die des „fin de siècle" und der „roaring twenties", sind in den auf sie folgenden Formalisierungsphasen nicht ganz annulliert worden. Das folgende Zitat aus einem Etikettebuch, das gegen Ende der Informalisierungswelle der 1920er Jahre erschienen ist, kann das illustrieren:

„Vor einem halben Jahrhundert war die Stellung der Frau in der Gesellschaft so ganz anders als heute; das Verhältnis der

Kinder zu den Eltern war damals himmelweit verschieden von
dem gegenwärtigen; und die Folge dieser enormen Veränderungen ist natürlich gewesen, daß auch die Umgangsformen
einer totalen Veränderung unterlagen. Alle «Steifheit», «Ma-
nieriertheit» verschwand aus der Gesellschaft und wurde ersetzt durch eine lässige Nonchalance, die ebensosehr zu miß-
billigen ist wie die frühere übertriebene Förmlichkeit." (Kloos-
Reyneke van Stuwe 1927, 6)

Auch was damals „lässige Nonchalance" hieß, ist in der darauf folgenden Formalisierungswelle, die sich in den 1930er
Jahren durchsetzte, gemäßigt und im übrigen in den dominanten Code aufgenommen worden. 1936 ist der Anschluß an die
Tradition schon wieder soweit fortgeschritten, daß in der Einleitung zu einem Anstandsbuch angemerkt wird,

„daß man in diesen Tagen, in denen für so viele Bildung
noch das einzige ist, was man aus den Trümmerhaufen ver-
gangenen Glanzes hat retten können, wieder mehr Wert legt
auf korrekte Umgangsformen als in der goldenen Periode nach
dem Krieg." (van Haeften 1936, 10).

Die von Norbert Elias beschriebenen Entwicklungen seit dem
Mittelalter, durch die viele natürliche, „animalische" Verrichtungen wie essen, trinken und schlafen, ebenso wie die primären
Impulse und Emotionen immer stärker und detaillierter reguliert
und - mittels der „guten Manieren" - standardisiert wurden, muß
als ein langfristiger Formalisierungsprozeß gesehen werden.
Eine Verminderung von Ungleichheit der Machtchancen sei
stets verknüpft gewesen mit mehr oder minder auffälligen Informalisierungen, die später zum Teil formalisiert wurden durch
Aufnahme in den Standard der Umgangsformen, aber erst seit
Ende des 19. Jahrhunderts scheint die bis dahin vorherrschen-
de Formalisierung durch einen langfristigen Informalisierungsprozeß überschattet zu werden: Der stark angewachsene Teil
der Bevölkerung, der sich nach diesem Standard richtet, weist
ein Muster von Selbstkontrolle und Selbststeuerung von ausrei-
chender Reichweite und Stabilität auf, so daß deshalb die so-

ziale Regulierung des Umgangs - der Verhaltensstandard - im ganzen genommen informeller, flexibler und nuancierter werden konnte. Darum bestimmen bis heute die Informalisierungswellen des 20. Jahrhunderts die Richtung des Zivilisationsprozesses. Michael Schröter bezieht die beiden Langfrist-Prozesse aufeinander, indem er schreibt:

„Die gegenwärtige Informalisierung rückt frühere Formalisierungsprozesse ... als Untersuchungsthema vielleicht erst ins Blickfeld." (Schröter 1985, 2)

In der jüngsten Informalisierungsperiode (1966 bis 1979) wurden die Kreise, denen die vorgeschriebenen Manieren und Umgangsideale entlehnt worden waren, durch sich emanzipierende soziale Schichten sichtlich in die Defensive gedrängt. Einmal in der Offensive, sahen letztere ihre Ideale und Zukunftserwartungen nicht allein in der Emanzipationsliteratur ausgedrückt, sondern überdies repräsentiert in den Zentren der Sozialwissenschaften, der Sozialarbeit, der Künste und der Journalistik - Zentren, in denen auch relativ viele Frauen arbeiten und Karriere machen. Im Zwiespalt, also hinsichtlich ihrer Umgangsformen verunsichert, wurde damals eine wachsende Anzahl von Menschen von den Verhaltensmodellen angezogen, die die Menschen in jenen Zentren verkündeten, während sie sich vorher stärker nach dem Vorbild von Menschen in den Zentren von Gewalt und Geld, den Führungs- und kommerziellen Zentren richteten, mit oder ohne Zuhilfenahme von Etikettebüchern. In dieser Phase hatte die Emanzipations- und Selbstverwirklichungsliteratur die gleiche soziale Funktion, wie sie die Etikettebücher zuvor gehabt hatten. Wenn wir Horst Volker Krumrey folgen in seiner Feststellung,

„daß sich die überwiegende Mehrzahl der Bücher an den Verhaltensstandarden und -sanktionen derjenigen sozialen Klassen, Schichten, Gruppen orientieren, die die jeweils sozial stärkste «gute Gesellschaft» bilden" (Krumrey 1984, 24),

können wir schließen, daß während der letzten Informalisierungsperiode die Zentren der Sozialwissenschaften, der Künste

und der Sozialarbeit sozial starke „gute Gesellschaften" bildeten, auf alle Fälle stark genug, um die Andragologie als selbständige Studienrichtung Eingang in die Hochschulen und Universitäten finden zu lassen. Anstandsbücher wurden in diesen
Zentren als Anleitungen zur Aufrechterhaltung von sozialer Ungleichheit abgelehnt und als oberflächlich, unsystematisch und
heuchlerisch gebrandmarkt. Vertreter der Zentren des Kommerzes und der Verwaltung ließen sich umgekehrt herablas-
send über den „weichen Sektor" aus, seit den 1980er Jahren
immer offener. In dieser Hinsicht ähnelt die Spannung zwischen
den Zentren der Sozialwissenschaften, Künste und Sozialarbeit
auf der einen Seite und den kommerziellen und Verwaltungs-
zentren auf der anderen der von Elias beschrieben Spannung
im Deutschland des 18. Jahrhunderts zwischen Adel und bürgerlicher Intelligenz: Auch dort standen (bürgerlich-intellek-
tuelle) „Tiefe", „Tugend" und „Aufrichtigkeit" der (adligen) „Ober-
flächlichkeit", dem „Zeremoniell" und der „äußeren Höflichkeit"
(Elias 1976 I, 36) gegenüber.

Dies Spannungsverhältnis ist auch dem zwischen den eher
quantitativen und den eher qualitativen Problemen des Zusammenlebens verwandt. Qualitative Probleme des Zusammenlebens - im besonderen das Arbeitsgebiet von Sozialwissenschaftlern, Künstlern und Sozialarbeitern - drangen ins
Zentrum des öffentlichen Interesses vor, und die Lösungen, die
von hier kamen, bestimmten Status und Reputation mehr als je
zuvor. Die Voraussage von C.Wright Mills, daß die Denkweise
der Sozialwissenschaften „den gemeinsamen Nenner unserer
Kulturepoche bildet" (Mills 1973, 55f.), schien sich zu bewahr-
heiten. Obendrein fand ein umfassender Säkularisierungspro-
zeß statt: Immer mehr Probleme des Zusammenlebens (vgl.
Goudsblom 1979, 27-39) wurden von einem wachsenden und
differenzierten Publikum immer entschiedener auf weltliche
Probleme der sozialen Gestaltung zurückgeführt und so der
Zuständigkeit der Geistlichen entzogen. Dieses Novum in der
Menschheitsgeschichte führte zu hochgespannten Zukunftser-

wartungen, auch und besonders zu Erwartungen an die Sozialwissenschaften, die Sozialarbeit und die Künste. Die Stagnation des wirtschaftlichen Wachstums und die steigende Arbeitslosigkeit brachten die Zukunftserwartungen auf ein niedrigeres Niveau. Das Gefühl der materiellen Sicherheit geriet hierdurch ins Wanken, das Niveau der Gefahren und Ängste stieg an, und dementsprechend stieg das Interesse für und die Anerkennung der Geschäftsleute und anderer kommerzieller Autoritäten. Als die Chancen zu kollektivem Aufstieg entschwanden, schrumpfte zugleich die Ausstrahlungs- und Anziehungskraft der Zentren der Sozialwissenschaften, Künste und Sozialarbeit, ebenso das Ideal, von gleich zu gleich miteinander umzugehen. Um ihren Lebensstandard sicherzustellen und ihre Reputation hoch zu halten, fühlten sich viele wieder stärker abhängig sowohl von denen, die ihnen direkt übergeordnet waren, als auch von den Eliten in den Zentren des Kommerzes und der Verwaltung. Das Urteil und die Entscheidungen dieser Menschen wurden stärker bestimmend für ihren Status und ihre Zukunftsperspektiven, und deshalb orientierten sie sich mehr als zuvor an den Umgangsformen und Verhaltensstandards dieser kommerziellen und Verwaltungseliten. Die Lebensführung dieser Menschen erhielt starke Anziehungs- und Ausstrahlungskraft, ihre Autorität stieg, und ihre Manieren wurden wieder stärker als Vorbild angenommen sowie durch Anstandsbücher als Vorbild aufgestellt. Als Folge wurden die traditionellen Manieren, wonach die Männer die Frauen beschützten - vor allem gegen Anschläge auf materielle Sicherheit und Status - wieder etwas stärker von Frauen (und Männern) geschätzt, und dasselbe galt für die traditionelle Fürsorge der Frau für den Mann. Auch im letzten Jahrzehnt dieses Jahrhunderts ist die Erfahrung eines Druckes von oben, von etablierten Gruppen, die anderen Regeln auferlegen und zur Formalisierung anhalten, vorherrschend geblieben. In einem einzigen Bereich, dem der Euthanasie, haben sich Mentalität und Regelsetzung noch in die Richtung der Ausbreitung von Verhaltens-

und Gefühlsalternativen beziehungsweise Informalisierung bewegt, aber im ganzen genommen - hier etwas langsamer, dort
etwas schneller - haben die Außenseitergruppen, die gegen die
Regeln Widerstand leisten oder sich ihnen entziehen, an Kraft
und Elan verloren.

Diese Art von Umschwüngen im kollektiven Gefühl, im Verhalten und in der Moral bilden einen Teil von allgemeineren
Übergängen von Phasen der Emanzipation und des Wider-
stands zu Phasen der Anpassung und der Ergebenheit, von
Informalisierung zu Formalisierung. In den veränderten Umgangscodes und -idealen im allgemeinen und in denen im besonderen, welche den Umgang zwischen den Geschlechtern
regulieren, kann eine gewisse Formalisierung von voraufgehenden Informalisierungen festgestellt werden.[14] In der jüngsten Phase von Formalisierung wurde die Aufwärtstendenz des
Informalisierungsprozesses einigermaßen umgebogen, ohne
daß der Prozeß dadurch langfristig seine Richtung zu verändern scheint; es gibt keinen Grund zu meinen, daß der Lang-
frist-Prozeß der Informalisierung an sein Ende gekommen ist.

---

14) Eine hübsche Illustration ist der „soft look"-Büstenhalter, auf den Markt
gebracht, als viele Frauen den harten, „unnatürlich" geformten BH, der aus
den 1950er und 1960er Jahren stammte, nicht mehr tragen wollten. Der „soft
look"-BH stützt die Brüste, ohne dem Eindruck von Ungebundenheit und
Freiheit oder der visuellen Andeutung der Brustwarzen Abbruch zu tun. Die
Aufeinanderfolge harter BH / kein BH / „soft look"-BH ist ein spielerisches
Beispiel für Formalisierung von vorausgehender Informalisierung.

7. Untersuchung der Veränderungen im Verhältnis zwischen den Geschlechtern. Staat und Sexualmoral; ministerielle Stellungnahmen und Untersuchungsberichte

Der Fortschritt der Frauenemanzipation in diesem Jahrhundert ist unverkennbar. In wechselndem Tempo, rasch in Phasen von Emanzipation und Widerstand und langsamer in Phasen der Anpassung und der Ergebenheit, hat sich eine Entwicklung von der Obhut des Mannes zur Selbstbehauptung vollzogen. Im vorigen Kapitel ist schon ein Teil dieser Entwicklung behandelt worden. In diesem Kapitel nun ist ein Aspekt davon zentral, die Eindämmung von sexueller Gewalt und sexuellen Einschüchterungen. Es beruht auf vier offiziellen Quellen, einer ministeriellen Stellungnahme und drei Untersuchungsberichten, die unter ministerieller Verantwortung verfaßt worden sind. Alle vier sind im Hinblick auf einen besseren Schutz gegen die Gefahren im Umgang zwischen den Geschlechtern herausgegeben worden.

1984 erschien die Stellungnahme *Bestrijding van sexueel geweld tegen vrouwen en meisjes* (Bekämpfung von sexueller Gewalt gegen Frauen und Mädchen) des Ministeriums für Arbeit und Soziales und des Justizministeriums. In der Stellungnahme gelten als Formen von sexueller Gewalt auch Diskriminierung aufgrund des Geschlechts sowie „unerwünschte Intimitäten" beziehungsweise, besser ausgedrückt, sexuelle Einschüchterungen. Zufolge der Stellungnahme muß sexuelle Gewalt nicht verknüpft sein mit „sexuellen Handlungen im engeren Sinne"; „wesentlich ist ..., daß Frauen gegen ihren Willen aufgrund ihrer Geschlechtsmerkmale beurteilt werden und daß ihre eigene Sexualität untergeordnet ist" (S.4). „Die Ausweitung der Bedeutung des Begriffs «sexuelle Gewalt» hat vor allem einen bewußtmachenden und politischen Sinn", lautet die nüchterne Feststellung der Mitglieder der Projektgruppe Frauenarbeit in Groningen in ihrem Untersuchungsbericht *Ongewenste Intimiteiten op het werk* (Unerwünschte Intimitäten am Arbeitsplatz. De Bruijn und Timmermann 1986). Diese Untersu-

chung wurde im Auftrag des Staates durchgeführt, der damit
einer der Empfehlungen in der ministeriellen Stellungnahme
über sexuelle Gewalt gefolgt ist. Eine weitere Untersuchung
über sexuelle Gewalt, die in jener Stellungnahme empfohlen
wurde, mündete 1986 gleichfalls in einen Bericht: *Wiens lijf eigenlijk? Een onderzoek naar dwang en geweld in de prostitutie*
(Wessen Körper eigentlich? Eine Untersuchung über Zwang
und Gewalt in der Prostitution. Vanwesenbeeck 1986). Beide
Berichte werden hier erörtert (vgl. Wouters 1986) vor dem kon-
trastierenden Hintergrund des Berichts über die „Tanzfrage",
1931 von einer Regierungskommission herausgebracht (*Rapport* 1931).

a. Vom Kampf gegen „Sittenverwilderung" zum Kampf gegen „sexuelle Gewalt"

„Meistens in der Mitte eines Balls, in der Pause, ist das Souper.
Sie können bei Tisch Ihre Handschuhe ausziehen, viele behalten sie der Bequemlichkeit halber an." (Handboek der etiquette
o.J., 43)

Wenn ein junger Mann nach dem Ball ein Mädchen - um die
Wende zum 20. Jahrhundert „Dame" genannt - nach Hause
bringen wollte, dann sollte er sie vorzugsweise so fragen:

„Das Vergnügen, das ich heute Abend gehabt habe, wäre für
mich vollkommen, wenn ich Ihnen meinen Arm anbieten könnte, um Sie nach Hause zu begleiten." (Meyer o.J., 53)

Und beim Abschied hatte er zu sagen:

„Die Ehre, die ich gehabt habe, Sie nach Hause bringen zu
dürfen, ist so groß, daß ich nicht umhin kann, mich bei Ihnen
bestens zu bedanken; ich hoffe, bald wieder Gelegenheit zu
haben, Ihnen erneut meine Hochachtung erweisen zu können."
(Meyer o.J., 54)

Nach solchen Höhepunkten steifer Vornehmheit in der viktorianischen Zwischenphase ist der Umgang zwischen unverheirateten Männern und Frauen zu Beginn des 20. Jahrhunderts,
vor allem an „geschützten" Orten wie geschlossenen „Clubs",

wieder etwas freier geworden. Darüber schrieb „Mevrouw Etiquette":

„Das größere Vertrauen, das man im Hinblick auf den Umgang von unverheirateten Männern und Frauen miteinander bekommen hat, macht auch diesen Umgang vertrauter, zugleich ungefährlicher." (v.d.M. o.J., 180)

Auch hier ging eine Verminderung der Gefahren und Ängste im sozialen Verkehr Hand in Hand mit einer stärkeren gegenseitigen Identifikation und einer Erweiterung der wechselseitig erwarteten Selbstkontrolle. Erst in den 1920er Jahren ist die Beaufsichtigung, der Zwang von anderen, auch außerhalb des geschlossenen - und insofern geschützten - Clublebens geringer geworden, ebenso in Tanzlokalen und Kinos. Vor dieser Zeit waren „öffentliche Tanzgelegenheiten ... für Soldaten und Dienstmädchen" (Viroflay 1919, 54). Damit wurde der bis dahin dominante Umgangscode zwischen den Geschlechtern durchbrochen. Bei diesen Gelegenheiten wurde es nämlich möglich, daß sich die Geschlechter ohne direkte Aufsicht durch verantwortliche Personen begegnen können. Auf diese Weise breitete sich ein nicht bewachter Umgang zwischen den Geschlechtern aus. Auch Söhne und Töchter von Eltern, denen in ihrer eigenen Jugend nur bewachte Kontakte erlaubt worden waren, besuchten die Tanzlokale und Kinos. Viele dieser Eltern hatten kein Vertrauen in die „Ungefährlichkeit" dieser Form des unbewachten freien Umgangs. Man sprach recht bald von einer „Tanzwut" und sah darin einen „Verfall der Sitten". In einer (Schreck-) Reaktion suchte man bis in die höchsten Kreise nach Mitteln, um einem weiteren „Verfall der Sitten" entgegenzusteuern. Der Abstand zwischen diesen Kreisen und „dem Volk" war noch groß genug, um zu meinen, daß man durch „Maßnahmen" und durch „Zucht" die sexuellen Impulse des Volkes im Zaume hielte und halten könnte. Die „«Kommission in Sachen Volksbelustigungen» der Zucht-Union" führte eine Enquête durch, und bald darauf wurde die Tanzfrage in der Zweiten Kammer diskutiert. 1928 richtete die Regierung eine

Kommission mit dem Auftrag ein, eine Untersuchung durchzu-
führen.

Die Begriffe „Sittenverwilderung", „Sittenverderb" und „Ent-
artung der Sitten" bildeten in den 1920er und 1930er Jahren
den Ausdruck eines weit verbreiteten Schreckbildes. Der Unterschied zwischen diesen Bezeichnungen und den heutigen ist
soziologisch signifikant. Die Bezeichnung sexuelle Gewalt
meint Gefahren im Umgang zwischen den Geschlechtern, die
per Definition von Männern ausgehen und deren Opfer Frauen
(oder andere Männer) werden. Das ist neu. Die Begriffe Sittenverderb oder Sittenverwilderung nahmen nicht so eindeutig
Partei für die Frauen. Sittenverwilderung wird per Definition
beiden Geschlechtern zum Vorwurf gemacht. Wo der schüt-
zende Zwang von anderen, in Aufsicht durch Autoritäten und
andere Wächter der guten Sitten bestehend, wegfalle, wie das
nach dem Ersten Weltkrieg in Kinos und Tanzlokalen geschah,
da drohten, wenigstens in der Sicht der Interpreten der dominanten Moral, sowohl Männer als auch Frauen der Sittenverwilderung anheimzufallen. Damit zeigten die Etablierten angesichts des Besuchs von Tanzlokalen und Kinos eine soziale
„Beschmutzungsangst". Sie dachten, daß die Selbstkontrolle
der Besucher den erregenden Verlockungen, vor denen sie
selbst in ihren jungen Jahren durch andere geschützt worden
waren, nicht gewachsen sei. Ihr Vertrauen in die Selbstkontrolle
bzw. Selbstregulierung der jugendlichen Besucher war gering:
„Nimmt man die Zucht weg, dann spritzt die Sexualität heraus"
(Ritter 1933, 152). Kurzum, aus der damals geführten Diskussion über die „sexuelle Frage", die „Kinofrage" und die „Tanzfrage" ergibt sich, daß man die Gefahren und die Ängste im
Umgang zwischen den Geschlechtern seinerzeit vor allem zu
bezwingen versuchte durch Zwang von anderen in Richtung
individueller Verdrängung und Unterdrückung von Sexualität
und Erotik. Als diese Form der Emotions- und Impulskontrolle
bedroht wurde durch den freieren Verkehr in Kinos und Tanzlokalen, erteilte die Regierung den Auftrag zu einer Untersu-

chung. Diese Untersuchung mündete in den *Rapport der Re-*
geerings-Commissie inzake het Dansvraagstuk (Bericht der
Regierungskommission zur Tanzfrage), veröffentlicht 1931.
Dieser Bericht bietet einen Einblick in die Art und Weise, wie
damals über sexuelle Einschüchterungen gedacht wurde, er
hatte den gleichen Status wie die jüngsten Berichte über sexuelle Gewalt: Alle sind sie darauf gerichtet, „inwiefern von staatlicher Seite ... Maßnahmen getroffen werden sollen" (Rapport
1931, 7). Sowohl in der Zeit der Tanzfrage als auch in den
1980er Jahren ging es also um die Frage, inwiefern und auf
welche Weise (staatlicher) Schutz von Frauen und Mädchen
gegen Verletzung ihrer Ehre (die heute persönliche und körperliche Integrität genannt wird) geboten ist.

b. Der „Regierungsbericht zur Tanzfrage"

Um welche Gefahren und Ängste ging es seinerzeit? Die wichtigsten Exzesse, die berichtet werden, betreffen Männer, die
beim Tanz ihr Mädchen auf unziemliche Weise an sich andrük-
ken - „unsittlich tanzen, leidenschaftliches Umfassen oder Be-
tasten und aufreizende Stellung der Beine" (69), - und das
„Rendezvous" als Folge von Begegnungen im Tanzlokal, was
soviel bedeutete wie „Unzucht nach der Polizeistunde". Auch
die neuen Arten zu tanzen erregten Anstoß.

„Dem modernen Tanz - worunter hier Step, Foxtrott, Shim-
my, Charleston usw. verstanden wird - wird oft ein sehr sexueller Charakter gegeben, von irgendeinem guten Einfluß kann
man nicht ausgehen." (89)

„Die Gefahr der sexuellen Erregung hat beim modernen
Tanz einen Grad erreicht, den es früher nicht gab ... Und so
läuft jedes Mädchen, das ein öffentliches Tanzlokal besucht,
Gefahr, auf eine tadelnswürdige Weise «gelenkt» zu werden,
ohne daß davon etwas zu den Anwesenden durchdringt und
wogegen es sich praktisch nicht wehren kann. Und dabei un-
terstellen wir noch den günstigen Fall, daß ein Wille, sich zu
wehren, vorhanden ist. Wieviele aber ... haben nicht die morali-

sche Widerstandskraft, die hier verlangt wird, und enden beim Rendez-vous." (31)

Das Vorhandensein von sexueller Erregung in einer Situation, in der Aufsicht und Kontrolle durch andere gering ist, stellte offenkundig höhere Anforderungen an die Selbstkontrolle, als man sich vorstellen konnte. Dann wäre das „Geht hin und vermehret euch!" zu einem „Vermehrt euch, und geht!" entartet, denn wenn ein Mann

„... mit einem ganz fremden Mädchen tanzt, dann gibt es die Bremse der Verantwortung nicht mehr ... Hier macht es nichts, wenn seine Selbstbeherrschung versagt, bald geht er weg. Wenn er nicht will, braucht er sie nicht wieder zu sehen. Übrigens, ist sie denn so einzigartig?"

Und was das Mädchen angeht:

„... wenn das Mädchen Sympathie für den jungen Mann fühlt, ... dann ist ihre Sympathie zugleich ihre schwache Seite, von der der berechnende junge Mann profitiert." (20)

Die Gefahr wird für am größten erachtet in Tanzlokalen, in denen „Angehörige verschiedener Stände" einander begegnen, dort also, wo die traditionellen Trennlinien sowohl zwischen den Geschlechtern wie zwischen den Klassen durchbrochen wurden:

„Arbeiterinnen und Verkäuferinnen scheinen derzeit von einer guten Partie via Dancing zu träumen und werden allzu oft enttäuscht. Die Brutalität, mit der ein Mann aus «besserem» Stand ein Mädchen manches Mal seiner Lust opfert, kommt in den Volksklassen sicher seltener vor." (21)

Wie schon erwähnt, hielt man Tanzlokale um die Wende zum 20. Jahrhundert nur für „Soldaten und Dienstmädchen" geeignet; hier war die soziale Kontrolle noch geringer als beim Eislaufen, wo die Damen tun konnten, was im Ballsaal nicht möglich war: Sie konnten es ablehnen, mit jemandem zu laufen,

„weil die Bekanntschaft viel schneller angeknüpft wird und man sehr wahrscheinlich in Kontakt mit Leuten kommt, die man

eigentlich lieber meidet. Da gibt es die «Möchtegern-Gentlemen», die beim Eislaufen versuchen, mit jungen Damen Bekanntschaft zu machen, weil sie wissen, wie einfach das unter
diesen Umständen geht, und folglich etwas aus sich zu machen
versuchen." (v.d.M. o.J., 172)

Ob es nun um „Möchtegern-Gentlemen" ging oder um Arbeiterinnen und Verkäuferinnen, die „versuchen, Karriere zu
machen", das Versagen der Selbstbeherrschung „dort, wo Personen einander begegnen, die sich nicht kennen und sich also
[sic!] auch nicht verantwortlich füreinander fühlen" (18), wurde
als ein unvermeidliches Datum hingenommen. Man braucht nur
einmal der Katze den Speck hinzulegen, und es geschieht wie
von selbst, „daß Personen, die keinen tieferen Kontakt haben
und einander weder sozial noch geistig verbunden sind, sich im
Bereich des Instinktiven treffen müssen" (19). Die Gefahr des
„Instinktiven" wurde für groß gehalten: „Das Übel der Tanzex-
zesse" unterminiere „die in der Volkssitte verwurzelte, nach ihrem tiefsten Wesen unauflösliche Ehe" (15). „Die Ehe kann und
darf niemals in den Bereich des Experiments gezogen werden"
(10), und das Liebesspiel,

„diese höchst verantwortliche Handlung, zu der zwei Menschen kommen können, ist nur zu verantworten im Bereich des
Absoluten, dem jeder Gedanke an Experimentieren fern bleiben muß bei Strafe von beinahe sicherem Mißlingen." (11)

Die Angst vor Vermischung der Stände und der Geschlechter, vor einem weniger formell regulierten Umgang miteinander
war groß[15], und die vorgeschlagenen Maßnahmen, um diese

---

15) Vgl. die Anmerkungen von Elias hierzu: „Selbst die Gebote, die dem
Geschlechtsleben auferlegt sind, und die automatischen Ängste, die es nun
in so hohem Maße einhegen, stammen heute ganz gewiß nicht allein aus der
elementaren Notwendigkeit zu einer Regelung und zu einer Balanzierung
des Verlangens Vieler, die miteinander leben; sie haben ihren Ursprung
ebenfalls zu einem beträchtlichen Teil in dem hohen Spannungsdruck, unter
dem die oberen und besonders die mittleren Schichten unserer Gesell-
schaftsverbände leben; auch sie stehen in engstem Zusammenhang mit der

Gefahren einzudämmen, laufen nach altem Rezept auf strengere soziale Kontrolle hinaus. Nirgends wird Vertrauen in Selbstkontrolle und Selbstregulierung sichtbar: „Verbot für Minderjährige bis zum 18. Lebensjahr. Das Tanzen muß durch einen als dafür für geeignet gehaltenen Tanzlehrer geleitet werden, der mit für den richtigen Gang der Dinge verantwortlich ist. Erhebung eines Eintrittspreises. Abwehr von unerwünschten Elementen." (39)

In Delft hatte man strenge Maßnahmen getroffen, die Stadtverwaltung teilte stolz mit: „Die Behörde weiß jetzt jederzeit, wo, wann und wer tanzt." (60)

c. Die Berichte über sexuelle Gewalt und sexuelle Einschüchterungen

Väterchen Staat machte sich 1986 noch immer und erneut stark für seine Töchter. In diesem Jahre dehnte sich die staatliche Zuständigkeit bis zu den „Mädchen aus der Süßwarenfabrik"[16] und sogar bis zu den Prostituierten aus, und dies auf eine Weise, wie sie in den 1930er Jahren noch undenkbar gewesen wäre. Auch die Väter dieser Mädchen und Frauen fanden damals in der Regierung einen Dolmetscher ihrer Besorgnis - ein Ergebnis von Demokratisierungsprozessen. Jedoch waren es nicht so sehr die Väter, als vielmehr die Frauenbewegung, die diese Besorgnis hervorgerufen und Beachtung dafür erzwungen hat. Zurecht bezeichnet W.M.A. Vanwesenbeeck,

---

Angst vor dem Verlust der Besitzchancen und des gehobenen Prestiges, vor der gesellschaftlichen Degradierung, vor einer Minderung der Chancen in dem harten Konkurrenzkampf, die durch das Verhalten der Eltern und Erzieher schon früh auf das Kind einwirken." (Elias 1978 II, 450)

16) Titel eines Romans von Tessa von Loo (deutsch bei dtv); zuvor schon ein bekanntes Lied in den Niederlanden. Die „Mädchen aus der Süßwarenfabrik", das waren in den 1920er und 1930er Jahren jene, die mit dem Zug zur Arbeit in der Süßwarenfabrik Verkade fuhren und dabei die Männer im Zug, vor allem den Schaffner, provozierten. Vielleicht ist es einmal passiert, vielleicht öfters, vielleicht nie, aber die Geschichte ist bekannt geworden.

die Autorin des Prostituiertenberichts *Wiens lijf eigenlijk*
(Wessen Körper eigentlich), Organisation und Solidarität von
Frauen als Voraussetzung, um Respekt zu erwerben. Mehr Respekt bedeutet weniger Zwang und Gewalt, schreibt sie. Die
Organisationen und die Solidarität von Frauen streben an, diesen Respekt zu erzwingen, unter anderem durch Widerstand
gegen den Zwang, den Vanwesenbeeck als ersten nennt: „den
Zwang des Mangels an gesellschaftlichen Möglichkeiten und
des Mangels an Geld bei Frauen" (Vanwesenbeeck 1986, 55).
Was eine Prostituierte über ihren Beruf sagte, scheint übertragen für alle Frauen (und Männer) gelten zu können: „Je niedriger der Preis, desto mehr wirst du wie der letzte Dreck behandelt" (38).

Während die beiden Geschlechter in einem freieren Umgang
viel zugänglicher füreinander geworden ist, ist jedoch der
„Preis" von Sinnlichkeit, Intimität und Sexualität gestiegen. Auf
der einen Seite wird die traditionelle Moral, die sich die Frauen
in ihrer Kindheit angeeignet haben, dazu geführt haben, weiterhin einen niedrigen „Preis" zu verlangen, auf der anderen Seite
nötigten die Frauen einander und sich selbst, im sozialen Verkehr einen „höheren Preis" zu verlangen. Dieser Zwiespalt ist
dem verwandt, was man „Prostitutionsdilemma" nennen kann:
Was von Prostituierten immer als das Anstrengendste an ihrem
Beruf angegeben wird, ist, daß sie „immer auf der Hut sein
müssen", „dauernd bedacht sein müssen", „sich immer selbst
schützen müssen" (33). Das verlangt Übung, denn „Wachsam-
keit ist schwer zu kombinieren mit der «reizenden und verführe-
rischen Pose», die die Arbeit verlangt" (34). Vor der Aufgabe,
dies „Prostitutionsdilemma" zu lösen, stehen in gewissem Sinne
alle Frauen (und Männer), insofern sie sich im Zwiespalt befinden zwischen traditionellen und emanzipierteren Umgangsi-
dealen. Dieser Zwiespalt wurde in dem Maße überwunden, in
dem Frauen die traditionelle Obhut der Männer als Zwang er-
fuhren und durch ihre Organisation und Solidarität immer mehr
begannen, sich selbst zu beschützen. Das geschah, indem

mehr (Gegen-) Druck auf die Männer ausgeübt wurde, damit
diese mehr Rücksicht auf sie nehmen. So sind die beiden Geschlechter etwas stärker dazu gekommen, einander die Waage
zu halten. In dem Maße, in dem Frauen sich organisierten und
gemeinsam die Männer und Väterchen Staat dazu zwangen,
sie mehr zu respektieren, wirkt auch die staatliche Moral, das
kollektive Gewissen, zu dessen Wortführern sich Parteipolitiker
und Regierende machen, stärker zugunsten der Frauen. Das
ergibt sich unter anderem aus den Aufträgen der Regierung in
den 1980er Jahren, sexuelle Gewalt und sexuelle Einschüchterungen zu untersuchen.

c.1 Der Bericht über sexuelle Belästigungen am Arbeitsplatz

Auch in diesem Bericht zeigt sich das „Prostitutionsdilemma":
Einerseits meinen „sowohl die befragten Frauen als auch die
Männer... *daß direktes und deutliches Abweisen* der Person die
beste Maßnahme ist gegen unerwünschte Umgangsformen"
(De Bruijn/Timmermann 1986, 185; auch Ensink/Albach 1983),
während es andererseits nicht in „das Bild von Weiblichkeit"
paßt, „unfreundlich zu reagieren, böse zu werden, grobe Worte
zu benutzen, mit gleicher Münze heimzuzahlen, und ähnliches,
was ... hemmend wirkt auf ein öffentliches Reagieren" (188).
Auch hier zeigt dieser Zwiespalt zwischen alten und neuen
Umgangsformen und -idealen, daß die Verhaltens- und Gefühl-
scodes in Bewegung sind. Überall dort, wo die traditionelle Segregation zwischen den Geschlechtern geringer wurde, wie in
Tanzlokalen und Kinos sowie in Betrieben aufgrund des Zu-
stroms von Frauen auf den Arbeitsmarkt, meldet sich dieser
Zwiespalt in verstärkter Form an. Das bedeutet auch, daß
Frauen immer öfter mit erotischen und sexuellen Annäherungs-
versuchen konfrontiert wurden, was sie dazu gebracht hat,
entweder Annäherungen selbstsicherer und entschiedener zu
stimulieren oder abzuweisen. Die Kunst des Abweisens mußte
- und muß noch immer - erlernt werden; viele Frauen sagten,
daß sie sich „zu Anfang", als sie noch nicht lange arbeiteten,

keinen Rat wußten und daß sie dann später gelernt haben, öffentlich zu reagieren. Dies Lernen umfaßt auch „die Grenze des Zulässigen" oder: „Was ist noch Spaß und was nicht mehr?" (130). „Von meinem Knie unter meinen Rock zu gehen" (102), ist deutlich genug, ebenso deutlich wie die „aufreizende Stellung der Beine", aber was ist zu halten von „Er wollte mich ganz normal abknutschen, ich wußte nicht, was los war"? (103) Es geht hier sichtlich nicht allein um die Kunst des Abweisens, sondern auch um die der Vermeidung und des Timing.

Daß der Zwiespalt von Frauen (und Männern) intensiviert wird, wenn die Beziehungen und die Umgangscodes in Bewegung sind, ergibt sich auch aus einem anderen Ergebnis dieser Untersuchung. Bevor hierauf eingegangen werden kann, ist es nötig, zunächst etwas über den Ansatz dieser Untersuchung zu sagen. Die Forscherinnen haben Gruppen, die sich nach Machtgefälle und dominantem Umgangscode voneinander unterscheiden, nach der Zahl der angegebenen „unerwünschten Umgangsformen" verglichen. Sie unterscheiden dabei zwischen Gruppen mit sehr großem, großem und relativ kleinen Machtunterschied, und Gruppen mit traditionellem Umgangscode, ohne dominanten Umgangscode und mit emanzipatorischem Umgangscode. Es stellt sich heraus, daß von Gruppen, bei denen ein kleiner Machtunterschied zwischen den Geschlechtern zusammengeht mit einem emanzipatorischen Code, die wenigsten unerwünschten Umgangsformen berichtet werden. Das war zu erwarten. Überraschender ist, daß „von Gruppen, bei denen «große» (also nicht «sehr große») Machtdifferenzen zusammengehen mit dem Fehlen eines dominanten Umgangscodes ..., die meisten unerwünschten Umgangsformen" (159) berichtet werden,[17] und also nicht von den Gruppen mit „sehr

---

17) Die Forscherinnen haben hier (auch in: de Bruijn/Timmerman 1986b, 174) zu Unrecht die berichteten unerwünschten Umgangsformen gleichgesetzt mit solchen, die tatsächlich vorkommen: Sie schreiben „vorkommen" statt „werden berichtet". Wahrscheinlich ist auch deshalb diese plausible Interpretation des als überraschend bezeichneten Zusammenhangs unter-

großen" Machtdifferenzen und einem traditionellen Umgangscode. Wahrscheinlich sind die Forscherinnen hier auf ein Über-
gangsstadium gestoßen: Die Machtunterschiede sind nicht
mehr sehr groß, der traditionelle Umgangscode ist durchbrochen, aber der Kampf um die soziale Definition von unerwünschten (und von erwünschten) Umgangsformen ist mit vol-
ler Wucht entbrannt. In einer solchen Situation steigt die
Empfindlichkeit; unerwünschte Umgangsformen brauchen dann
nicht per se häufiger vorzukommen, sondern werden wohl eher
bemerkt. Sie werden dann nicht länger als „Pech" erlebt, sondern eher als „Unrecht". Die meisten unerwünschten Umgangsformen werden in Situationen bemerkt, in denen die
Machtbalance schon einigermaßen zugunsten von aufsteigenden Außenseitergruppen - in diesem Falle der Frauen - verändert ist. Zuvor ist ihr Gewissen noch zu sehr auf der Seite der
Etablierten - in diesem Falle der Männer.

Es gibt auch eine Gruppe, die die Forscherinnen als
„emanzipiert" bezeichnen; das ist eine Gruppe, bei der das
Machtgefälle zwischen den Geschlechtern gering ist und ein
emanzipatorischer Umgangscode herrscht: „Unerwünschte
Umgangsformen kommen bei dieser Gruppe kaum vor" (148).
In der Beschreibung dieser Gruppe klingen die Prozesse der
Informalisierung aufs deutlichste durch:

„Im Hinblick auf «jemanden anfassen» herrscht bei den
Männern und Frauen dieser Gruppe gewiß kein Tabu; man
steht dem positiv gegenüber, und die Initiative dazu geht über-
wiegend von beiden Geschlechtern aus." (148)

Und:

„Diese Gruppe sticht deutlich heraus. Hier faßt man sich an,
werden freie und offene Bemerkungen gemacht und dergleichen, aber in einer Atmosphäre von Gleichwertigkeit. Hier

---

lassen worden. Später, in einem Artikel in der *Amsterdams Sociologisch
Tijdschrift* (de Bruijn/Timmermann 1988) nehmen sie diese Interpretation vor.
Sie dient als Hypothese in der Dissertation der zweitgenannten Autorin, eine
Hypothese, die bestätigt wird (Timmerman 1990).

herrscht am allerwenigsten eine sachliche oder formelle Arbeitsatmosphäre." (161)

Diese Feststellungen wecken die Vermutung, daß die Prozesse der Demokratisierung und Informalisierung verknüpft waren mit einer „Erotisierung", einer flexibleren und subtileren Regulierung der erotischen und sexuellen Gefühle.

c.2 Der Bericht zur Prostitution

In einem Land wie der Türkei fehlen Organisation und Solidarität von Frauen noch weitgehend, und dort beschützt der Staat die Prostituierten durch Bildung von Ghettos mit Polizeibewachung. Dort, wo der Respekt vor Frauen, und gerade vor „unreinen", verhältnismäßig gering ist, sind auch die Gefahren, gegen die Schutz geboten wird, größer. In den Niederlanden macht dieser geringe Respekt türkische und marokkanische Männer zufolge dem Bericht zur Prostitution „häufig zu schwierigen Kunden". Hier heißt es weiter: „Das bedeutet jedoch nicht, daß es nicht auch niederländischen Männern öfter an Respekt in bezug auf Prostituierte oder in bezug auf Frauen generell mangelt, weshalb bestimmte Formen von Zwang und Gewalt durch Männer als absolut «akzeptabel» oder gar als selbstverständlich angesehen werden" (S.38). Die Forscherin gibt an, daß die Prostituierten die Probleme, die sich hieraus ergeben, die Probleme des „Prostitutionsdilemmas", in dem Maße lösen lernen, in dem sie Erfahrungen sammeln im Einfühlen in und dem Taxieren von Männern. Sie können so Selbstsicherheit und Gewandtheit aufbauen, die den Kunden Respekt abverlangen, die zu entschiedenen und deutlichen Absprachen führen und die die Möglichkeit von Gewalt und anderen Erniedrigungen durch die Kunden vermindern. Allerdings, „die Auffassung von der Geschlechtsrolle [ist] innerhalb der Subkultur der Prostituierten im allgemeinen sehr traditionell" (21). Viele Prostituierte werden von Zweifel und Ambivalenzen im Hinblick auf ihre Tätigkeit gequält, was sie davon abhält, „darüber zu sprechen, ihre Gefühle in Worte zu fassen und ihre Wirklichkeit zu artikulieren. Dies sind meiner Meinung nach Voraussetzungen, um die eigene Situation in den Griff zu bekommen", stellt die Forscherin fest. Die Sozialarbeit, fährt sie fort, sollte darauf gerichtet sein, die Selbstbehauptungskraft dieser Frauen zu vergrößern, unter anderem durch das Angebot von Selbstverteidigungs- und Kampftraining, aber zugleich empfiehlt sie, eben dieselben Sozialarbeiter aufzuklären, um ihre ablehnende Haltung gegenüber Huren zu vermindern und eine Umwertung dieses Berufs zustande zu bringen. Es ist deutlich, wo der Schuh drückt: Wie kann der Teufelskreis des Zwangszusammenhangs eines Mangels an gesellschaftlichem Respekt und eines Mangels an Selbstachtung durchbrochen werden? (vgl. Elias/Scotson 1990; van Stolk/Wouters 1980).

Aus einem Vergleich der Empfehlungen, die in diesem Bericht gegeben werden, mit den Maßnahmen, die im Bericht zur Tanzfrage vorgestellt wurden, ergibt sich, wie stark sich die Prozesse der Individualisierung und Demokratisierung von den 1930er bis zu den 1980er Jahren durchgesetzt haben. Bis in die 1960er Jahre war die medizinische und polizeiliche Beaufsichtigung der Huren der wichtigste Ausgangspunkt von Politik und Verwaltung. Wie schon der Titel des Berichts zur Prostitution andeutet, ist ein Ausgangspunkt von Politik und Verwaltung heute, selbständig über den eigenen Körper verfügen und entscheiden zu können. Ein solcher Ausgangspunkt war in den 1930er Jahren noch undenkbar. Ein weiterer Ausgangspunkt, das Recht auf Umgang auf der Grundlage wechselseitiger Zustimmung, wurde damals keineswegs so weitgehend aufgefaßt: strenge Maßnahmen und Beaufsichtigung standen im Gegensatz zur wechselseitigen Zustimmung. Von strengen Maßnahmen und Beaufsichtigung ist im Prostituiertenbericht keine Rede mehr; nicht länger die Obhut anderer, sondern sich selbst schützen zu können, ist zentral. Sowohl das empfohlene Kampftrainung als auch die Verbesserungen der Sozialarbeit sind auf Erweiterung der Selbstbehauptung gerichtet. Das zeugt auch von einer anderen Auffassung vom Staat. Der Staat

erscheint nicht in der Rolle eines Portiers und eines die Aufsicht
führenden Tanzlehrers, sondern eher als Geldgeber dafür, daß
sich Frauen mehr selbst beschützen, und zur Beförderung eines höheren Niveaus von wechselseitig erwarteter Selbstkontrolle im Umgang zwischen den Geschlechtern.

d. Die Erotisierung des Alltagslebens

Die strengen Maßnahmen, die im Bericht zur Tanzfrage vorgestellt wurden, haben, soweit sie durchgeführt worden sind, nicht
zum gewünschten Resultat geführt: Das Tanzen ist „sexueller,
primitiver oder instinktiver" geworden, ganz ebenso wie die
Kleidung, ein (Sonnen-) Bad nehmen, Schreiben, Filmen, sich
unterhalten, Kinder erziehen, Alte und Kranke pflegen, und
vieles mehr. Die Gefahr sozialer Degradierung durch Vermischung der Klassen und Geschlechter kommt gegenwärtig
denn auch bedeutend weniger direkt in sozialer „Beschmutzungsangst" zum Ausdruck, als zur Zeit der Debatte
über die Tanzfrage. In dem Maße, in dem sich Emanzipations-
und Egalisierungsprozesse durchsetzten, sahen sich die Etablierten allmählich gezwungen, ihre Angst vor Vermischung
stärker zu unterdrücken, ihren Machtverlust hinzunehmen und
sich zu fügen. Die aufsteigenden Gruppierungen wurden ihrer-
seits mehr und mehr genötigt, in dem informelleren und stärker
vermischten sozialen Verkehr den höheren Anforderungen zu
genügen, die dieser Verkehr an sie stellte - die wichtigste Art
und Weise, um ihre gestiegenen Machtchancen in Machtge-
winn umzusetzen. In dem Maße, in dem der gegenseitige soziale und psychische Abstand in einem freieren Umgang geringer wurde - Frauen schauen zum Beispiel nicht mehr „sittsam"
nieder, auch nicht auf der Straße - und der dominante Verhaltensstandard soziale und sexuelle Annäherung bzw. Meidung
weniger starr und formell vorschrieb, verlangte das von allen
Beteiligten eine subtilere Einschätzung, ein feineres Einfüh-
lungsvermögen und eine größere Flexibilität. Niemand findet es
ja schön, abgewiesen zu werden, und niemand schätzt Annä-

herung immer gleich hoch. Deshalb sind die Antennen sowohl für Annäherung als auch für Meidung verfeinert, was zugleich mit einem wachsenden Bewußtsein von den erotischen Aspekten im Umgang und mit einer zunehmenden Offenheit in dieser Hinsicht verbunden war, einer Erotisierung des Alltagslebens. Die Erotik, die, ebenso wie die Sexualität, im Prozeß der Formalisierung immer weiter hinter soziale und individuelle Kulissen geraten war, ist im Prozeß der Informalisierung gleichsam wieder aus dem Hintergrund getreten, ist bis zu einem gewissen Grade wieder Teil des öffentlichen Lebens geworden. In diesem Prozeß ist auch die Aufmerksamkeit für den Körper größer geworden. So ergibt sich aus Veränderungen von Kontaktanzeigen, daß die „bewertenden Bemerkungen über das Aussehen" stark zugenommen haben (Zeegers 1988, 251). In diesen Anzeigen wurde der Wunsch nach den „zivilisierten" Vergnügungen eines soviel als möglich auf beider Genuß abgestimmten und beiden angemessenem körperlichem Kontakt immer lauter. Und auch der Bericht über sexuelle Gewalt konstatiert, daß sich „in den Medien, in der Reklame und in dem, was die Massen lesen, ein Prozeß der «Pornographisierung» abzuspielen [scheint]" (47).

Vor allem während der „sexuellen Revolution" haben die Menschen gelernt, ihre sexuellen und erotischen Affekte umfassender und genauer zu (er-) kennen und flexibler zu leiten. Immer mehr Menschen scheinen Experten im Verstehen von andeutenden Worten und unfertigem Gebaren geworden zu sein und so empfindlicher für verschiedene Varianten des erotischen Annäherungs- und Meidungsverhaltens: eine Verfeinerung der erotischen Annäherung, eine Erotisierung des Umgangs zwischen den Geschlechtern. Bei Berücksichtigung der noch bestehenden Unterschiede zwischen den Geschlechtern wurden beide immer gewandter sowohl im Bezwingen als auch im Äußern von erotischen und sexuellen Affekten, je nach Ergebnis des wechselseitigen Abtastens der Anziehungskraft und der Hemmungen des anderen. Viele erotische und sexuelle

Spielarten wurden in diesem Prozeß akzeptiert und toleriert, während andere Variationen - Umgangsformen, die bis vor kurzem akzeptiert und toleriert wurden - immer deutlicher und sozial allgemeiner als „ungehobelt", „rückständig" oder „lächerlich" erfahren und als solche bekämpft wurden. Die Bekämpfung von sexueller Gewalt und von sexuellen Einschüchterungen ist dafür ein Beispiel. Die Sensitivierung und Erotisierung des sozialen Verkehrs bedeutete also, daß sich die Menschen häufiger erotische und sexuelle Gefühle und Gedanken zugestanden, und daß sie diese, innerhalb bestimmter Grenzen, auch häufiger äußerten. Erotische Anspielungen sind häufiger, mehr auf Gegenseitigkeit angelegt, offener und subtiler geworden. Sie variieren von spielerischen und unverbindlichen Formen bis zur unverhüllten erotischen Annäherung.[18]

Solch ein Umgang kann nur zustande kommen, wenn alle sich selbst und die anderen zu einem höheren Niveau der Selbstregulierung zwingen, vor allem zu einem höheren Niveau der wechselseitig erwarteten Kontrolle von gewalttätigen und einschüchternden Impulsen, sexueller Art oder nicht. Heutzutage wird eine subtilere Beherrschung von Leidenschaften auch in den Nischen der Gesellschaft erwartet, die früher im Dunkeln blieben, z.B. hinter den sozialen Kulissen der Privatwohnung und des Bordells. Auch dort werden Gewalt und Einschüchterungen mit wachsendem moralischer Empörung und mit vom „Staat getroffenen Maßnahmen" bekämpft. So werden die Männer heute auch gesetzlich angehalten, ihre gewalttätigen und sexuellen Impulse gegenüber ihrer „eigenen" Frau und ihren Kindern zu bezähmen: Vergewaltigung in der Ehe und Inzest sind nicht nur strafbar (geworden), auf diesem Gebiet werden auch Ermittlung und Strafverfolgung immer aktiver geführt.

---

18) Die Angst vor AIDS wird viele Menschen dazu gebracht haben, eine erotische Spannung weniger rasch in Sexualverkehr umzuwandeln, aber es ist nicht zu erwarten, daß diese Grenzziehung die Spannung vermindert, eher im Gegenteil. Auch in dieser Hinsicht stellt das Auftreten dieser neuen Krankheit höhere Anforderungen an die Selbstkontrolle.

In dem Maße, in dem sich die Pazifizierung des sozialen Verkehrs derart ausgebreitet hat, daß die Menschen ziemlich sicher sein konnten, daß sie einander nicht gleich mit Gewalt zu Leibe gehen würden, ist es möglich geworden, wieder etwas offener mit Sexualität und Gewalt zu experimentieren, mithin etwas öfter und etwas eher zu Kraftproben auf diesem Gebieten herauszufordern. So sind sexuelle und gewalttätige Emotionen nicht nur als Gesprächsgegenstände akzeptiert worden, sondern immer mehr Menschen nahmen sich überdies die Freiheit, solchen Aspekten ihres Gemüts „Luft" zu machen. Auf diese Weise haben sie angefangen, ihre eigene Emotionskontrolle und die der anderen auf die Probe zu stellen, und immer mehr Menschen wurden in diesem Prozeß konfrontiert mit Zuständen des Aufreizens und der Verführungen,[19] die sie ehedem bloß als Ängste und Gefahren gekannt hatten - nicht allein die Spannung von „sex and drugs and rock'n roll", sondern auch die Verführungen zur Steuerhinterziehung, zum (Laden-)Diebstahl, zum Schwarzfahren im öffentlichen Verkehr, zu Schimpfwörtern und zum Fluchen.

Herausfordern, provozieren, die Überwindung von Ängsten und das Aufsuchen von Grenzen ist ein beliebter Sport geworden, der auch im Reich der Phantasie und des Amüsements auftritt: Sowohl was sexuelle als auch was gewalttätige Impulse betrifft, ist hier eine lebhafte und ausgebreitete „Pornographie" entstanden, wobei die der Gewalt stärker verbreitet und akzep-

---

19) In „Mijn Geboortedag" schreibt der Satiriker Kees van Kooten: „Es ist eine Selbstbedienungs-Tankstelle, und als ich, während ich mir die Zapfsäulennummer merke, nach drinnen laufe, um zu bezahlen (nachdem ich, wie immer, kurz herumgeschaut habe, wie ich ungesehen wegkommen könnte, ohne zu bezahlen), bekomme ich ein Trinkglas geschenkt" (van Kooten 1986, 9). In den Klammern illustriert er hier ein Bewußtsein, das „wie immer" auf den anwesenden Zwang von anderen achtet, genauso automatisch wie früher anständige Leute wie van Kooten die Verführung dazu aus ihrem Bewußtsein drängten, sei es auch nur aus Angst wegen des Gedankens, daß auch sie selbst solchen „unanständigen" Verführungen ausgesetzt sind.

tiert zu sein scheint als die des Sex - Tom Wolfe spricht von „Pornoviolence":

„Violence is the simple, ultimate solution for problems of status competition, just as gambling is the simple, ultimate solution for economic competition. The old pornography was the fantasy of easy sexual delights in a world where sex was kept unavailable. The new pornography is the fantasy of easy triumph in a world where status competition has become so complicated and frustrating." (Wolfe 1976, 162)

Das Aufsuchen der Grenze in gegenseitigen Herausforderungen und das Erschnuppern von Gefahren, die sich auf der anderen Seite der Grenze befinden, können die gesuchte Erregung verschaffen. Das „Erschnuppern von Gefahren" wird mitunter ganz wörtlich genommen:

„Ein Kokainbenutzer von 23 Jahren: «Das erste Mal, wenn du coke nimmst, hast du Angst, weil du nicht weißt, was es ist. Aber du willst die Angst überwinden.»" (van Hunnik 1989, 505)

Wir treffen hier in direktem Sinne das genaue Gegenstück zu dem, was van Stolk und ich die „Gemütsruhe des Wohlfahrtsstaats" genannt haben. In diesem Zusammenhang haben wir darauf hingewiesen, daß der Zuwachs an körperlicher Sicherheit und materieller Sicherung verschiedene Beziehungsprobleme ins Rampenlicht gebracht hat, die zuvor im Dunkel geblieben waren. Als Pendant zu dieser „Gemütsruhe" ist auch eine Zunahme von *Risikosucht*" zu bemerken, die sich unter anderem in einem Wetteifer um Selbstkontrolle äußert. Die Erotisierung des Alltagslebens ist so ein Teil der Tendenz, die eigene Selbstregulierung und die der anderen in einem „quest for excitement" (Elias/Dunning 1986) zu provozieren.

e. Zunehmende Zwiespältigkeit und Ambivalenz

Zugleich mit der Verringerung von Ungleichheit und dem Kraftgewinn von Gleichheitsidealen sind die intimen Verhältnisse abhängiger geworden von der Selbstregulierung der Beteiligten: Es ist wichtig, miteinander über die *essentials* des Ver-

hältnisses, über seine Bedingungen und seinen Kurs zu verhandeln, so wie zwei Kapitäne auf ein und demselben Schiff
und gleichzeitig, um die Liebe zu erhalten. Anders gesagt: „Sex
und Liebe sind keine Gegebenheiten mehr, sondern Talente,
mit denen gearbeitet werden muß" (Schnabel 1990, 16). Dabei
werden Konflikte in intimen Verhältnissen immer mehr akzeptiert. Zufolge den alten Idealen gab es keine Konflikte - mit
weiblicher Fügsamkeit wußte die Frau ihnen zuvorzukommen -,
und wenn sie sich ergaben, dann höchstens nach Art von Na-
turerscheinungen, erfrischend wie ein Gewitter. Seit den 1960er
Jahren hat sich die Kunst des „Konfliktmanagement" entwickelt:
Das intime Zusammenleben wurde zu „einem konflikträchtigen
Balanceakt" (Mahlmann 1991, 327f.). Gleichzeitig scheint das
Streben nach einer Lustbalance, die stabiler und gemäßigter
ist, im ganzen an Kraft gewonnen zu haben (Wouters 1995).

Weil sich niemand die egalitären Umgangsideale auf einmal
zu eigen machen kann, geschweige denn sich immer danach
verhalten, haben sich die Menschen auch stärker in einen
Zwiespalt zwischen älteren und neueren Umgangsformen und
Machtquellen verwickelt. Wenn es darauf ankommt und sich ein
Konflikt zuspitzt, dann wirkt die Mehrheit der Menschen „von
oben" egalitär und „von unten" traditionell. Männer appellieren
dann an die alte weibliche Ergebenheit und Unterordnung und
berufen sich damit auf die „alte" Identität ihrer Frau in einem
Versuch, diese wieder nach „oben" zu bekommen, während
Frauen sich dann immer öfter auf die „neue", auf Gleichheit und
Entgegenkommen gerichtete Identität des Mannes berufen, in
einem Versuch, diese tiefer „unten" in seiner Persönlichkeit zu
verankern. Diskussionen wie die über sexuelle Einschüchterungen, über Vergewaltigung in der Ehe und „date-rape" können als Suchbewegungen nach geregelten Formen der Annäherung und der Abweisung aufgefaßt werden, die für beide
Geschlechter akzeptabel sind. Sie stimulieren eine weitere Se-
xualisierung der Liebesbeziehungen und eine Erotisierung der
Sexualität. Auch diese Suche nach einer erregenden als auch

befriedigenden Lustbalance, bei Vermeidung der Extreme von
emotionaler Wildheit und emotionaler Betäubung, treibt den
Zwiespalt an und stimuliert ambivalente Gefühle: Die höheren
Anforderungen an die Gefühlskontrolle dürften sowohl den
Wunsch nach größerer Intimität in einer Liebesbeziehung
hochgeschraubt haben, als auch den Wunsch nach einer unkomplizierten sexuellen Beziehung, in der der Druck dieser
Anforderungen fehlt bzw. vernachlässigbar ist, wie in *one night-
stands*. Diese Ambivalenz ist, zusammen mit einer immer mehr
bewußten und kalkulierenden Emotionsregulierung als Quelle
von Macht und (Selbst-) Respekt, charakteristisch für Prozesse
abnehmender Segregation und zunehmender Integration der
Klassen und der Geschlechter. So lange sich die Integrationsprozesse in derselben Richtung durchsetzen, ist zu erwarten,
daß auch diese ambivalenten Gefühle an Kraft gewinnen werden und daß also auch die beiden Wünsche, die die Lustbalance bilden, der nach dauerhafter Intimität und der nach Sexualität, an Intensität zunehmen werden. Diese steigende Spannung
zwischen beiden Wünschen wird noch verstärkt durch eine
nicht nachlassende und immer weniger religiös inspirierte Neugier darauf, was im Laufe der vorangehenden Jahrhunderte
hinter die sozialen Kulissen geraten war, sowohl auf Sexualität
wie auf Tod: die Verneinung der Dauerhaftigkeit von Beziehungen. Deshalb sind Nacktheit und Sex in den Medien noch immer im Vormarsch (für Deutschland vgl. König 1990), deshalb
wird sich dieser Trend weiter durchsetzen; sie bieten ein Versprechen und stimulieren den Wunsch nach unbefangener
Körperlichkeit und nach einer harmonisch kombinierten Beachtung von Person und Körper, von „Innen- und Außenseite"
in intimen Handlungen. Weil zu erwarten ist, daß der Druck zu
erhöhter Sensitivität bei größerer Gleichheit der Geschlechter
zunehmen wird, werden die Wünsche, das erotische Bewußtsein und die erotische Spannung auch in dieser Beziehung
ausgeweitet und gesteigert werden. Weil aber das Ideal, als
Person *und* Körper kennengelernt und geliebt zu werden,

gleichzeitig an Kraft gewinnen wird, werden die beiden Wünsche in steigender Ambivalenz miteinander verbunden bleiben. Das läuft hinaus auf: Mehr Wünsche, mehr gegensätzliche Wünsche und also per saldo weniger Erfüllung bzw. Befriedigung ..., sofern es den Menschen nicht (erneut) gelingt, mit den Widersprüchen auf spielerische Weise umzugehen.

8. In Richtung auf eine Soziologie der Emotionsregulierung

In den 1980er und 1990er Jahren hat bei Soziologen, Psychologen und Historikern die Aufmerksamkeit für Gefühle und ihre Regulierung sehr zugenommen. Ein Strom von Büchern und Artikeln über diesen Gegenstand erschien auf dem Buchmarkt. In der *American Sociological Association* und in der *British Sociological Association* wurden besondere Arbeitsgruppen unter dem Titel „Soziologie der Gefühle" eingerichtet, und einer der Köpfe in der soziologischen Theorie, Randall Collins, rechnet diesen Zweig soziologischer Arbeiten zu den Gebieten, auf denen über die Zukunft des Faches entschieden wird (Collins 1986, 1348). Diese Zunahme des Interesses für Emotionen und ihre Regulierung verweist auf eine andere Haltung hin, sie ist selbst Teil von Veränderungen der Emotionsregulierung.

1983 erschien das Buch *The Managed Heart. Commercialization of Human Feeling*, verfaßt von Arlie Russel Hochschild; von seinem Erfolg her kann es als einer der bedeutendsten Beiträge zur „Soziologie der Gefühle" gelten. Im gleichen Jahr erhielt dies Buch die Auszeichnung „Book of the Year" der *New York Times*, gewann später noch weitere Preise und erschien 1990 auch in deutscher Übersetzung (Das gekaufte Herz. Zur Kommerzialisierung der Gefühle[20]). Hochschild präsentiert eine „new social theory of emotions" und gründet diese auf eine Untersuchung der Arbeit von Stewardessen und der Anforderungen, die diese Arbeit an ihre Emotionsregulierung (*emotion management*) stellt. Zu Vergleichszwecken habe ich acht Interviews mit niederländischen Stewardessen durchgeführt (Wouters 1988; vgl. auch Bogner/Wouters 1990).

---

20) Diese deutsche Ausgabe ist gekürzt; deshalb zitieren wir hier nach dem Original (WFH).

a. Hochschilds „Soziologie der Emotionen"

The Managed Heart gehört zur Kulturkritik amerikanischen Stils
- wie auch die Schriften von Christopher Lasch, Richard Sen-
nett, Phillip Slater, Lionel Trilling und Ralph Turner, die darin
alle zitiert werden. A. de Swaans Charakterisierung der Werke
einiger der genannten Kulturkritiker gilt nach meiner Auffassung
auch für Hochschilds Buch:
    „Das, was gesellschaftlich erlaubt ist, dient nur dazu, die
Menschen besser auszubeuten und zu beherrschen - eine
Fortsetzung von Marx -, und das, was gesellschaftlich erlaubt
ist, kann nie das Wesentliche sein, dank der Psychoanalyse."
(de Swaan 1979, 498; vgl. de Swaan 1991, 190)
    Bei Hochschild findet man diese Perspektive als Kombinati-
on von Goffmans dramaturgischem Ansatz und einer amerikanischen Variante der Frankfurter Schule. Kapitalismus und
Kommerzialisierung, vor allem die „kommerzielle Nutzung von
Gefühlen" bedrohen in dieser Sichtweise das „real self" und
zwingen die Menschen dazu, die Spannung zwischen ihrem
„wahren Selbst" und ihrem „falschen" oder „außen-geleiteten
Selbst" als normal zu akzeptieren (185). Hochschild präsentiert
sich damit als Verteidigerin des „freien" und „wahren" privaten
Gefühlssystems (*private emotional system*), etwas davon will
sie „forever wild" lassen (22). In dieser Absicht befreit sie das
Privatleben von dem Druck von Institutionen, stellt sie die Interessen von Fluggesellschaften und ihrer wie Marionetten lä-
chelnden Stewardessen einander diametral gegenüber, ignoriert sie die Interessen der Passagiere ganz. Ebenso wie viele
andere Sozialwissenschaftler übersieht Hochschild meist die
erlernten, internalisierten Emotionskontrollen. Daß es unterschiedliche Balancen von emotionalen Impulsen und Gegenim-
pulsen gibt, paßt nicht in ihre Sichtweise. Ihre Formulierungen
suggerieren, daß, wenn nur der von Gesellschaften und Institutionen ausgehende Zwang wegfiele, die natürliche Selbstregulierung der Individuen zum Vorschein käme. Dieser Gedankengang verfehlt ganz, daß die Menschen im Vergleich zu anderen

Tieren mit nur geringer natürlicher Selbstregulierung geboren werden, und daß das, was sie eventuell an natürlichen bzw. nicht-erlernten Formen der Selbstkontrolle besitzen, mit den erlernten Formen verschmolzen ist. Der Lernprozeß, in dem Kinder ihre Selbstkontrolle erwerben, ist von Anfang an auf die Bildung eines sozialen Habitus abgestellt (Elias 1978 II, 448-451; Elias 1989; Bourdieu 1982), auf die Aneignung sozialer Standards der Trieb und- Gefühlskontrolle. In den Prozessen der Differenzierung und Integration von sozialen Funktionen, der Ausbreitung und Verdichtung von Interdependenzgeflechten stieg der soziale Standard der Selbstkontrolle derart an, daß immer mehr Menschen Gefühlsarbeit (*emotional labor*) verrichten, auch Menschen in nicht-leitenden Positionen - wie z.B. Stewardessen.

Auch das *Bewußtsein*, daß jedermanns Gefühle reguliert werden, ist in diesem Prozeß gestiegen. Die Menschen sind dazu gelangt, ihre Gefühle und Gefühlsregulierungen bewußter als Instrumente zu gebrauchen, um sich im Leben zu orientieren und sich Geltung zu verschaffen. In ihrem wechselseitigen Statuskampf erhielt die Art und Weise der Emotionsregulierung dann auch ein größeren Gewicht in Relation zu anderen Kriterien wie Herkunft, Ausbildung, Beruf und Einkommen. Die Spannungsbalance in ihren Umgangsformen - so direkt und auch so taktvoll wie möglich[21] - wird weiter gesteigert: Zwischen den Grenzen von sich gehen lassen und sich verschließen, zwischen den Extremen von zu direkt (ungehobelt) und zu behutsam (schüchtern) nahm die Zahl der akzeptierten und respektierten Verhaltens- und Gefühlsvariationen und -nuancen zu.

Hochschilds Sichtweise beschränkt sich auf den Prozeß der Kommerzialisierung der Emotionsregulierung, die sie als eine aus kommerziellen Gründen inspirierte Ausbreitung und Straf-

---

21) Die Kunst, Direktheit und Takt zu verbinden, scheint auch die wichtigste Erklärung für eine erfolgreiche Karriere an die Spitze zu sein (vgl. McCall/Lombardo 1983).

fung der Regeln für Gefühle und ihre Äußerung beschreibt
(*display*). Zufolge der hier dargelegten Informalisierungsthese
aber hat sich die Entwicklung eher in umgekehrter Richtung
vollzogen: Emotionen können gerade auf variationsreichere
und flexiblere Weise zum Ausdruck gebracht werden; die Äußerungen werden weniger rasch stigmatisiert, und über sie wird
offener verhandelt. Hochschilds Konzentration auf die „Kosten"
der „Gefühlsarbeit" unter Vernachlässigung von Prozessen der
Informalisierung resultiert in einer Verzeichnung ihrer empirischen Ergebnisse. So schreibt sie, den Verhaltensalternativen
bei der Arbeit des fliegenden Personals seien die Zügel stark
angelegt (120). Deshalb bezieht sie die Position, daß die Emotionsregulierung des fliegenden Personals seit dem großen Zu-
strom von Passagieren, durch den „the cruise ship has become
a Greyhound bus" (129), stärker modelliert, standardisiert und
einer hierarchischen Kontrolle unterworfen wird (153). Hier tut
sie den Fakten Gewalt an: Diese Entwicklung verlief in entge-
gengesetzter Richtung. Was die technische Seite anbetrifft, die
Aufgaben und Teilaufgaben des Kabinenpersonals, hat sie
wahrscheinlich recht. Jedoch, wie sie teilweise selbst andeutet,
haben sich die Anforderungen der Luftfahrtbetriebe im Hinblick
auf Geschlecht, Lebensalter, Kleidung, Gewicht, Make-up,
Barttracht, Schuhe, Haartracht, Schmuck, Gesichtsausdruck
(Lächeln) und Verhalten gegenüber den Passagieren gerade
gelockert (126f.). Die Zeit, die für Kontakte mit Passagieren zur
Verfügung steht, hat abgenommen, aber die Reichweite von
akzeptierten oder tolerierten Emotionsregulierungen und Verhaltensalternativen hat zugenommen.

Eine der wichtigsten Veränderungen in der Luftfahrtindustrie
betrifft die soziale Herkunft der Passagiere. In den 1950er Jahren waren das noch vor allem reiche-Männer-in-guter-
Gesellschaft-miteinander. Derzeit sind Flugzeuge Sammelbek-
ken geworden nicht nur von Menschen aus verschiedenen Na-
tionalitäten, sondern auch aus verschiedenen sozialen Klassen,
- und die Erfahrung, sich in einer bunten Ansammlung von Rei-

senden auf dem Wege zum gleichen Bestimmungsort zu befinden, dürfte vorherrschen. Im Laufe dieser Entwicklung haben
sich auch die Umgangsformen zwischen Stewardessen und
Passagieren entsprechend umgestaltet; sie wurden weniger
einheitlich bzw. standardisiert und vielfältiger und flexibler: eine
ähnliche Wendung wie im Prozeß der sozialen Vermischung
auf dem Erdboden. Auch hier wurden die Umgangsformen informeller, mannigfaltiger, offener und flexibler, als die sozialen
Klassen stärker auf gegenseitigen Kontakt angewiesen waren.
Der Prozeß der Informalisierung hat sich auch „in der Luft" ab-
gespielt. In den Worten einer der von Hochschild Befragten:
„What the passengers want is real people. They're tired of that
empty pretty young face." (108) Diese Befragte weist auf das
künstliche, zwanghaft freundliche Verhalten hin, das immer
mehr Passagiere so bemerken und das sie auch schneller als
solches durchschauen. In Anwesenheit einer buntgemischten
Gesellschaft, in der jeder einzelne doch auf eine gute Versorgung und einen angenehmen Flug rechnet, konnten sich die
Stewardessen mit Hilfe der traditionellen, reserviert-servilen
Schablonen nicht mehr behaupten. Das Verhalten der Passagiere ist derzeit mitunter einfach schwer handhabbar, und die
Stewardessen müssen auf die eine oder andere Weise lernen,
mit diesem Verhalten fertig zu werden, und sei es nur, weil ein
Flugzeug keine Notbremse hat und herauszuspringen ganz und
gar keine ernsthafte Möglichkeit ist.[22] Die dringlicher gewordene Notwendigkeit, in all den rasch wechselnden und vielfältigen
Kontakten Respekt zu bewahren, hat natürlich auch dazu bei-

---

22) A. de Swaan widmet seine Arbeit über "Het Aardrijk in de Lucht" vor allem der Frage, warum ein Flug "nahezu immer friedlich und ordentlich" verläuft. Der Schluß ist köstlich: "*service*: Eine Kunst der Kontrolle, durch die
jede menschliche Anfechtung und jeder Unterschied zwischen Menschen
weggearbeitet wird als kleine Unzulänglichkeit, die nicht den Passagieren
zugerechnet werden kann, sondern der dienstbereit wie unnachsichtig abge-
holfen werden muß. Die Dienstbezeugung als Beherrschungsform: so würde
sich eine Weltherrschaft behaupten können." (de Swaan 1987, 135-137)

getragen, daß die alte Servilität zurückging. In jedem Kontakt ist es derzeit geboten, das eigene Verhalten auf den Stil der Emotionsregulierung des individuellen Passagiers abzustimmen, und während das Spektrum von Stilen stark angeschwollen ist, steht eine Stewardess stets aufs neue vor der Aufgabe, eine angenehme oder passable Balance zwischen formellem und informellem, zwischen distanziertem und vertrautem Verhalten zu finden.

Zufolge aller von mir interviewten Stewardessen ist der Umgangscode an Bord im ganzen weniger hierarchisch und weniger formell geworden. „Jedoch", fügte eine von ihnen hinzu, „das sieht vielleicht bequemer aus, ist aber tatsächlich schwieriger: Korrektes Verhalten kann eine Distanz schaffen, die als feindselig aufgefaßt wird, während ein persönlicheres Vorgehen als Einladung aufgefaßt werden kann, daß man auf dir herumtrampeln kann. Zu vertrauliches Verhalten lockt Verlotterung hervor." Die Arbeit verlangt so vom Kabinenpersonal, daß sie sich mit diesen Feinheiten des Umgangs vertraut machen und daß sie lernen, ihr Verhalten flexibel auf eine schnell wechselnde bunte Menge von Reisenden abzustimmen. Sie eignen sich gleichzeitig subtile Manieren an, um sich ihrer Haut zu wehren. Obwohl sowohl der Betrieb als auch die Passagiere von der Stewardess verlangen, daß sie weiß, wann und wie sie nachgiebig sein soll, gibt es doch eine Grenze der Freundlichkeit gegenüber jedermann.

Der Rückgang der Unterwürfigkeit ist nicht beschränkt auf den Kontakt mit den Passagieren. Bereits in den 1960er Jahren protestierten Stewardessen gegen die Gewohnheit, sich vor dem Flug dem Kapitän vorzustellen, nicht länger der „daredevil" von einst. Warum sollten Frauen so etwas tun müssen? Es gehört sich genau andersherum, brachten sie vor. Das Ende des Liedes war, daß der Kapitän sie in dem Moment aufsuchte, in dem der Chefsteward sein „briefing" gab, und sich dann vorstellte, indem er eine kurze Ansprache hielt.

Mit der Beschleunigung der Luftfahrt ist auch die hierarchische Distanz zwischen den Angehörigen des Kabinenpersonals kleiner geworden. Für jeden Flug wird ein neues Team gebildet, das locker zusammenarbeiten können muß. Wegen der stets wechselnden Zusammensetzung der Mannschaft erfährt ein Chefsteward rascher und mehr Widerspruch. Das Kabinenpersonal zuckt schneller mit den Achseln und geht seinen eigenen Weg: Auf dem nächsten Flug haben sie doch wieder einen anderen als Chefsteward über sich. Die Autorität eines Chefstewards ist deshalb schwer durchzusetzen; auch deshalb, wie einer von ihnen sagt, weil „das Umschalten von Dienstleistungen zur Ausgabe von Befehlen fürchterlich schwierig ist." Unter diesen Bedingungen haben sich beim Kabinenpersonal selbstsichere und informelle Manieren des Umgangs entwickelt.

Zu dem Zeitpunkt, da sich die Arbeit und die Ausbildung dafür veränderten, veränderte sich auch die Auswahl des Personals. Bis in die 1960er Jahre wollten vor allem Töchter von reichen Vätern Stewardess werden. Derzeit kommen sie aus den Mittelklassen, häufig aus „KLM-Familien": „Sie wählen jetzt spontane, flotte und offene Typen aus, und die scheißvornehmen Typen haben jetzt Mühe reinzukommen", sagte ein KLM-Stabsmitglied, und ein anderes fügte hinzu: „Ein wichtiges Auswahlkriterium ist jetzt Extraversion - sie müssen imstande sein, schnell zu reagieren."

In Hochschilds sozialer Theorie der Gefühle werden diese Entwicklungen nicht berücksichtigt, jedoch zuweilen verläßt sie diese Theorie durch Exkurse; in einem davon gebraucht sie einige Begriffe, die auf einen Informalisierungsprozeß deuten: „straight exchanges", bei denen man sich ordentlich regelkonform beträgt, sind in der Bewertung gesunken zugunsten von „improvisational exchanges", worin die Regeln als bekannt unterstellt sind, um dann mit ihnen zu spielen oder sie zur Diskussion zu stellen und zu verändern. Diese letzte Umgangsform vergleicht sie treffend mit „the jazz of human exchange" (79).

b. Informalisierung und die Soziologie der Emotionsregulierung

In sich verdichtenden Interdependenzgeflechten ist die Kunst, zu zwingen und sich zwingen zu lassen, als auch die Kunst, dem Zwang zu entschlüpfen oder zu entgehen, intensiviert und auf ein höheres Niveau gebracht worden. Die Geschichte von Romantisierungen und Utopien illustriert die Bewegung und den Zusammenhang zwischen Traumbildern und Schreckbildern, zwischen Druck und Verlangen: In dem Maße, in dem der soziale und psychische Druck der Menschen aufeinander und auf sich selbst zugenommen hat, ist der Wunsch nach Befreiung von diesem Druck stärker geworden. Dieser Wunsch äußert sich auch in der Hochschätzung der Erfahrung von (nicht gewalttätigen) primären Gefühlen, die eine Intensität haben, die das ganze Sein und Bewußtsein in Beschlag nehmen. Das Aufgehen im Liebesspiel und das Sich-„Verlieren" im Orgasmus, deshalb wohl auch „kleiner Tod" genannt (Bataille 1981, 22), scheint eine dieser primären Erfahrungen zu sein. Der Orgasmus scheint stärker als eine unüberbietbare Form unkomplizierten und unreflektierten Daseins erfahren zu werden, als eine sublime Natürlichkeit und Unbefangenheit. Dasselbe gilt für (andere) Künste und Spiele, in denen die Menschen „aufgehen" und sich „verlieren" können. Die gestiegene Aufmerksamkeit und Hochschätzung für Erotik, Sexualität, Kunst, Sport und Spiel ist mindestens teilweise hieraus zu verstehen.

Wie sehr auch die Kraft des Wunsches nach einem einfacheren Leben mit wenig Selbstzwang angewachsen ist, so ist damit doch gleichzeitig die Funktion der erwarteten Selbstkontrolle als Waffe im Statuskampf bekräftigt, sind auch Identität und Selbstwertgefühl davon abhängiger geworden. Wieder „unschuldig" bzw. „einfach" zu werden, ist ohnehin unmöglich, der Weg zurück ist abgeschnitten. Lediglich Ambivalenzen und Balancen wie das Streben nach „*edler* Unbefangenheit" oder nach „*raffinierter* Einfachheit" (*controlled* decontrolling) stehen als realistische Optionen offen - das ist der Preis, den Frieden,

Wohlfahrt und „Zivilisiertheit" verlangen. Parallel zu weitergehenden Prozessen der Verflechtung wird der Wunsch nach natürlichem, freiem, spontanem, authentischem, ungezwungenem und informellem Verhalten wahrscheinlich anwachsen, auf der anderen Seite aber werden wahrscheinlich auch diese Wünsche der sozialen und individuellen Kontrolle weiter unterworfen werden, unter die auch die Leidenschaften, die physische und sexuelle Gewalt hervorrufen können, geraten sind. Ja, „wer einigermaßen bewußt lebt, nimmt Abstand nach *zwei* Seiten: von seinen eigenen Impulsen und von der umgebenden Wirklichkeit, wie diese in der naiven Wahrnehmung auftritt." (Goudsblom 1960, 107; Hervorhebung von C.W.).

In der verschärften Stil- und Statuskonkurrenz bei relativ wachsendem Gefühl, physisch sicher und materiell gesichert zu sein, ist nicht nur das Verlangen nach weniger sozialem und physischem Druck angefacht worden, sondern haben die Menschen einander zugleich zu größerer Neugier auf Emotionen und ihre Regulierungen angestachelt. Gleichzeitig hat das Vertrauen zugenommen, daß die Menschen der Konfrontation mit derartigen Emotionen gewachsen sind, daß sie nicht von ihnen überwältigt werden. Bis in die 1950er und 1960er Jahre wurden Herausforderungen von gewalttätigen und sexuellen Emotionen und Emotionsregulierungen, von Emotionen ganz allgemein in erster Linie als gefährlich angesehen. Der Ausdruck „emotional werden" hat noch immer die Bedeutung von „seine Emotionen nicht unter Kontrolle haben, durch sie befangen sein." Derartige Ausdrücke erinnern an diese Gefahren und an die rigide soziale Kontrolle, die diese Gefahren unter Kontrolle halten sollte, und die gleichzeitig die Leugnung und Verdrängung von Gefühlen stimulierte. In dem langfristigen Prozeß der Formalisierung wurde dem „emotional werden", dem Ausdruck von Emotionen und vor allem von solchen Emotionen, die Ausbrüche von körperlicher und sexueller Gewalt hervorlocken könnten, aus Angst vor den drohenden Strafen und anderen Sanktionen des Prestige- und Gesichtsverlusts immer schärfer die Zügel angelegt. In diesem Prozeß hat sich ein „rationales" Menschenbild dermaßen verbreitet, daß noch im 20. Jahrhundert viele glaubten (und mitunter noch glauben), daß in ihrer Persönlichkeit diese Art Emotionen und Impulse ganz fehlen, als ob sie über eine Art angeborene Rationalität verfügten. Aus Statusangst, aus der Angst, „zu Fall zu kommen", hielten sie soviel als möglich „geheim", daß es um Balance und Balancieren geht, und taten so, als ob ihre Selbststeuerung „wie von selbst" liefe. Viele „geheime" Regulierungen von Emotionen sind dann auch als Statusgeheimnisse zu kennzeichnen.

Mit Freud als wichtigstem Repräsentant ist dann seit Ende des 19. Jahrhunderts eine kollektive Erkundung der „geheimen" Emotionsregulierungen und Triebfedern in Gang gekommen, sind Emotionen immer mehr als Richtschnur fürs Verhalten akzeptiert worden, wo sie zuvor noch vor allem als Quelle von schlechter Führung angesehen wurden. Emotionen werden immer stärker als ein wichtiges Instrument betrachtet, um sich im Leben zu orientieren und zu bewegen. In dieser Sichtweise, die im Kommen ist, wird den Emotionen eine äußerst wichtige Signalfunktion zugeschrieben - eine Einsicht von Freud -, und die mit den Emotionen und Impulsen verknüpften Gefahren werden viel stärker im Rahmen einer Balance aufgefaßt und formuliert: Es ist eine Kunst, so zu lavieren, daß die Signalfunktion der Gefühle *für sich selbst* nicht verloren geht, daß dabei aber gleichzeitig die Signalfunktion der emotionalen Äußerungen *für andere* nicht geringer wird. Damit wird die Sichtweise, Emotionen seien problematisch und nützlich, wahrscheinlich an Kraft gewinnen, gerade wie die Selbstdarstellung als eine Aufgabe und als ein Vergnügen erlebt werden wird. Emotionen und Impulse werden so wahrscheinlich in zunehmendem Maße als von vitaler Bedeutung erfahren werden - als Instrument zur Orientierung und als Quelle von Lust - und als gefährlich und problematisch, nicht nur, weil Menschen durch sie ins Gefängnis oder ins Irrenhaus geraten können, sondern auch, weil erwartet werden kann, daß sich die Ambivalenz, die sich in der

Selbstdarstellung als Aufgabe und Vergnügen verbirgt, stärker aufdrängen wird.

Der Aufstieg der „Soziologie der Gefühle" kann als neueste Äußerung des Trends zur Anerkennung der vitalen Bedeutung von Emotionen und Emotionsregulierungen, der sich seit dem Ende des 19. Jahrhunderts durchsetzt, aufgefaßt werden. Die hier vorgestellte Besprechung des Werks einer prominenten Vertreterin dieser Soziologie legt jedoch dar, daß diese Form soziologischen Denkens sich weiter nostalgischer Tendenzen entledigen muß, will sie ihr Versprechen wahrmachen. Bis jetzt wird unter dem Titel „Soziologie der Gefühle" noch allzuoft eine Suche nach „echten" und „natürlichen" Emotionen betrieben. Eine derart nostalgische Suche geht daran vorbei, daß alle Menschen in einer undifferenzierten Art von Erregung geboren werden und daß sie von Beginn ihres Lebens an in den Verhältnissen, in denen sie aufwachsen, emotionale Impulse und Gegenimpulse entwickeln, die mehr oder weniger auf die Standards für Verhalten und Gefühl in ihrer Gesellschaft abgestimmt sind. Auf diese Weise lernen sie, Gefühle zu artikulieren und zu regulieren. Um den unauflöslichen Zusammenhang von Emotionen und Emotionsregulierung deutlich herauszustellen, sollte statt von der „Soziologie der Gefühle" besser von der *„Soziologie der Emotionsregulierung"* gesprochen werden.

9. Wie fremd sind uns unsere Überlegenheitsgefühle?

a. Drei Regimes in Veränderung

Über eine islamische Grundschule in Amsterdam wird 1998 berichtet, daß die Lehrer ihre Schüler nie allein in der Klasse lassen können. Die Kinder dürfen keine kurzen Ärmel, kurze Röcke oder Hosen tragen und auch keine eng anliegende Kleidung. Nach Mitteilung eines Lehrers an dieser Schule gibt es offiziell keine körperlichen Strafen, aber er fragt sich, ob das zusammenpaßt mit „eine Stunde lang auf einem Bein in der Ecke stehen". Zufolge einem anderen Lehrer glaubt die Schulleitung nicht an Gespräch und Beratung, sondern „nur in Befehl und Einschüchterung" (NRC Handelsblad vom 5.12.1998). Hier gelten autoritäre Regeln, die in strikt hierarchischen Verhältnissen streng kontrolliert werden. Das Vertrauen auf verinnerlichte Umgangsregeln ist klein. Dies strenge pädagogische Regime setzt das strenge Familienregime bei den Kindern zu Hause fort und schließt an das strenge Staatsregime in den Herkunftsländern an.

Wir können uns heute schwer vorstellen, daß Regimes von ähnlicher Strenge vor wenigen Jahrzehnten nur überall in Westeuropa vorkamen. Von der zweiten Hälfte des 19. Jahrhunderts an gewannen die Regimes von Staat, Familie und Persönlichkeit stark an Kraft – mit dem Resultat jenes Persönlichkeitstyps, den Riesman *inner-directed* genannt hat: jenes Typs, der seinen Kurs im sozialen Verkehr mit Hilfe von einem „eingebauten Kompaß" von Reflexen und festen Gewohnheiten hält, der als eine „zweite Natur" in die Persönlichkeit aufgenommen worden ist (Riesman 1958). Bis in die sechziger Jahre des 20. Jahrhunderts ist dieser Persönlichkeitstypus dominant geblieben. Das daran anschließende pädagogische Regime war „streng, aber gerecht", und es zeichnete sich nicht durch Vertraulichkeit und Nähe aus. Kinder, die unter solchen autoritären Verhältnissen aufwuchsen, entwickelten durchweg ein autoritäres Gewissen, das Ge- und Verbote mehr oder weniger automatisch vorgab. Ein derart wie eine „zweite Natur" funktionierendes Gewissen übte ein strenges und unterdrückendes Regime über die mehr animalischen Impulse und Gefühle der „ersten Natur" aus. Das äußerte sich auch in einem beinahe obsessiven Hang zu Ordnung und Regelmäßigkeit, Reinheit und Sauberkeit. Der gerade Lebensweg begann bei einem geraden Scheitel im Haar. Ebenso genau achtete man auf sauber gescheuerte Trittstufen zum Haus, frei von Unkraut. Nachlässigkeit in diesen Dingen deutete auf eine Neigung zur Zügellosigkeit: die wilde ungebändigte „erste Natur" lugte schon zwischen den Trittsteinen hervor und aus dem „wilden" Haar.

In den 1960er Jahren verloren die Verhältnisse in hohem Tempo ihre Festigkeit und hierarchische Distanziertheit, sie wurden an einen elastischeren und variationsreicheren sozialen Umgang angepaßt. Zwischen Eltern und Kindern machte der selbstverständliche oder erzwungene Gehorsam der pädagogischen „Maßarbeit" Platz. Neben der allgemeinen Verschiebung in Richtung auf Verhandlungsverhältnisse spielte dabei auch das Aufkommen „der Pille" eine Rolle. Die Familien bekommen weniger Kinder, die zudem bewußt „gewünscht" waren. Die Eltern investierten daher affektiv mehr in ihre Kinder; das Band zwischen Eltern und Kindern gewann an Vertraulichkeit, Intimität und Intensität.

Kinder zu kommandieren und sie vor vollzogene Tatsache zu stellen, wird nun rundheraus als gefährlich angesehen. Ängstigende Befehle – „Du machst das, weil ICH es sage" – gelten jetzt als eine Erziehung zu blinder Untertänigkeit, die die Kinder nur von ihrem eigenen Gefühlsleben entfremdet. In einem Familienregime mit mehr egalitären und liebevollen Verhältnissen berufen sich die Eltern stärker und nachdrücklicher auf Liebe und Reflexion, wodurch die Kinder lernen, sich eher nach ihrem eigenen Gewissen und ihrer eigenen Einsicht zu richten als nach dem externen Zwang von Erwachsenen. Wozu das hieran anschließende Erziehungsideal führen kann, ist treffend in folgendem Dialog zusammengefaßt: „Selbst wenn wir böse waren, haben wir dich nie bestraft." „Euer Bösesein war schon Strafe genug." (Goudsblom 1998, 84)

Diese Veränderung im Familienregime ging Hand in Hand mit Veränderungen im Staatsregime und im Persönlichkeitsregime. In jedem dieser drei Regimes sind die Verhältnisse egalitärer, offener, geschmeidiger und fließender geworden. Auf dem Niveau der Persönlichkeit machte das autoritäre Gewissen einem Gewissen Platz, das auf egalitäre Verhältnisse und einen geschmeidigen sozialen Verkehr abgestimmt ist. Auch das Gewissen verlor seine selbstverständliche Autorität. Ein derart biegsameres Gewissen bedeutet nicht per se, daß es an Kraft verloren hat, ebensowenig wie Eltern, die nie strafen, weil Bösesein Strafe genug ist, im Vergleich zu autoritären Eltern an Macht verlieren. Die Veränderung des Gewissens weist auf einen neuen Persönlichkeitstypus hin, charakterisiert durch eine weniger rigide Herrschaft der „zweiten" über die „erste Natur", während beide dem Bewußtsein leichter zugänglich geworden sind. Diese Persönlichkeit hat eine viel flexiblere, beweglichere und feinere Form der Selbstregulierung.

In allen drei Regimes wird eine Phase des „beherrschen lernen" abgelöst durch die Möglichkeit des „beherrscht loslassen". Überall in der Gesellschaft tritt ein höheres Niveau von gegenseitig erwarteter Selbstbeherrschung in kraft. Diese Entwicklung wurde deshalb möglich, weil im Laufe dieses Jahrhunderts alle sozialen Klassen, auch die unteren, in die Gesellschaft integriert worden sind. Das Aufkommen von egalitären und elastischeren Verhältnissen in den politischen, sozialen und ökonomischen Bereichen hat sich fortgesetzt in der Erziehung und der Persönlichkeit und auch hier ein elastischeres und weniger formelles Regime möglich gemacht.

b. Phasen der Zivilisierung von Emotionen

Die jetzt allgemein gängige Emotionsregulierung hat offenkundig eine derartige Kraft und Reichweite erhalten, daß die Angst vor der Gefahr nicht mehr fast wie von selbst heraufbeschworen wird, man würde die Kontrolle darüber verlieren, wenn man sich selbst und einander gewalttätige und/oder sexuelle Emotionen eingesteht. Eine derartige Selbstregulierung kann erst dominant werden, wenn hinreichend viele Menschen sich selbst ausreichend bezwingen (können), wenn die gegenseitig erwartete Selbstbeherrschung derart zugenommen hat, daß die Gefahr, durch Emotionen übermannt zu werden, unter soziale und individuelle Kontrolle gebracht worden ist. Diese Ausbreitung von gegenseitig erwarteter Selbstkontrolle kann aus der Verringerung von Ungleichheit und der Integration von Bevölkerungsgruppen in einem Wohlfahrtsstaat erklärt werden, anders gesagt: aus dem Zusammenhang zwischen der Emanzipation und Integration von unteren sozialen Klassen innerhalb der Staatsstruktur und der von „tieferen" Emotionen innnerhalb der Persönlichkeitsstruktur. Erst in dieser Phase der Zivilisierung von Emotionen bekommen Experimente, die Zügel schießen (können) zu lassen, eine Chance des Gelingens. Das ist auch der Tenor des Berichts, den Paul Kapteyn von den Ereignissen in einem Kindergarten gibt, in den die Kinder ihre „Rüstung" mitbringen wollten. Der Rüstungswettlauf und die Kämpfe erreichten keinen Sättigungspunkt, worauf die Eltern gehofft und gewartet hatten. Kapteyn folgert:

„Dem Bruch des Tabus, durch den sich die Eltern flexibler zur Gewalt bei Kindern verhielten, kann nur dann von den Kindern gefolgt werden, wenn ihnen zuerst die Restriktionen eingeschärft worden sind und sie zuerst gelernt haben, was sie dann später in gewissem Maße verlernen können sollten. Die Tabubrüche waren mit anderen Worten typische Probleme der Erwachsenen. Diese verlernten teilweise, was die Kinder zunächst erst noch erlernen mußten." (Kapteyn 1980, 179)

In dieser Hinsicht ist für die Entwicklung von heranwachsenden Kindern dieselbe Struktur zu bemerken wie für die Gesellschaften, bei denen dem langfristigen Prozeß der Informalisierung zuerst ein langfristiger Prozeß der Formalisierung vorangegangen ist.

Diese Phasenabfolge ist auch von Bedeutung, um den Zusammenhang des Umgangs mit „fremden Anderen" und des
Umgangs mit der „eigenen Fremdheit" zu verstehen – mit den
„tieferen" Wünschen und Ängsten, die durch Verdrängung,
Leugnung und andere Formen von Abwehr „fremd" geworden
sind. Dieser Zusammenhang steht im Buch „Fremde und Zivilisierung" des deutschen Soziologen Hans-Peter Waldhoff im
Zentrum. Ich werde ihn mit einigen Beispielen illustrieren (vgl.
Wouters 1998).

Ende 1995 haben die Machthaber in Vietnam eine Kampa-
gne gegen „negative ausländische Einflüsse" begonnen. Vor
allem „der amerikanische Kulturimperialismus" bedrohe „die traditionellen Sitten". Niederländische Autoritäten blickten in den
1920er und 1930er Jahren durch die gleiche Brille auf Amerika.
Beispielsweise die „Regierungskommission zur Tanzfrage"
wandte sich 1931 in einer Veröffentlichung gegen die sittenver-
derbende „Amerikanisierung von Europa". Sie verorteten das
Übel vor allem im Unterleib von Amerika; es saß in der
„Instinktsphäre" der Schwarzen und in der „populären amerikanischen Negermusik". Man fürchtete, die „Amerikanisierung"
würde dazu führen, daß „die primitivsten Gefühle auch bei uns
die Oberhand gewinnen könnten" (Rapport 1931).

Während die Autoritäten - heute in Vietnam, damals in den
Niederlanden - in jenem „Instinktleben" eine Bedrohung sahen,
galt es vielen anderen geradezu als vital und anziehend. Wegen ihres „natürlichen" rhythmischen Gefühls waren Schwarze
beliebte Musiker. Ankündigungen wie „Neger-Duo" oder „Ne-
ger-Orchester" auf Plakaten, Namen von Jazz-Bands wie „The
Black Devils" und von Jazz-Cafés wie „Negro-Palace Mephisto"
hatten einen eindeutig werbenden Effekt. Genau aus diesen
Gründen sahen die Autoritäten darin eine Quelle von Be-
schmutzung, die „unsere" Mädchen und „die" Moral bedrohe.
1936 schrieb ein Amsterdamer Polizeipräsident: „... im The Ne-
gro Kit Cat Club ... ist der Auftritt dieser «Menschenaffen» wi-
derlich anzusehen. Farbige Ausländer bilden eine Gefahr für

weiße Mädchen." Während des Krieges (Anfang 1942) schrieb sein Amtsnachfolger: „Ich halte das Auftreten von diesen Surinamern als Musikern bei öffentlichen Veranstaltungen für eine große moralische Gefahr für die weibliche niederländische Jugend... In Übereinstimmung mit dem Bürgermeister von Amsterdam habe ich daher die Eigner der folgenden Etablissements aufgefordert, ihre Surinamer Musiker zu entlassen." (Openneer 1995)

Hans-Peter Waldhoff beginnt sein Buch *Fremde und Zivilisierung* mit einem entsprechenden Beispiel vom Umgang mit „Fremden", nämlich mit dem Verhältnis zwischen Deutschen und „Zigeunern". Wegen ihrer Ungebundenheit und ihrer animalischen oder instinktiven Natürlichkeit übten die „Zigeuner", genau wie die Schwarzen, eine gewisse Anziehungskraft aus, während eben diese zugeschriebenen Eigenschaften und Charakteristika Anlaß zu Beunruhigung gaben, vor allem bei den Autoritäten und bei den psychischen Funktionen, in denen die Autoritäten vertreten sind. Gerade weil „diese Geschöpfe noch völlig natur- und schicksalsabhängig leben", wollte der Leiter der „Rassenhygienischen und völkerbiologischen Forschungsstelle des Reichsgesundheitsamtes" „die Unschädlichmachung von Primitiven ..." Waldhoff seufzt: „So nahe können Romantisierung und Vernichtung einer Gruppe sein ..." (Waldhoff 1995, 73) In der Tat, diese Kombination von Anziehung *und* Widerwille verrät in vielen Fällen mangelndes Selbstvertrauen und die Angst, die Selbstkontrolle zu verlieren, gäben sie zu – auch sich selbst gegenüber -, daß sie durch das in Versuchung gebracht werden, was sie als „gefährliches Verhalten" ansehen; sie haben Angst, den Fuchs – in ihrem Inneren – die Gänse hüten zu lassen, Angst, daß die Gelegenheit einen Dieb aus ihnen machen wird. Ihr Aufwand an Überlegenheit, um diese Versuchungen zu kontrollieren, zeigt an, wie klein und rudimentär die Differenz im Gefühlsmanagement ist (Wouters 1992, 242).

Alle diese Beispiele illustrieren die wichtige These von Waldhoffs *Fremde und Zivilisierung*, daß der Umgang mit den
„eigenen" (in sozialen Prozessen produzierten) Fremden eine
Widerspiegelung bildet vom Umgang mit dem (in psychischen
Prozessen produzierten) „Fremden" in den Menschen selbst,
das heißt zu dem Teil des eigenen Selbst, der „unbewußt" geworden ist.[23] Diesen Spiegel hält er den Deutschen vor und
konzentriert sein Buch auf das Verhältnis von Türken und
Deutschen in Deutschland. Myrdals bekannten Ausspruch „Das
Rassenproblem ist ein Problem der Weißen" variierend sagt er,
daß die Deutschen in ihrem Verhältnis zu den Türken in
Deutschland auf ihr eigenes Spiegelbild stoßen: Sie stoßen auf
ihre Fähigkeit, die eigenen Gefühle der Fremdheit zu ertragen
und zu verarbeiten. Diese Fähigkeit sieht er als einen wichtigen
Indikator für das Zivilisationsniveau an. Er beschreibt, wie die
Abwehr von „Fremdheitserfahrungen" in verschiedenen Phasen
der Staatsbildungsprozesse unterschiedliche Formen annimmt.
Dabei werden Unterschiede bei der Monopolisierung von Gewalt und Besteuerung in Deutschland und in der Türkei in Zu-
sammenhang gebracht mit Zivilisationsphasen, das heißt mit
Entwicklungen in den Standards von Verhalten, Selbstkontrolle,
Zeiteinteilung und Orientierung. Vor einer genaueren Erörte-

---

23) Waldhoff weist empirisch auf, wie gegenwärtige internationale Migratio-
nen nicht nur die sozialen Beziehungen in den komlexeren westlichen Gesellschaften affizieren, sondern auch die Beziehungen zwischen ökonomisch
stärkeren und ökonomisch schwächeren Staaten in dem, was Wallerstein
das „moderne Weltsystem" genannt hat, und – weiterhin – die innerpsychi-
schen Strukturen der beteiligten Menschen. Seine These stammt größtenteils aus der Ethnopsychoanalyse, von Autoren wie George Devereux (1967)
und Mario Erdheim (1988). Auch andere Studien müßten in diesem Kontext
erwähnt werden, z.B. Fritz Kramer (1990), Julia Kristeva (1991) und Michael
Shapiro (1995), aber Waldhoffs theoretischer Ehrgeiz hat ihn in andere
Richtung geführt. Theoretisch zielt Waldhoff darauf, Norbert Elias' Theorie
des Zivilisationsprozesses mit der Ethnopsychoanalyse und der Kritischen
Theorie der „Autoritären Persönlichkeit" von Adorno und Horkheimer aus der
Frankfurter Schule zu verbinden.

rung dieser Beziehungen ist ein kleiner Exkurs zu einigen hier relevanten sozialen und psychischen Prozessen notwendig.

c. Was ist mit den „gefährlichen" Gefühlen geschehen?

Im psychischen Aufbau der Individuen sind die „gefährlichen" Gefühle und die Impulse, körperliche und/oder sexuelle Gewalt einzusetzen, mit den Gefühlen von Über- und Unterlegenheit und auch mit den Schamgefühlen verbunden. Norbert Elias zielt auf diese Verbindungen, indem er Scham beschreibt als

„eine Form der Unlust und Angst, die sich dann herstellt und sich dadurch auszeichnet, daß der Mensch, der die Unterlegenheit fürchten muß, diese Gefahr weder unmittelbar durch einen körperlichen Angriff, noch durch irgendeine andere Art des Angriffs abwehren kann... Beim Erwachsenen kommt diese Wehrlosigkeit vor der Überlegenheit Anderer daher, daß die Menschen, deren Überlegenheitsgesten man fürchtet, sich in Einklang mit dem eigenen Über-Ich des Wehrlosen und Geängstigten befinden, mit der Selbstzwangapparatur, die in dem Individuum durch Andere, von denen er abhängig war, und die ihm gegenüber daher ein gewisses Maß von Macht und Überlegenheit hatten, herangezüchtet worden ist... der Konflikt, der sich in Scham-Angst äußert, ist nicht nur ein Konflikt des Individuums mit der herrschenden, gesellschaftlichen Meinung, sondern ein Konflikt, in den sein Verhalten das Individuum mit dem Teil seines Selbst gebracht hat, der diese gesellschaftliche Meinung repräsentiert;... er selbst erkennt sich als unterlegen an. Er fürchtet den Verlust der Liebe oder Achtung von Anderen, an deren Liebe und Achtung ihm liegt oder gelegen war." (Elias 1978 II, 398)

Offenbar hängen sowohl die Chancen zu körperlichem Angriff wie die zu (weiterer) Bewußtseinsbildung von dem Netz von Interdependenzen ab, wahrgenommen in der Dimension Überlegenheit/Unterlegenheit. In einer Langzeitperspektive sind sowohl die Impulse zu körperlichem Angriff wie die Furcht vor einem solchem Angriff durch andere zu einem großen Teil ersetzt worden durch soziale Scham-Ängste und durch Widerwillen oder Peinlichkeit: ein Zivilisationsprozeß in immer stärker interdependenten und intern pazifizierten Gesellschaften. Durch diese Prozesse wurden nicht nur Überschreitungen wie Ausbrüche von körperlicher – und sexueller – Gewalt, sondern auch andere Formen zugefügter Erniedrigung mehr und mehr als nicht hinzunehmende Zurschaustellung von Arroganz oder Selbsterhöhung betrachtet und entsprechend mit mehr individueller Scham, kollektivem Widerwillen und moralischer Indignation sanktioniert. Allein diese „gefährlichen" Gefühle und Impulse in der Erfahrung zuzulassen, provozierte unwiderstehlich Scham und Angst. Alles, was als „gefährlich" oder „nicht akzeptabel" definiert wurde, mußte mit Haut und Haar entfernt werden, besonders bei Kindern; dem lag die Überzeugung zugrunde, daß alle Menschen fast automatisch „in Versuchung kommen" würden, würden „nicht akzeptable" Gefühle und Impulse dem Bewußtsein gestattet. Diese alte Überzeugung drückt eine Furcht aus, die typisch ist für den Langtzeitprozeß der Formalisierung, charakterisiert durch ziemlich autoritäre Beziehungen und soziale Kontrollen wie auch durch ein relativ autoritäres Gewissen. Dieser Langzeitprozeß der Formalisierung erreichte seinen Höhepunkt mutmaßlich in der „Viktorianischen Zeit", zusammen mit dem „keep a stiff upper lip"[24], eine Metapher, die auf eine Art ritualistischer Selbstkontrolle verweist, die auf einem autoritären Gewissen oder Über-Ich aufruht, und mehr oder weniger automatisch wie eine „zweite Natur" funktioniert. Im 20. Jahrhundert ist der Informalisierungsprozeß dominant geworden. Erst in der zweiten Hälfte dieses Jahrhunderts jedoch hat die dominante Form des *emotion management* offenbar eine Stärke und Reichweite erreicht, die es den meisten Menschen möglich gemacht haben, sich selbst und anderen zuzugeben, daß man solche „gefährlichen"

---

24) Das deutsche „Haltung bewahren" ist im Vergleich zum englischen Ausdruck weniger bildhaft (WFH).

gewalttätigen und/oder sexuellen Gefühle und Impulse hat, ohne Scham auszulösen, insbesondere die Scham-Angst, die Kontrolle zu verlieren und diesen Gefühlen und Impulsen nachgeben zu müssen. Nur in einer solchen Phase der Zivilisierung der Gefühle haben Versuche, Zwänge aufzulösen, eine Erfolgschance. Die meisten Versuche eines „decontrolling of emotional controls" (besonders im Hinblick auf die Herausforderung von sexuellen und gewalttätigen Emotionen) würden ansonsten als unzureichend „kontrolliert" angesehen werden und also als zu bedrohlich.

Diese Auffassung der Langzeittrends Formalisierung und Informalisierung als Phasen der Zivilisationsprozesse hilft, ein gemeinsames Merkmal der niederländischen Amtsgewalt in den Zwischenkriegsjahren und der vietnamesischen Amtsgewalt in den 1990er Jahren zu beleuchten: beide sahen eine Bedrohung für die „traditionelle Moral" im Lebensstil von Menschen, die zu den unteren Klassen gehören, wie auch im Lebensstil von Menschen, die zu den mächtigsten Staaten gehören („eine demoralisierende Amerikanisierung"). Beide unternahmen Disziplinarmaßnahmen, um die Bevölkerung davor zu bewahren, sich von der Tradition zu „entfremden" und sich verräterisch mit den „Fremden" aus dem Ausland einzulassen. In dieser Beziehung waren beide Amtsgewalten in der gleichen Phase: ihre eigene „Fremdheit", abgewehrt durch die inneren Ängste ihres ziemlich autoritären Gewissens, spiegelte sich nicht nur im Lebensstil von Menschen, die weniger durch den „eisernen Käfig" eingeschränkt zu sein schienen, sondern auch im stärker informalisierten Lebensstil von Menschen mit einer flexibleren und stärker ego-dominierten Selbstregulierung. Gewöhnlich wird die zweitgenannte Bedrohung in moralischen Termini konzeptualisiert und als Dekadenz gebrandmarkt. Das Beispiel der vietnamesischen Amtsgewalt von 1995, die die „traditionelle Moral" verteidigen will, zeigt, daß sich dieser Typ von „zweiter Natur"-Abwehr gegen die Gefahren und Probleme einer reflexiveren und flexibleren Selbstregulierung im Zuge

von Informalisierungsprozessen im 20. Jahrhundert vom Westen auf ein globales Niveau ausweitet hat. Wurden in früheren
Jahrhunderten die Bedrohung, aber auch die Vitalität und die
Anziehungskraft eines „instinktgeleiteten Lebens" oder einer
„ursprünglichen Spontaneität" nur bei den Unterklassen und
Außenseitern wie „Negern" oder „Zigeunern" wahrgenommen
und lokalisiert, so werden diese Bedrohung und diese Anziehung im 20. Jahrhundert auch wahrgenommen und lokalisiert
bei global etablierten Gruppen von „Fremden".

d. „Fremde" und „Fremdheit" in den Phasen der Zivilisierung von Gefühlen

In seiner Darlegung des Zusammenhangs von Zivilisierung und
Verarbeitung von Gefühlen der Fremdheit stützt sich Waldhoff
stark auf eine Aufgliederung in zwei Niveaus der Zivilisierung,
die *Disziplinierungsphase* und die *Informalisierungsphase* von
Zivilisationsprozessen. In der Disziplinierungsphase (oder Formalisierungsphase) scheint die harte, unnachsichtige Unterdrückung von Trieben und Affekten in erster Instanz nur gelin-
gen zu können, wenn sie sowohl gesellschaftlich als auch
individuell aus dem Bewußtsein verbannt werden. Alles, was an
sie erinnert, wird dann als bedrohlich erfahren und mit derselben Härte abgewehrt, die im ursprünglichen Verdrängungspro-
zeß verlangt wurde. Die sozialen Trennlinien, durch die
„Fremde" auf Distanz gehalten werden, sind dann ebenso starr
und rigide wie die psychischen Trennlinien, durch die die eigenen psychischen Schwächen und „Fremdheiten" auf Abstand
gehalten werden. Indem alles, was wild, schmutzig, gewalttätig
sowie unzüchtig und geil anmutet, so weit wie möglich von sich
geworfen werden soll, um so mit den eigenen Impulsen in dieser Richtung besser fertig zu werden, entsteht eine emotionale
„Entfremdung". Waldhoff legt dar, daß dieser „Domesti-
zierungsprozeß", die Verlegung von mancherlei Emotionen und
Verhalten hinter die Kulissen, ein psychisches Pendant in der
gesellschaftlichen Produktion von Unbewußtheit hat: „Das

Fremde und das Unbewußte scheinen so wie zu identischen Chiffren einer unbegreifbaren *Natur* zu werden." (Waldhoff 1995, 82) Den sich hieran anschließenden rigiden Umgang mit fremden Anderen und mit den eigenen Gefühlen der Fremdheit hält er für kennzeichnend für die Disziplinierungsphase von Zivilisationsprozessen. Vor allem in dieser Phase besteht eine starke Neigung, die Probleme und den Widerstand gegen die Gewalt, die man sich selbst antun muß, gegen „Fremde" zur Entladung zu bringen, gegen Menschen aus sozial schwächeren Gruppen. Der Widerwille gegen die Zügelung der eigenen Affekte bahnt sich so einen Ausweg in Fremdenhaß: „Gerade Fremde bieten sich an als «schmutzige» Ersatzobjekte für die eigenen als schmutzig empfundenen Triebe, für verdrängte Vorstellungen und für Gefühle der eigenen Wertlosigkeit, die abgewehrt werden sollen." (Waldhoff 1995, 270f.) Wie auch immer sich die „Fremden" verhalten, sie laufen dann Gefahr, bedroht und bestraft zu werden, weil die Etablierten das Gefühl haben, durch sie bedroht zu werden: Zeigen sie eine größere Ungebundenheit, dann bedrohen sie den mehr oder weniger automatisch funktionierenden Selbstzwang, das „Über-Ich" bzw. Gewissen der Etablierten, während sie das Wir-Ideal und das Selbstbild der Etablierten umso stärker bedrohen, je weniger ihr Verhalten zu beanstanden ist.

Wenn dann (in Prozessen wie Nationalisierung, Industrialisierung, Demokratisierung usw.) die sozialen und psychischen Trennlinien aufgebrochen werden und eine (weitere) Integration von sozialen Gruppen und von psychischen Fähigkeiten in Gang kommt, dann kann das Mitmensch-Sein von manchen Menschen und das allgemein Menschliche von manchen Emotionen und Impulsen wieder offener festgestellt werden. Das ist kennzeichnend für das, was auch Waldhoff die „Informalisierungsphase" von Zivilisationsprozessen nennt. In Informalisierungsprozessen findet eine „Emanzipation" von zuvor verdrängten Impulsen und Emotionen in dem Sinne statt, daß sie (wieder) Zugang bekommen zum Zentrum der Persönlichkeit -

dem Bewußtsein, was zu einer „reflexiveren Zivilisierung" von
Verhaltensregulierungen führt. Dann brauchen die Triebe und
Affekte nicht so unerbittlich und martialisch abgewehrt zu werden, und das Gleiche gilt für die Repräsentanten von „fremden"
Standards der Affektkontrolle. In diesem Vorgang gelangen
auch selbständigere und unabhängigere Formen der Orientierung zur Entwicklung. Damit verglichen ist z.b. in der Disziplinierungsphase der Zwang der sozialen Kontrolle stärker auf
Situationen als auf Individuen gerichtet: Ehre und Schande sind
dann noch vor allem abhängig davon, daß man in einer bestimmten Situation nicht angetroffen wird. Diese Situationen
können beschrieben werden anhand einer beschränkten Zahl
von Basisdaten wie Alter, Geschlecht, Lebensphase, Vermögen, Position im Haus und Position des Hauses im Dorf. Daran
sind ziemlich rigide Verhaltensvorschriften gebunden. Diese
Vorschriften werden erst nuancierter, persönlicher und flexibler
gehandhabt, wenn sich der Zwang der sozialen Kontrolle von
Situationen auf die Handlungen und Motive der Individuen ver-
schiebt. In diesem Transformationsprozeß vom „gesellschaftlichen Zwang zum Selbstzwang" können sich die Beteiligten
immer weniger auf eine bloße Reproduktion von überlieferten
Orientierungen beschränken. Die Beteiligten machen sich dann
zum wahren „Meister" dieses Zwangs und dieser Orientierungen, was in psychoanalytischen Begriffen auf eine Stärkung der
„Über-Ich"- und „Ich"-Funktionen auf Kosten der „Es"-Funk-
tionen hinausläuft, und daraufhin auch auf eine Stärkung der
Ich-Funktionen auf Kosten der Gewissensfunktionen (nicht allein „Wo Es war, soll Ich werden", sondern auch: „Wo Über-Ich
war, soll Ich werden" in dem Sinne, daß „Es" wie „Über-Ich"
stärker vom „Ego" dominiert werden). Letzteres ist charakteristisch für den Informalisierungsprozeß. Er beinhaltet eine Befreiung von den eher zwanghaften und tyrannischen Aspekten
des Gewissens, und dies ist das psychische Pendant zur Verringerung der sozialen Machtdifferenzen. Wie die Verhältnisse
zwischen sozialen Gruppen werden auch die Verhältnisse zwi-

schen den psychischen Funktionen in jenem Prozeß weniger starr und hierarchisch geschichtet, und in dem Maße, wie dies geschieht, wächst der „Spielraum" für fließendere und flexiblere Verbindungen zwischen diesen Funktionen. So wird in diesem Prozeß von sozialer und psychischer Integration die Gefahr, durch Emotionen übermannt zu werden, stärker unter soziale und individuelle Kontrolle gebracht. Das Eingestehen von „gefährlichen" Emotionen und Impulsen - sich selbst wie anderen - ist dann nicht mehr mit derartig drängenden Gefühlen von Scham und Angst verbunden. Auf der Ebene des symbolischen Universums läuft dieser Prozeß auf eine Vergrößerung der Kapazität zur Synthesebildung hinaus, der „Zucht des Selbstdenkens" (Elias), was wiederum hinausläuft auf eine Stärkung der Ich-Funktionen (Waldhoff 1995, 224f.). Im Laufe dieses Prozesses, so kann man Elias paraphrasieren und widersprechen, wird das *Bewußtsein* offener für die Triebe, und die Triebe werden offener für das *Bewußtsein*. Indem Gesellschaften der Informalisierung unterliegen, gewinnen elementare Impulse wieder einen leichteren Zugang zu den Reflexionen der Menschen. Zur Zeit, als Norbert Elias sein Buch über den Zivilisationsprozeß schrieb, nahm er die Charakteristika von Informalisierung nicht wahr, was dazu führte, daß er Charakteristika der langfristigen Formalisierungsphase dem Zivilisationsprozeß insgesamt zuschrieb: „Im Laufe dieses Prozesses wird, um es schlagwortartig zu sagen, das Bewußtsein weniger triebdurchlässig und die Triebe weniger bewußtseinsdurchlässig." (Elias 1978 II, 390). Dieser Prozeß wurde jedoch durch die langfristige Informalisierungsphase des 20. Jahrhunderts umgekehrt. Um es genauso schlagwortartig wie Elias zu sagen: das Bewußtsein ist mehr triebdurchlässig, und die Triebe sind mehr bewußtseinsdurchlässig geworden.

e. Eine Ergänzung der Zivilisationstheorie

Diese Prozesse regen Waldhoff zu einer weiteren Ergänzung und einer genaueren Differenzierung der Zivilisationstheorie an,

vor allem im Hinblick auf den Begriff Selbstzwang. Er weist
daraufhin, daß sich dort, wo Elias den Begriff Selbstzwang benutzt, aus dem Kontext ergibt - vor allem aus Formulierungen
wie „blind gezüchtete" und „blind funktionierende Angstautoma-
tismen" oder „automatisch funktionierende Gewohnheiten" -,
daß Elias meist Über-Ich-Zwang meint. Der vom Über-Ich beherrschte Menschentyp, den Elias so oft als *homo clausus* oder
als *wir-loses* Ich beschrieben hat, ist Waldhoff zufolge vor allem
ein *wir-loses Über-Ich*, das, obwohl sehr ich-zentriert, doch
hauptsächlich schwer unter einem Mangel an „Ich-Integration"
von antagonistischen psychischen Funktionen zu tragen hat.
Aus diesem Grunde gelangt er zu einer (von ihm „idealtypisch"
genannten) Unterscheidung nach dominanter Verhaltensregulierung: (a) trieb- und impulsgesteuert, (b) „Fremdzwang"-
dominiert, (c) autoritär Über-Ich-dominiert: Autoritäre Persönlichkeit mit starkem Drang zu Reduktion, Wiederholung, Imitati-
on, Ordnung und Reinlichkeit, (d) „wir-los" Über-Ich-dominiert:
der homo-clausus-Typ, der mehr oder weniger verzweifelt versucht, eine Bresche in das ummauerte Gefühlsleben zu schlagen, und (e) Ich-dominiert: ein Typ von Verhaltensregulierung,
der sich nicht schlichtweg als stärkere oder größere Beherrschung der Affekte verstehen läßt; es geht um ein anderes Muster, das flexibler ist, individueller einrichtbar und den Gefühlen
zugänglicher. Aufgrund dieser unterschiedlichen Formen von
Verhaltensregulierung hat Waldhoff auch eine Differenzierung
der „Fremdzwang-Selbstzwang"-Balance vorgenommen und
diese dann verbunden mit den zwei Phasen von Zivilisationsprozessen: In der Disziplinierungsphase ist die „Fremdzwang-
Über-Ich"-Balance zentral, während es in der Informalisierungsphase vor allem um die Balance zwischen „Über-Ich" und
„Ich" geht. Bezogen auf die meisten europäischen Länder bedeutet das, daß sich bis zum Ende des 19. Jahrhunderts ein
„Über-Ich"-dominierter Persönlichkeitstyp entwickelte und dominant wurde. Die hauptsächliche Spannungsbalance war die
zwischen Fremdzwängen und Über-Ich-Zwängen. Im Informali-

sierungsprozeß des 20. Jahrhunderts haben mehr und mehr Menschen einen Typ von Selbstregulierung entwickelt, der stärker „Ich"-dominiert ist. Diese Phase der umfassenden Emanzipation und Integration der „unteren" sozialen Gruppen in die (westliche) Gesellschaft gestattet die Emanzipation und Integration der „unteren" Impulse und Gefühle in die Persönlichkeit.

f. Von der „zweiten" zur „dritten Natur"

Indem die gedankenlose – und mehr oder weniger automatische – Hinnahme von Autoritäten zurückging, wurden die Achtung und die Selbstachtung aller Bürger weniger direkt abhängig von sozialen Kontrollen und stärker direkt abhängig von ihren reflexiven und kalkulierenden Fähigkeiten, und insofern von einem speziellen Muster der Selbstkontrolle, in dem die „gedankenlose Hinnahme" der Diktate der psychischen Autorität (bzw. des Gewissens) gleichfalls zurückging. So kam es zu einer Emanzipation der Impulse und Gefühle, zu einer Wende vom Gewissen zum Bewußtsein (um eine Kurzbezeichnung zu verwenden). Diese Veränderungen können erläutert werden, indem der Begriff der „dritten Natur" eingeführt wird. Der Begriff „zweite Natur" meint ein stark automatisch funktionierendes Gewissen und eine entsprechende Selbstregulierung, bezieht sich also auf die Balance zwischen Fremdzwängen und Über-Ich-Zwängen. Der Begriff „dritte Natur" weist auf eine Balance zwischen „zweiter Natur"-Selbstregulierung und einer reflexiveren und flexibleren Selbstregulierung hin. Letztere meint – als Idealtyp – eine Persönlichkeitsstruktur, in der die Ich-Funktionen insofern dominant geworden sind, als es „natürlich" geworden ist, die Zug- und Schubkräfte sowohl der ersten wie der zweiten Natur als auch die Gefahren und Chancen – kurz- wie langfristig – jeglicher konkreten Situation wahrzunehmen. Der Begriff meint ein Niveau von Bewußtsein und Kalkulation, in dem alle Formen von Zwängen und Möglichkeiten in Rechnung gestellt werden. Das bedeutet einen Aufstieg zu einem neuen Niveau reflexiver Zivilisierung, das Erreichen einer höheren

Stufe auf „der Wendeltreppe des Bewußtsein" (Elias 1987, 144f.).

Die Entwicklung in dieser Richtung kann von den 1950er Jahren an festgestellt werden. Seit damals hat sich „Innengeleitetheit" - internalisierte Kontrollen von ziemlich fester Art - endgültig aus einem Vorteil zu einem Handicap gewandelt; Kontrollen dieser Art wurden zu berechenbar, zu rigide und starr. Das Gefühl, es gäbe „für alles eine Zeit und einen Ort", gewann an Bedeutung, während die Regel „immer Herr/Dame sein" im sozialen Leben unwichtig wurde. Erweiterte und intensivierte Kooperation und Wettbewerb haben die Menschen unter den Druck gebracht, sich selbst und die anderen genauer zu berechnen und zu beobachten und gleichzeitig Flexibilität und eine größere Bereitschaft zum Kompromiß zu zeigen. In diesem Prozeß wurden fast überall in den westlichen Gesellschaften die ehedem erhabenen Ideologien und großen Ideale (und mit ihnen die „großen" Konflikte und Kriege) größtenteils ersetzt durch pragmatischere und flexiblere Ausgangspunkte. Dieser Prozeß brachte eine fortgehende Relativierung der ehedem ziemlich engen und blinden (d.h. mehr oder weniger automatischen) Identifizierung mit der eigenen Gruppe, der eigenen Familie, Religion, Nationalität, Rasse, Klasse und dem eigenen Geschlecht mit sich; eine mannigfaltigere und breitere Identifizierung trat an ihre Stelle. So ist die traditionelle Unterwerfung der Interessen des Individuums unter die der Eigengruppe und deren Ehre in den letzten Dekaden stark zurückgegangen. Von den meisten Menschen in den westlichen Gesellschaften erwartet man jetzt, daß sie über mehr individuelle Verteidigungsmittel verfügen. Der gesellschaftliche Erfolg wurde stärker von einer reflexiven und flexiblen Selbstregulierung abhängig, von der Fähigkeit, Festigkeit und Flexibilität zu kombinieren, Direktheit und Takt (vgl. McCall u.a. 1983). Neuerdings ist die Bedeutung einer reflexiven und flexiblen Selbstregulierung für den Erfolg im sozialen Leben einem großen

Publikum durch Daniel Golemans erfolgreiches Buch *Emotional Intelligence* (1996) dargelegt worden.

Nicht nur in den Bereichen der Arbeit, der Liebe und der Fürsorge, sondern auch in dem des „Spaß-Habens" ergab sich eine gestiegene Notwendigkeit, allen Arten von extremen und „tiefen" Impulsen und Gefühlen gegenüber offener zu sein. Bereits in den 1950ern hat Martha Wolfenstein beobachtet:

„Während früher eine Gefahr darin gesehen wurde, man könne bei der Suche nach Spaß in die Untiefen der Sündhaftigkeit gezogen werden, so fürchtet man heute, man könne nicht hinreichend gelöst sein, man könne nicht genug Spaß haben." (Wolfenstein 1951/1955, 174).

Von den 1960ern an beteiligten sich viele Menschen an sozialen und psychischen Experimenten, um nach den Grenzen der Selbstregulierung zu suchen und sich daran zu erfreuen, die Gefahren auf der anderen Seite der Grenze zu erschnuppern. Diese provokative und experimentelle Einstellung, im Kapitel 7 als „Risikosucht" beschrieben, ist charakteristisch für ein neues Niveau der sozialen und psychischen Integration: vor den 1950er Jahren hätten die sozialen und psychischen Autoritäten eine solche Einstellung als subversiv und zu gefährlich abgewiesen. In der relativ langen Periode von Frieden und wachsender „sozialer und persönlicher Sicherheit" bildete dieser „Friede" eine Brutstätte für allerhand Unruhe in den Individuen und ihren Beziehungen. Vor allem junge Leute wurden fasziniert durch neue Frage wie „Was kommt nach Freiheit und Wohlstand?" und „Was liegt hinter den Grenzen, die Gewissen und Moral gesetzt haben?" Letztere Frage ist charakteristisch für die Entwicklung zu einer „dritten Natur", zu einem stärker Ich-dominierten Persönlichkeitstyp.

In der gleichen Periode bestand ein wichtiges Kennzeichen von Informalisierung und Entwicklung einer „dritten Natur" in einem starken Rückgang sowohl der sozialen wie der psychischen Zensur. Bis in die 1960er und 1970er Jahre wurden viele Gedanken generell als gefährlich gebrandmarkt, und zwar aus der vorherrschenden Überzeugung heraus, daß sie fast automatisch zu gefährlichem Handeln führen würden. Wegen dieser direkten, „zweite Natur"-Verbindung zwischen Gedanken und Handlungen war ein relativ hoher Grad an sozialer und psychischer Zensur allgemeine Praxis. Rigorose und gewalttätige Zensur in autoritären Regimes zeigt, wie sehr die Autoritäten und andere an die Gefahr von Gedanken, Imaginationen und Phantasie glaubten. In den meisten westlichen Ländern sind, besonders seit den 1960ern, sowohl Furcht und Scheu vor Phantasie oder abweichenden Imaginationen zurückgegangen als auch Furcht und Scheu vor staatlichen Autoritäten wie vor dem Gewissen. Nach der deutschen Wiedervereinigung z.B. haben viele Künstler aus dem ehemaligen Ostdeutschland das Gefühl ausgedrückt, man begegne ihnen unter den neuen Verhältnissen meist mit Gleichgültigkeit, während man sie unter dem alten Regime sehr viel ernster genommen habe. Eine Stellungnahme wie „Natürlich ist die Diktatur farbiger als die Demokratie" (Heiner Müller) drückt eine ähnliche Nostalgie aus. Solche Zensur ist im Verlaufe der Integration von „unteren" Sozialgruppen in die (westliche) Gesellschaft und der folgenden Emanzipation und Integration von „unteren" Impulsen und Gefühlen in die Persönlichkeit zurückgegangen. Durch die Entwicklung der „dritten Natur", jenem Ich-dominierten Muster der Selbstkontrolle, ergab sich, besonders im Bereich von Imagination und Unterhaltung, eine bedeutende Ausbreitung von mehr und mehr unverhohlenen Ausdrucksformen von Insubordination, Sex und Gewalt.

Ein Vorbote dieser Veränderungen ist George Orwells Essay „Raffles and Miss Blandish", in dem er zwei Typen von Kriminalromanen vergleicht. Beim ersten handelt es sich um eine Serie von Geschichten, verfaßt zu Beginn des 20. Jahrhunderts, über einen Gentleman und Ganoven, Raffles, für den „bestimmte Dinge «nicht in Frage kommen», wobei die Idee, sie zu tun, kaum erst aufkomme" (1944, 66). Es gibt „sehr wenig Leichen, kaum Blut, keine Sexualverbrechen, keinen Sadismus, keine Perversionen welcher Art auch immer" (1944/1972, 67). Alles dies aber ist zentral in der Miß Blandish-Geschichte über einen amerikanischen Detektiv, veröffentlicht 1939. In diesem Buch ist der Versuch, Macht zu bekommen, ein durchgehendes Motiv: „alles mögliche «kommt in Frage», wenn es nur zu Macht führt. Alle Barrieren sind niedergelegt, alle Motive liegen im Licht... es gibt keine Gentlemen und keine Tabus. Die Emanzipation ist abgeschlossen. Freud und Machiavelli haben die draußen liegenden Vorstädte erreicht" (1944/1972, 75, 79).

Seit Orwell seine Analyse geschrieben hat, ist die Emanzipation aber, die er als abgeschlossen bezeichnete, weiter gegangen. Einige neuere Beispiele für „Pornoviolence" sind die Bestseller *American Psycho* (von Easton Ellis), Filme wie *Natural Born Killers* und *Pulp Fiction*, Nintendo und andere Darstellungsformen von Gewalt in der virtuellen Realität. Aus der Popularität von dieser Art von Imagination könnte man folgern, daß das „Streben nach Glück" sich in ein Streben nach Macht gewandelt hat.

Insgesamt impliziert diese Entwicklung, daß man der Angst, unausweichlich „in die Untiefen der Sündhaftigkeit gezogen zu werden", wenn man sich diesen „gefährlichen" Imaginationen überläßt, standhalten und sie kontrollieren kann. Ein Großteil des Vergnügens beim Lesen und Ansehen dieser Produkte stammt ja gerade daraus, daß man diesen Gefahren ins Auge sieht und sie kontrolliert. Das bedeutet auch, daß man die Grenzlinien und die immer komplexeren und subtileren Verbindungen zwischen Imagination und Realität immer genauer wahrnimmt.

Aber es handelt sich noch um mehr. Es wird noch zu wenig bemerkt, daß dies imaginierte Streben nach Macht auch die Erfahrung von Gefühlen gestattet, die im wirklichen sozialen Leben tabuisiert worden sind: Gefühle von Über- und Unterlegenheit. Nur noch im Reich der Imagination (und zu geringerem Grade in dem des Sports) ist es diesen Gefühlen gestattet, an die Oberfläche zu kommen, d.h. auf „sublimierte" Weise. In mimetischen Siegen und Niederlagen, sei es in der Welt des Sex oder des Geldes, wird der tägliche Druck, diese Gefühle zu unterdrücken und zu verbergen, aufgelöst. Hier, im Reich von Imagination und Phantasie ist die Attraktion dieser Arten von „Fremdheit" dominant über die Abstoßung geworden, die sie hervorruft. Das führt zu der Frage, wie fremd diese Gefühle wirklich sind.

g. Wie fremd sind diese Gefühle?

Die Periode seit dem Zweiten Weltkrieg ist durch Entkolonisierung, Emanzipation und Demokratisierung gekennzeichnet. Es war eine Zeit von ausgreifenden Interdependenzen und eines wachsenden Niveaus wechselseitiger Identifizierung, in der sich die Ideale von Gleichheit und gegenseitigem Einverständnis verbreiteten und Stärke gewannen. Auf dieser Basis richtete sich das Meidungsverhalten immer weniger auf „Fremde", auf Menschen aus den „Unter"-Klassen und auf „untere" Gefühle; im ganzen expandierten in den meisten westlichen Ländern Verhaltens- und Gefühlsalternativen. Mit einer wichtigen Ausnahme: die sozialen Codes begannen, die Meidung von Gefühlen der Unter- und Überlegenheit zu diktieren. So kam eine weitere Zügelung der Gefühle zustande, und zwar in Beziehung zur Äußerung von Arroganz oder Selbsterhöhung und „Selbsterniedrigung". Diese wurden entweder in die Bereiche von Imagination und Sport verbannt, oder hinter soziale und psychische Kulissen geschoben. Solche Gefühle zu äußern, das würde in wachsendem Maße moralische Indignation und Scham herbeiführen und so den eigenen Status und die eigene Selbstschätzung ernstlich beschädigen. Die Vermeidung dieser Gefühle und eines Verhaltens, das sie ausdrücken oder verraten würde, funktionierte auf der anderen Seite als eine notwendige Bedingung, damit alle möglichen Formen von Emanzipation und Informalisierung auftreten konnten. Solche Vermeidung konnte nur erreicht werden, indem sie entweder geheimgehalten wurde oder indem sie unbewußt und automatisch vollzogen wurde, d.h. indem sie in eine Wirkung der „zweiten Natur" gewandelt wurde. In dem Prozeß der Verbannung, der zur Entwicklung dieser „Natur" gehörte, wurde jedoch die Einsicht, daß Gefühle von Über- und Unterlegenheit zu jeglicher Statuskonkurrenz gehören, gleichfalls verbannt, und das gleiche gilt für die Einsicht, daß zu jeder sozialen Begegnung oder Zusammenkunft ein „Kräftemessen", ein Macht- und Statusbewerb gehört. So wurden in eben der Periode, in der viele Gefühle im Bewußtsein und im öffentlichen Leben wieder auftauchen konnten und in der Gewohnheiten der zweiten Natur entdeckt und aufgelöst wurden, indem sich eine „dritte Natur" entwickelte, die mit Sieg und Niederlage verbundenen Gefühle dem Selbst „fremd" (vgl. Wouters 1992).

Die Verbannung dieser Gefühle von der sozialen und psychischen Bühne kann erklären helfen, weshalb die Diskussion von Differenzen im Niveau der Zivilisation bei Menschen und Gruppen, wie das Waldhoff tut, leicht Reaktionen hervorrufen kann. In der Periode seit dem Zweiten Weltkrieg blieb ein Denken in Stufen von (individuellen) Zivilisationsprozessen nur im Hinblick auf kleine Individuen – Kinder – akzeptabel, wie die Darstellung von Entwicklungsphasen durch Kohlberg oder Piaget zeigen kann. In anderen Feldern wurde (und wird) es rasch als Demonstration von Überlegenheitsgefühlen, als Ethnozentrismus oder Rassismus verdammt. Diese Worte könnten suggerieren, daß solche Reaktionen auf die Unterscheidung von Entwicklungsphasen vor allem ausgelöst werden, weil sie Überbleibsel sind aus dem letzten Krieg und, vielleicht noch wichtiger, aus dem Kolonialzeitalter. Es gibt jedoch auch eine ältere und tiefere Ebene, aus der diese Reaktionen stammen: In Phasen des sozialen und psychischen Prozesses zu denken und zu schreiben, das stammt auch aus der alten Gewohnheit, vorliegende Differenzen nach Macht mit Differenzen im menschlichen Wert gleichzusetzen (Elias/Scotson 1990, 8). Im Spektrum von erster und zweiter Natur dürfte diese alte Gewohnheit sogar der ersten Natur näher sein als der zweiten, denn sie herrscht vor sowohl in der Geschichte der Menschheit als auch in der Geschichte von jedem Menschen. Bis zu einem bestimmten Alter scheinen Kinder es für gegeben zu halten, daß kleinere und weniger mächtige Kinder von geringerem Rang sind: *Vae victis*, Macht ist Recht, die Mächtigen sind die besseren Menschen. Es gehört sozusagen zu ihrer „Gefühls-logik", sich mit stärkeren und etablierten Menschen zu identifi-zieren und sich von schwächeren und untergeordneten abzu-grenzen. Heutzutage entwickeln die meisten Kinder beim Auf-wachsen zu einem gewissen Grade einen Zweite-Natur-Typ von Gegen-Habitus. Durch all die Jahrhunderte der langfristi-gen Formalisierungsphase jedoch herrschte bei allen Alters-gruppen die Annahme vor, daß die sozial Schwächeren not-wendigerweise auch einen schwächeren Charakter hätten, daß zweitrangige Bürger zweitrangige Menschen seien. Wiewohl diese Annahme in allen Emanzipationsbewegungen bekämpft wurde, verlor sie doch erst nach dem Zweiten Weltkrieg ihre Dominanz. Dies geschah in einer Zeit von beschleunigter De-mokratisierung (Entkolonisierung eingeschlossen) und Informa-lisierung – eine Zeit zudem, in der viele schwerzlich wahrnah-men, daß die Überlegenheitsgefühle, die in dieser alten Annahme stecken, eine Basis und ein Motiv für die Massentö-tungen unter Stalin und Hitler gewesen waren wie auch für die Ausbeutung, Vernichtung und Erniedrigung durch Kolonialre-gimes wie dem Churchills (Goudsblom 1992, 184f.; Lindquist 1997). Das bildete ein starkes Motiv, sie mit einem strengen Bann zu belegen, wodurch sie weiter in die tieferen Niveaus der Persönlichkeit verschwanden; derart wurden sie in innere Äng-ste transformiert, mehr oder weniger automatisch gelenkt durchs Gewissen der Person. Bei der Entwicklung dieses Ge-gen-Habitus wurde der alte Habitus, soziale Macht mit mensch-lichem Wert gleichzusetzen, mehr oder weniger „fremd" für das Selbst, ebenso wie alles, was an sie erinnerte, mit einer Stren-ge abgewehrt wurde, die jener ähnelte, die im ursprünglichen Prozeß der Unterdrückung erforderlich war. In den Niederlanden z.B. war es bis zum Ende der 1980er Jahre einfach tabu, offen über die Probleme im Zusammenhang mit der Integration der Immigranten aus Surinam, der Türkei und Marokko zu diskutieren. Die wenigen, die es taten, wurden als Rassisten gebrandmarkt, übrigens häufig mit Grund. Erst in der zweiten Hälfte der 1980er wurde dies Tabu nach und nach von Menschen, die nicht rechtsaußen waren, ignoriert. In dieser Art von Einstellung und Reaktion kamen die inneren Ängste eines autoritären Gewissens im Hinblick auf Gefühle von Über- und Unterlegenheit an die Oberfläche.

Bis heute führen dies Tabu und die damit verbundenen inneren Ängste oft zu überhitzten Angriffen auf wahrgenommenen Rassismus, Ethnozentrismus oder „political incorrectness". In diesen Fällen scheint die ziemlich blinde Kraft solcher Angriffe anzuzeigen, daß der Kampf gegen das „Wir sind bessere, sie sind minderwertige Menschen" nicht nur auf dem sozialen Schlachtfeld ausgefochten wird, sondern auch in der Psyche, gegen Teile von sich selbst. Die andauernde psychische Schlacht – in dieser besonderen Disziplinierungsphase der Zivilisierung ihrer Emotionen – hält die Individuen gewöhnlich von jeglicher Diskussion ihrer Beziehungen zu Menschen von anderer Hautfarbe, Klasse oder Geschlecht, die über einen multikulturalistischen Gemeinplatz von der Art „Sie sind nur anders, wir sind nicht besser" hinausginge, ab. In diesen Fällen werden Diskussionen in Begriffen von Phasen der sozialen und psychischen Zivilisierung rasch gespannt und enden oder aber gehen über in einen wertenden Disput über Plus- und Minuspunkte. Natürlich zielt die Untersuchung von Entwicklungen und Entwicklungsphasen nicht darauf, den Preis, den diejenigen zahlen, die vorne liegen, mit den Vorteilen derer, die im Rückstand sind, zu bilanzieren. Ein solches Unternehmen würde die Analyse durch Bewertung durcheinanderbringen. Jedoch resultiert gerade diese Art des Durcheinanders ziemlich oft aus der Tätigkeit einer ziemlich autoritären Gewissensformation im Hinblick auf diese Gefühle. Es scheint für einen Zweite-Natur-Typ

von Gegen-Habitus typisch zu sein, daß er die alte Selbstverständlichkeit, Unterschiede nach Macht, Kultur und/oder *emotion management* mit Unterschieden im menschlichen Wert
gleichzusetzen, bekämpft. Was ich sagen will ist, daß in den
letzten Dekaden dieser Typ von Gewissensformation eher die
Regel war als die Ausnahme und daß der Entwicklungsprozeß,
in dem dieser Gegen-Habitus dominant wurde, für die Periode
seit den 1950er Jahren kennzeichnend zu sein scheint.

Ziemlich früh in dieser Periode, 1976, beobachtete Tom
Wolfe, daß die Emanzipation von einigen Gefühlen mit der fort-
gesetzten Verbannung anderer koinzidierte:

„Wir leben in einer Zeit, in der die Menschen eher ihre sexuellen Geheimnisse preisgeben – in vielen Fällen deutlich eher –
als ihre Status-Geheimnisse, seien es Sehnsüchte und Tri-
umpfe, seien es Erniedrigungen und Niederlagen." (Wolfe
1976, 189)

Diese Beobachtung paßt zu einer sich vergrößernden Kluft
im öffentlichen Diskurs: Indem das Prinzip, mittels wechselsei-
tigem Einverständnis vorzugehen, Akzeptanz gewann, sind die
Möglichkeiten, sexuelle Impulse und Gefühle zu diskutieren,
größer geworden, offener und distanzierter, während die Möglichkeiten, die mit Sieg und Niederlage verbundenen Impulse
und Gefühle zu erörtern, enger geworden sind, restringierter
und wertender. Indem die Machtunterschiede zurückgingen,
wurde der Wettkampf um Macht und Status intensiver, wuchs
die Sensitivität für soziale Ungleichheit an, wurde die Zurschaustellung der eigenen Besonderheit indirekter, subtiler und
versteckter. Sogar über Gefühle von Über- und Unterlegenheit
zu schreiben und nachzudenken – einschließlich über ihre soziale und psychische Entstehung, speziell über die Verbindung
zwischen Entwicklungen in Macht- und Status-Beziehungen
und Entwicklungen in Habitus und Zivilisation – wurde mehr
und mehr als negativ erlebt und (deshalb) moralisch verdammt.

In ihrer äußersten Ausdrucksform führen Gefühle der Über-
und Unterlegenheit zu Gewalt. Zu gewissem Grade wurden

aggressive Impulse nun als normale Aspekte des Gefühlslebens angesehen, und mehr und mehr Menschen nahmen sich die Freiheit, ihnen durch Beschimpfungen Luft zu machen, nannten einander mit allen möglichen Namen und spielten auf Gewalt an, was man als „Instant-Feindseligkeit" bezeichnen könnte. Die Reichweite von sexuellen Anspielungen und von „Instant-Intimität" scheint jedoch viel breiter zu sein. Das paßt zu der Tatsache, daß eine reiche Tradition der Erinnerung und der Interpretation von sexuellen Impulsen und Gefühlen entstanden ist – durch die Psychoanalyse und andere Formen der Psychotherapie – und sich in alle soziale Schichten ausgebreitet hat. Im Unterschied dazu gibt es im Grunde keine Tradition der Analyse und Interpretation von Gefühlen und Impulsen, die mit dem Kampf um Macht und Status verbunden sind, insbesondere mit Gefühlen der Unter- und Überlegenheit.

Weil es sehr unwahrscheinlich ist, daß die mit Sehnsüchten und Triumpfen, mit Erniedrigungen und Niederlagen verbundenen Gefühle jemals aus dem Gefühls- oder sozialen Leben verschwinden werden (ebenso unwahrscheinlich wie das Verschwinden der sexuellen Impulse und Emotionen), wird das Ausmaß, zu dem sie zu Vernichtung und Erniedrigung führen, immer vom Niveau der sozialen und individuellen Kontrolle über diese Gefühle abhängen. Ich halte es deshalb für sinnvoll, als Aufgabe zu bestimmen, „die Gefühle der Fremdheit durchzuarbeiten", wie Waldhoff das genannt hat, und dieses „Durcharbeiten" insbesondere auf die Gefühle von Unter- und Überlegenheit zu richten. In diesem Zusammenhang dürfte es hilfreich sein, Rassismus, Sexismus, Nationalismus, Ethnozentrismus usw. unter dem neuen Konzept „Superiorismus" zusammenzunehmen, weil dieser Begriff sie alle auf ein höheren Verallgemeinerungsniveau bringt und ihr gemeinsames Kennzeichen heraushebt: die Gleichsetzung von Machtüberlegenheit mit einer Überlegenheit als Mensch.

In den 1980er und 1990er Jahren ist das Niveau der sozialen und individuellen Kontrolle über die Gefühle der Unter- und

Überlegenheit deshalb bedeutsam geworden, weil in den meisten Gesellschaften überall auf der Welt die Spannungen um das Thema „Fremde" und diese spezielle „Fremdheit" zugenommen haben. Diese Intensivierung scheint mit Veränderungen im sozialen und ökonomischen Klima zu tun zu haben, die in allen Bereichen zu Haushaltkürzungen nötigen. Als der kollektive soziale Aufstieg ganzer Gruppen zu einem Ende kam, schlug die kollektive Identifizierung mit den aufsteigenden Sozialgruppen um in eine neuerliche kollektive Identifizierung mit den Etablierten. Dieser Umschlag wurde in den 1990er Jahren verstärkt durch die Spannungen, Konflikte und Unsicherheiten, die mit dem Zusammenbruch des Eisernen Vorhangs zusammenhingen. Entsprechend richtete sich der soziale Protest nicht mehr hauptsächlich gegen das Establishment, wie das in den 1960ern und 1970ern der Fall war, sondern gegen alles, was als bedrohlich für die etablierte Ordnung angesehen wurde, „Fremde" und „Fremdheit" eingeschlossen. Dies war das soziale Klima, in dem in den reichsten Ländern die Spannungen um Immigranten und andere „Fremde" angewachsen sind. Es könnte dies zu einer angstgesteuerten Verhärtung der Überlegenheitsgefühle führen, was die Gefahren von Vernichtung und Erniedrigung erhöhen würde. Wenn aber andererseits diese Spannungen nicht auf ein explosives Niveau anwachsen sollten, ist es wahrscheinlich, daß sich die „Emanzipation der Gefühle" fortsetzen und mehr Über- und Unterlegenheitsgefühle einschließen wird. In diesem Falle wird auch das Niveau der reflexiven Zivilisierung der sozialen und psychischen Autoritäten weiter ansteigen, indem es die Entwicklung eines „Dritten-Natur"-Typs der Persönlichkeit bestärkt. Das beinhaltete dann, daß die Gefühle von Inferiorität und Superiorität im Bewußtsein weiter zugelassen würden, während sie gleichzeitig stärker, stabiler und subtiler unter Kontrolle (des Ich bzw. Ego) gebracht werden.

Diese Betrachtung führt zu der Frage, wie groß die Chance ist, daß sich der Informalisierungsprozeß auf weltweiter Ebene durchsetzen wird. Dieser Frage ist das letzte Kapitel gewidmet.

10. Informalisierung und soziale Stratifikation in weltweiter Perspektive

Der langfristige Trend in Richtung abnehmenden Gefälles nach Macht, Reichtum und Status zwischen den sozialen Klassen, den Geschlechtern und den Generationen fällt vor allem im industrialisierten Westen auf. Hier ist dieser Trend am Ende des 19. Jahrhunderts dominant geworden. In jeder der folgenden Wellen von Demokratisierung und mittels einer Umverteilung des Wohlstandes entsprechend den Prinzipien des Wohlfahrtsstaates wurden die Gruppen an den beiden Enden der gesellschaftlichen Stufenleiter ausgedünnt und verschwanden dann, während das Gedränge in der Mitte enorm zugenommen hat. In diesen Prozessen sind die Extreme in Verhalten und Gefühl, die große Differenzen in Macht und Respekt ausdrückten, Gegenstand von moralischer Empörung geworden und wurden tabuisiert, während die Standards fürs Verhalten und Gefühl im übrigen elastischer, differenzierter und mannigfaltiger wurden. Fürs Ganze der gesellschaftlichen Veränderungen im industrialisierten Westen kann folgende Regelmäßigkeit festgestellt werden: Eine Verringerung von Macht- und Rangdifferenzen befördert Informalisierung.

Aus weltweiter Perspektive scheinen in der gleichen Periode die Unterschiede im Wohlstand zwischen den westlichen Ländern und den meisten anderen, vor allem denen der Dritten Welt, gerade zugenommen zu haben. Was auf weltweiter Ebene mit den Macht- und Rangdifferenzen geschehen ist, ist weniger eindeutig, aber viele meinen, daß die Tendenz weltweit völlig gegensätzlich sei zu der im Westen, vor allem bei der Machtbalance zwischen den sozialen Klassen sei das der Fall. Sie sprechen von einer zunehmenden Kluft zwischen reichen und armen Ländern.

a. Wächst die Kluft zwischen armen und reichen Ländern?

Die Antwort auf diese Frage ist wichtig zur Bestimmung der Wahrscheinlichkeit, daß sich die Informalisierung, die Tendenz zu verringerten Kontrasten und zunehmenden Nuancierungen zwischen *Klassen* innerhalb von Staaten, auf weltweiter Ebene zwischen *Staaten* durchsetzen wird. Hierzu ist ein Vergleich der Entwicklung der Beziehungen zwischen den sozialen Klassen im Westen mit den Beziehungen zwischen reichen und armen Ländern geboten. In diesem Vergleich ist die Industrielle Revolution von wesentlichem Interesse, vor allem weil sie eine Beschleunigung von langfristigen Prozessen in Gang gebracht hat, die schon während der ganzen Geschichte der Menschheit seit Einführung der Landwirtschaft in die gleiche Richtung verlaufen waren. Goudsblom gibt eine Aufzählung dieser Prozesse, und er nennt auch eine mögliche Ausnahme:

„Die Prozesse von Bevölkerungswachstum, Konzentration, Spezialisierung und Organisation sind seit der Industrialisierung beträchtlich beschleunigt. Bei der Schichtung ist das Bild weniger eindeutig." (Goudsblom 1988, 20; vgl. auch Goudsblom u.a. 1989)

Was genau gemeint ist mit „weniger eindeutig", das ist hier von großer Bedeutung. Goudsblom begnügt sich allerdings mit einem Verweis auf *Human Societies* von Gerhart und Jean Lenski (Lenski 1987), die die wachsende soziale Ungleichheit in der Welt insgesamt dem Rückgang dieser Ungleichheit im industrialisierten Westen gegenüberstellen:

„Prior to the Industrial Revolution, every major technological advance led to an increase in the degree of social inequality within societies ... During the early stages of the Industrial Revolution, it seemed that the historic pattern would be repeated once again and that industrial societies would prove to be the least egalitarian of all.

More recently, however, as a number of societies have reached a more advanced stage of industrialization, this 9,000-year trend toward greater inequality has begun to falter, even to show signs of a reversal ... a less unequal distribution of power, privilege and prestige within advanced industrial societies than has been characteristic of many technologically less advanced societies." (Lenski 1987, 313)

Weiter unten in diesem Buch wird die „Umkehrung" dieses Trends im industrialisierten Westen seiner Fortsetzung auf weltweiter Ebene gegenübergestellt:

„But while the new technology has helped to reduce the level of inequality within industrial societies, it has the opposite effect on the world system. *The gap between rich and poor nations has been widening ever since the start of the industrial era.* In the 120 years between 1860 and 1980, the wealthiest quarter of the nations increased their share of the world's income from 58 to 74 percent, while the share of the bottom quarter fell from 12,5 to 2,3 percent." (Lenski 1987, 333)

Zwar versäumen es die Lenskis nicht, die Möglichkeit anzuführen, daß die Gegenbewegung im industrialisierten Westen - von ihnen auch Tendenz zu höheren Niveaus von Freiheit, Gerechtigkeit und Glück genannt - in der Welt insgesamt dominant werden kann, aber sie erledigen dies Thema in einem Satz:

„It would be gratifying to be able to predict that the increasing industrialization of the world system during the next quarter century would have a similar impact on the world as a whole. As our examination of population trends, the environment, war and other matters has made clear, however, the propects are dim ..." (Lenski 1987, 426)

In der Tat, die Aussichten sind nicht so günstig. Aber wie imposant und scheinbar exakt die Zahlen auch sein mögen, die sie anführen, so machen sie gleichzeitig klar, daß der Schluß von einer wachsenden Kluft zwischen westlichen und Dritte-Welt-Ländern nur auf dem Kriterium des Einkommens beruht. Das scheint eine allzu schmale Grundlage für einen so weitreichenden Schluß zu sein; die Tatsache, daß zwischen den 1940er und den 1980er Jahren der Kolonialismus zuende gegangen ist, bedeutet, daß die Kluft zwischen reichen und armen Ländern, was die Unterschiede in Macht und Respekt betrifft, *kleiner* geworden ist. Die reichen westlichen Ländern können Konflikte zwischen ihnen und den armen Ländern nicht mehr bequem und einfach mit Gewalt lösen, indem sie Heer und Flotte aussenden. Sie sind gehalten, den Bevölkerungen der neuen Staaten mehr Respekt zu bezeugen, als sie es in den Tagen des Kolonialismus zu tun gewohnt waren. Die politische Emanzipation und das Vorhandensein von Atomwaffen, die eine Situation geschaffen haben, die als MAD (Mutually Assured Destruction) bezeichnet wird, haben auch in den Beziehungen zwischen armen und reichen Ländern zu höheren Niveaus von MES (Mutually Expected Self-Restraints) geführt. Die Bereitschaft zu militärischer Intervention ist zurückgegangen, und diese Zurückhaltung hat günstige Voraussetzungen für kommerzielle und Finanzorganisationen geschaffen. Ihr Wachstum auf transnationalem Niveau verläuft parallel zur Ausbreitung und Verdichtung des weltweiten Netzwerks von Interdependenzen, und auch dies Netzwerk als solches hat „den Preis der Gewalt" ansteigen lassen. Der Zwang bzw. die Notwendigkeit, Konflikte ohne Gewalt beizulegen, hat Geld (und die Voraussetzungen, um Geld zu verdienen) zum wichtigsten Tagesordnungspunkt an Verhandlungstischen gemacht. Überdies ist auch in der Dritten Welt das Netzwerk von Institutionen und Organisationen, die sich mit Planung und Lenkung befassen, in den neuen Staaten stark ausgeweitet und verdichtet, und das bedeutet, daß eine steigende Zahl von Menschen in diesen Netzwerken unter den Druck gekommen ist, ihr Verhalten immer differenzierter, gleichmäßiger und stabiler zu regulieren, wie das auch im Westen geschehen ist. Auch in dieser Hinsicht, die die Verhaltensstandards und die Anforderungen betrifft, die an die Emotionsregulierung gestellt werden, ist die Kluft zwischen reichen und armen Ländern kleiner geworden. Allein aus diesen Anmerkungen ergibt sich, daß die Entwicklung der Beziehungen zwischen den Staaten der Welt eine sehr viel komplexere Angelegenheit ist, als das die Lenskis vorgeben. Der weltweite Trend einer wachsenden Kluft ist nicht eindeutig und manifestiert sich keineswegs auf der ganzen Linie.

Hier ist relevant, was Elias Monopolmechanismus genannt hat (s. Kapitel 2); der Begriff verweist ja auf die weltweiten Trends von durch gegenseitige Konkurrenz vorangetriebener Spezialisierung, Konzentration und Organisation als den treibenden Kräften des blinden Prozesses zunehmender Interdependenzen, sowohl zwischen Klassen als auch zwischen Staaten. In diesen Prozessen sind die Gruppen mit mehr Machtquellen, vor allem von Geld und Gewalt, immer abhängiger geworden von den ihnen Untergeordneten - wodurch sowohl die wechselseitige Konkurrenz als auch die Verletzlichkeit der ganzen Gesellschaftsordnung zugenommen haben. Vor allem nach der Industriellen Revolution haben sich diese Prozesse stark beschleunigt. Die Zunahme von Interdependenzen und Verletzbarkeit bot neben der Rebellion noch viele andere Möglichkeiten zu Konkurrenz und Widerstand - wie organisierte Streiks - sowie zu Verhandlungen, wodurch es den Gruppen ehemaliger Außenseiter auf die Dauer gelungen ist, in den Machtzentren von Geld und Gewalt vertreten zu sein. Das geschah sowohl durch die Französische Revolution - die Verringerung von „politischer" Ungleichheit, die durch diese Revolution zustande gekommen ist, übergehen die Lenskis - als auch durch die Industrielle Revolution, nach der auch die Ungleichheit in der Verteilung von Macht, Privilegien und Status innerhalb der stärker industrialisierten Gesellschaften geringer wurde.

b. Der Konkurrenz- und Verflechtungsmechanismus

Elias gründet das Konzept des Monopolmechanismus hauptsächlich auf die Beispiele der Gewalt- und Steuermonopole, wie sie in westlichen Staatsbildungsprozessen zustande gekommen sind, aber er formuliert den Mechanismus unzweideutig in allgemeinen, universellen Begriffen. [25] Die Frage ist nun, ob er damit recht hat und inwieweit sich diese Dynamik fortsetzt. Elias unterscheidet zwei große Phasen:

„Erstens die Phase der freien Konkurrenz oder der Ausscheidungskämpfe mit der Tendenz zur Akkumulation von Chancen in immer weniger und schließlich in einer Hand, die Phase der Bildung des Monopols; zweitens die Phase, in der die Verfügungsgewalt über die zentralisierten und monopolisierten Chancen dazu tendiert, aus den Händen eines Einzelnen in die einer immer größeren Anzahl überzugehen und schließlich zu einer Funktion des interdependenten Menschengeflechts als eines Ganzen zu werden, also die Phase, in der aus dem relativ «privaten» ein «öffentliches» Monopol wird." (Elias 1978 II, 157)

In der ersten Phase besteht Kampf um knappe Mittel, in diesem Fall um Land, ein Konkurrenzdruck, worin derjenige, der „nicht «mehr» erwirbt,... automatisch «weniger» [wird], wenn er nur bewahrt, was er besitzt." (Elias 1978 II, 133f.). In der zweiten Phase vergesellschaftet sich das partikulare Monopol zu einem öffentlichen Monopol, zum zentralen Organ eines Staates (Elias 1978 II, 148, 156). Nebenbei verweist er auf die Fortsetzung des Konkurrenzkampfes um Land außerhalb des We-

---

25) Diese Generalisierung bedeutet nicht, daß dieser Prozeß seine Richtung nicht verändern kann; das kann z.B. nach einem Atomkrieg oder einer Umweltkatastrophe geschehen. Auch bedeutet es nicht, daß sich in der Geschichte nicht zeitweise Umkehrungen ergeben, wie etwa beim Zerfall des Römischen Reiches. Dennoch ist diese Generalisierung von Geoffrey Barraclough als „crudely mechanistic view" aufgefaßt worden (1982). Aus Goudsbloms Antwort auf diese Kritik sind hier die folgenden Sätze relevant: „A clear example of the compulsive nature of social processes, which is curiously denied by Professor Barraclough, is the present trend towards increasing global interdependencies ... No one who ist not bewildered by short-term fluctuations can fail to recognize this trend leading to ever more extensive social formations, controlled by ever more encompassing centres monopolizing the means of organized violence. That these growing monopolies are not immediately stable goes without saying." (Goudsblom 1983).

stens, auf die Prozesse der Kolonisierung. Gleichzeitig widmet er einige Anmerkungen dem Konkurrenzkampf zwischen kommerziellen Betrieben. Die beiden Abschweifungen von Elias scheinen von Bedeutung, um zu verstehen, warum er diesem Mechanismus allgemeine Gültigkeit zuerkennt und ihn für relevant hält für die ganze zivilisatorische Transformation, die sich „zweifellos ständig im Zusammenhang mit Auseinandersetzungen verschiedener Schichten und Verbände" vollziehe (Elias 1978 II, 386). Als Beispiel nennt er den Prozeß der Kolonisierung (man bedenke, daß dies in den 1930er Jahren geschrieben wurde):

„Von der abendländischen Gesellschaft - als einer Art von Oberschicht - breiten sich heute... abendländisch «zivilisierte» Verhaltensweisen über weite Räume jenseits des Abendlandes hin aus, wie sich ehemals innerhalb des Abendlandes selbst von dieser oder jener gehobenen Schicht, von bestimmten, höfischen oder kaufmännischen Zentren her Verhaltensweisen ausbreiteten... Auch hier, in den Expansionsgebieten des alten Occidents, bilden sich mehr und mehr die gesellschaftlichen Funktionen, in die sich der Einzelne einfügen muß, derart um, daß sie ein beständiges Langsichttraining und eine gleich starke Regelung der Affekte erfordern und ermöglichen, wie im Abendland selbst." (Elias 1978 II, 345)

Diese Kolonisierung von Land außerhalb Westeuropas bedeutete, daß die Bewohner der kolonisierten Gebiete in das westliche Netzwerk von politischen und ökonomischen Interdependenzen hineingezogen wurden. Die diesem Netzwerk von Interdependenzen inhärente Triebfeder der Konkurrenz dringt auf die Dauer sowohl auf eine Verringerung der Machtdifferenzen zwischen Kolonisten und Kolonisierten als auch auf eine Verringerung der Kontraste in ihren Standards von Verhalten und Gefühl - derselbe Prozeß, der sich im Westen vollzogen hatte. Er hat zum Ende des Kolonialismus geführt.

In seinen Darlegungen über den Konkurrenzkampf zwischen kommerziellen Betrieben betont Elias stets, daß dieser Kampf,

ist das staatliche Monopol der Ausübung von physischer Gewalt gegeben, nur mit ökonomischen Mitteln geführt wird. Beide
Formen des Kampfes - der um Land innerhalb wie außerhalb
Westeuropas als auch der um Geld - werden in wechselseiti-
gem Zusammenhang als Teil *einer* sozialen Entwicklung dargestellt, z.B.:

„Die Erinnerung an Konkurrenzkämpfe und Monopolbildun-
gen, die sich unmittelbar unter unseren Augen vollziehen, ist für
das Verständnis der Monopolmechanismen in früheren Phasen
der Gesellschaft nicht ohne Nutzen, und es hat, wenn man das
Ganze dieser gesellschaftlichen Entwicklung ins Auge faßt, einen guten Sinn, im Anblick der früheren an die späteren zu erinnern. Diese hat jene zur Voraussetzung und das Zentrum
beider Bewegungen bildet die Akkumulation des jeweils wichtigsten Produktionsmittels oder wenigstens die Akkumulation
der Verfügungsgewalt darüber in immer weniger Händen, dort
die Akkumulation von Boden, hier die Akkumulation von Geld."
(Elias 1978 II, 144)

Der Prozeß der Dekolonisierung beinhaltet, daß die Akkumulation von Land auf weltweiter Ebene beendet wird, wenigstens vorläufig. Während diese Akkumulation zusammen mit
dem Kolonialismus an ein Ende gekommen ist, hat sich der
Konkurrenzkampf um die Akkumulation von Geld fortgesetzt
und intensiviert. Seit 1885 haben sich vier Konzentrationswel-
len abgezeichnet, 1885 bis 1903, 1918 bis 1930, 1960 bis 1973
und von 1982/83 bis heute; der niederländische Ökonom H.W.
de Jong folgert:

„In other words, depressions, periods of war, and inflatory times are not conducive to merger activity: after all, important
investment decisions require sufficient faith in the future. Thus,
strong and stable economic prospects are the carrot and inten-
sified world competition is the stick which drives the merger
waves." (de Jong 1989, 610)

Es ist möglich, ziemlich verschiedener Meinung in der Frage
zu sein, inwiefern sich diese „Monopole" von Privatmonopolen

in öffentliche verändert haben, aber daß die gestiegene Geschäftigkeit in den westlichen Industrieländern einen größeren Wohlstand mit sich gebracht hat, der unter anderem mittels der Umverteilungsprinzipien des Wohlfahrtsstaates verteilt wurde, ist nahezu unwidersprochen (vgl. Wilterdink 1984 und 1993). Im Konkurrenz- und Ausscheidungskampf um „das jeweils wichtigste Produktionsmittel" (s.o. Elias) und um die Verteilungsschlüssel ist das Maß der physischen Sicherheit und der materiellen Sicherung der Bevölkerung in den westlichen Industriestaaten erheblich gestiegen, gleichzeitig mit der Dichte und der Verletzbarkeit der gesellschaftlichen Netzwerke. Auf dieser Grundlage hat sich der Konkurrenzkampf auf dem Gebiet von Wissen und Lebensstil stark intensiviert, hat das „kulturelle Kapital" (Bourdieu 1984) als „jeweils wichtiges Produktionsmittel" an Bedeutung gewonnen. Die Konkurrenz auf diesem Gebiet fungiert als Motor einer weitergehenden Psychologisierung und Soziologisierung, zur Verbreitung westlicher Standards und westlichem Wissen - inklusive sowohl technischen Wissens als auch Selbsterkenntnis und Menschenkenntnis. Weil dies Wissen nur zu sehr beschränktem Grade und dann auch nur zeitweise monopolisiert werden kann, verbreitet es sich rasch. Es ist diese Verbreitung, die zu einer weiteren Abnahme von Machtdifferenzen zwischen Regierenden und Regierten, zwischen Etablierten und Außenseitern beigetragen hat. Die enorme Anziehungskraft von Sprache und Bildern der *populären* bzw. *Pop-Kultur*, der populären Bilder von Gleichheit, Freiheit, Gerechtigkeit und vom „guten Leben" haben politischen Ausdruck erhalten: Die Regierungen sind abhängiger geworden von der Bevölkerung, die sie regieren, von der populären Kultur, von kollektiven Gemütsbewegungen, von - in Begriffen der Regierenden - der „gesellschaftlichen Basis".

Der Begriff Monopolmechanismus kann zu Mißverständnissen Anlaß geben. Ja, obgleich sich die politische und ökonomische Differenzierung und Integration durchgesetzt haben, gibt es Kolonien nicht mehr oder kaum noch und kann von Monopolbildung auf dem Gebiet des Geldverdienens nicht auf die gleiche Weise gesprochen werden wie auf dem Gebiet der Ausübung von Gewalt und der Erhebung von Steuern innerhalb nationaler „souveräner" Staaten.[26] Die gewachsene Konkurrenz hat nicht so sehr zur Monopolbildung geführt, als vielmehr zu Differenzierungs- und Integrationsprozessen auf stets höherem Niveau, einem Niveau, auf dem die Prozesse von Nationalisierung und Regionalisierung Teile von umfassenderen Prozessen der „Mondialisierung" und der „Kontinentalisierung" bilden. Entscheidend für das Verhältnis zwischen diesen Prozessen der Differenzierung und Integration, von Divergenz und Konvergenz scheinen die Dichte und der Umfang des Netzwerks der Interdependenzen im Prozeß fortgehender Verflechtung zu sein. Deshalb scheint mir, daß der Begriff *Konkurrenz- und Verflechtungsmechanismus* genauer trifft, worum es geht.

c. Konvergenz und Divergenz: Das Beispiel Mittel- und Osteuropa

Derzeit bilden „Zivilisation" bzw. Kultur und Wissen auch in Mittel- und Osteuropa eine kräftigere Triebfeder in Richtung eines geringeren Machtgefälles zwischen Regierenden und Regierten als vor dem Wegfall des „Eisernen Vorhangs". Allein schon dieser Fall weist auf eine Homogenisierung, eine Tendenz zur Konvergenz beziehungsweise zur „Verringerung der Kontraste" in der Beziehung zwischen den großen Staaten auf

---

26) Der Begriff Monopolbildung hat sehr verschiedene Konnotationen, je nachdem er sich auf Gewalt, auf Kolonisierung oder auf Geld bezieht. Der Prozeß der Dekolonisierung oder der Prozeß der Europäisierung, in dem „souveräne" Rechte an größere Einheiten übertragen werden, könnten z.B. beide, wörtlich genommen, als Entmonopolisierungen aufgefaßt werden und also zu Unrecht den Eindruck wecken, die Annahme vom „Monopolmechanismus" zu entkräften bzw. zu falsifizieren. Worum es geht, ist der gültig gebliebene Tenor des Begriffs: eine gewachsene Verflechtung der politischen, ökonomischen und kulturellen Machtzentren auf einem immer höheren Niveau.

der Erde. Auch hier hat die funktionale Demokratisierung in den politischen und ökonomischen Netzwerken der Interdependenzen einen Punkt erreicht, an dem es möglich wurde, dem Wunsch nach politischer Demokratisierung Gestalt zu geben. Diese Netzwerke hatten ersichtlich die notwendige kritische Dichte erreicht, um eine Welle von Liberalisierung und Demokratisierung möglich zu machen. Die jüngsten Entwicklungen in Mittel- und Osteuropa passen zur Auffassung von einem konvergierenden Muster von Veränderungen; sie bilden den politischen Ausdruck von dem, was Clark Kerr und andere schon in den 1960er Jahren als „the «logic» of industrialism" angedeutet haben (Kerr 1960). Eine Formulierung davon lautet:

„The overall pattern of development which is suggested is one in which, once countries enter into the advanced stages of industrialization, they tend to become increasingly comparable in their major institutional arrangements and in their social systems generally." (Goldthorpe 1966, 648f.)

John Goldthorpe bezweifelt diese „Kerr-These" und führt aus, daß im System der sozialen Schichtung industrieller Gesellschaften keine Konvergenz von einiger Bedeutung stattgefunden hat. In ihrer Antwort hierauf verteidigen Dunning und Hopper die „Kerr-These"; sie folgern:

„Historical data would suggest that capitalist societies have developed towards greater political control of their economies and away from a *laissez-faire*, «free market» type of system, and that socialist societies have, however slowly and however slightly, shown a tendency to move away from absolute centralisation and control of all planning ressources towards the reintroduction of certain market mechanisms of a limited kind. Perhaps even more important, however, are the ways in which capitalist and socialist societies have become more similar both in their high degree of centralisation and bureaucratisation of the economy and of the polity and in the patterns of conflict which have emerged between bureaucratic interest groups within and among organisations... Industrialisation produces constraints in socialist societies towards some decentralisation in their economic and political systems. Industrialisation, it seems, tends towards an «optimum» level of centralisation which is neither too heigh nor too low." (Dunning/Hopper 1966, 181, 184)

d. Politische Vertretung und politische Unabhängigkeit, ein Vergleich

In der Dritten Welt ist der Prozeß der Industrialisierung weit zurückgeblieben, sind auch die Anzeichen eines Trends zur Verflechtung in Konvergenz und Divergenz weniger auffällig. In den relativ neuen Staaten ist das Netz von Interdependenzen noch viel weniger stabil als im Westen, und die Monopole sind noch viel privater geblieben, was heißt, daß die Machtzentren noch stärker in den Händen von bestimmten Gruppen sind, daß die Prozesse der funktionalen und politischen Demokratisierung weniger weit fortgeschritten sind. Als im Westen Gruppen von Außenseitern, vor allem Arbeiter und Frauen, *politische Vertretung* erwarben, bedeutete das nicht nur eine Beschleunigung von dem, was Elias die zweite Phase der Monopolisierung von Gewalt und Steuer nennt, die Phase, in der größere Gruppen durch Vertreter Zugang zu diesen Staatsmonopolen errangen, wodurch sie stärker „öffentlich" wurden. Es zeigte auch eine bestimmte Phase der Akkumulation und Konzentration von Geld, einen bestimmten Grad der Verwobenheit der Zentren von Gewaltkontrolle und Gelderwerb. Dasselbe gilt für die Periode, in der die ehemaligen Kolonien *politische Unabhängigkeit* erwarben, sei es auch zu viel geringerem Grade. Beide Konzentrations- und Verflechtungstrends sind deutlich zu einem Prozeß verbunden, und es ist diese Verbundenheit, die Elias in der Formulierung generalisiert hat, daß die Tendenz von Monopolen, sich von „privat" zu „öffentlich" zu verändern, nichts anderes als eine Funktion der gesellschaftlichen Interdependenz ist. Die Bedeutung der Dichte oder Stabilität der Interdependenznetzwerke als notwendiger Voraussetzung dafür, daß

die Staatsmonopole „öffentlicher" werden, kann auch aus dem
Prozeß abgeleitet werden, durch den schließlich die ganze Bevölkerung politische Vertretung erhielt, dem Zustandekommen
des allgemeinen Wahlrechts. In den westlichen Gesellschaften
hat dieser Prozeß sich erst kürzlich vollzogen. Bevor die Menschen am Fuße der gesellschaftlichen Stufenleiter auf mehr
oder weniger stabile Weise politisch in den Staatsmonopolen
vertreten werden, ist es nicht nur notwendig, daß diese Monopole der Gewaltausübung und der Steuererhebung fest veran-
kert sind, sondern muß auch eine bestimmte kritische Phase
der Konzentration und Verflechtung von „ökonomischen"
Machtquellen erreicht sein. In beiden Hinsichten sind die Länder der Dritten Welt weniger weit entwickelt. Trotzdem ist immer
deutlicher festzustellen, daß sie nach und nach stärker in den
Konkurrenzkampf innerhalb eines anschwellenden weltweiten
Interdependenzgeflechts verwickelt werden. Kein einziger Staat
ist mehr imstande, sich autark zu verhalten und sich diesen
weltweiten Prozessen von Differenzierung und Integration zu
entziehen, der wachsenden Verflechtung in einem Netzwerk
von politischen, ökonomischen und kulturellen Bindungen. Alle
sind integrale Teile eines weltweiten Prozesses geworden.

Jedoch wirken die Differenzen - die Kluft - zwischen dem
Westen und den ehemaligen Kolonien noch immer viel größer
als die Übereinstimmungen, wie sehr auch beide in ein und
denselben weltweiten Prozeß verwickelt sein mögen. Heutzutage ist das Interdependenznetzwerk, das reiche und arme
Länder zusammen bilden, wahrscheinlich noch nicht so stabil
wie das, das Arbeiterklassen und Klasse der Etablierten in der
zweiten Hälfte des 19. Jahrhunderts im sich industrialisierenden
Westen bildeten. Im Vergleich dazu haben die armen Länder
noch immer geringe und schwache Machtmittel, um die reichen
Länder unter Druck zu setzen. Die noch junge politische Unabhängigkeit der Länder der Dritten Welt ist meist verknüpft gewesen mit einer wachsenden Interdependenz zwischen ihnen
und den weiter entwickelten Industrieländern, bei einer Zunah-

me der ökonomischen Abhängigkeit von den reichen Ländern. In vielen Fällen trifft eine Rebellion oder ein Streik in einem armen Land die reichen Länder nicht genug, um eine hinreichend große Aufregung zu verursachen, daß die Massenmedien darauf Aufmerksamkeit verwendeten. Als die Regierungen dieser Länder die politischen Verantwortungen und Privilegien von den Kolonialherrschern übernahmen, zwang sie ihre Abhängigkeit von einem Weltmarkt, der von den reichen Ländern dominiert wurde, dazu, entweder dem Vorbild ihrer kolonialen Vorgänger zu folgen oder dem der Eliten der sozialistischen Länder, wie sehr sie auch mitunter nach neuen Formen von politischer Leitung und Ideologie suchten. Die Schwierigkeiten damit wurden meistens noch vermehrt durch jene, die sich aus dem Zerfall der Einheit und der Zusammenarbeit ergaben, die dazu gedient hatten, mit dem gemeinsamen Feind abzurechnen und dem Kolonialismus ein Ende zu bereiten. Nachdem dies Ziel erreicht war, nahmen in vielen politisch selbständig gewordenen Ländern die Spannungen zwischen den an der Regierung beteiligten Gruppen zu, zwischen Gruppen der Bevölkerung und zwischen Regierung und Regierten. Der Gebrauch von Machtmitteln wie Gewalt und Korruption im Kampf zwischen rivalisierenden Klassen und ethnischen Gruppen nahm an Härte zu, und damit die Unterdrückung der Bevölkerung(sgruppen) durch die Regierungen.

Dieser Prozeß ähnelt in vieler Hinsicht dem, was nach der Industriellen Revolution und nach der Französischen Revolution geschah, als die Bourgeoisie „politisch unabhängig" von der Aristokratie wurde. Auf beide Revolutionen folgte zunächst eine Phase des Rückschlags, eine Phase von zunehmender Ungleichheit, von menschlichem Elend und Terror. Der Vergleich kann auch erhellend wirken, weil die Französische Revolution generell als Durchbruch in Richtung auf geringere Unterschiede in Macht, Reichtum und Prestige in Europa gilt. Durch diese Revolution kam die Herrschaft der absoluten Fürsten an ein Ende, veränderten sich die Zentren von Macht, Reichtum und

Prestige substantiell: Sie wurden ausgeweitet, und mehr Gruppen wurden in ihnen vertreten. Mehr als ein Jahrhundert später endete in Rußland und in China die Herrschaft von Zaren und Kaisern in demselben Prozeß, wodurch hier ebenfalls neue und anfänglich größere Gruppen in den Machtzentren Vertretung fanden.

In der Französischen und in der Industriellen Revolution und kurz danach mögen die Unterschiede zwischen den Extremen auf der gesellschaftlichen Stufenleiter zeitweise zugenommen haben, aber durch die fortgehende Differenzierung und Integration von gesellschaftlichen Funktionen in einem expandierenden Netzwerk von Interdependenzen wurden auch die Menschen auf der untersten Sprosse der gesellschaftlichen Stufenleiter allmählich aufgenommen,[27] bis auch ihre Vertreter nicht länger aus den Machtzentren ferngehalten werden konnten. In China haben sich die „Kaiser" der kommunistischen Partei fürs erste imstande gezeigt, den Prozeß in dieser Richtung stark abzubremsen, und in Rußland, wo die Herrschaft der Zaren mehr oder weniger ersetzt worden war durch die der kommunistischen Partei, ist es noch ziemlich undeutlich, ob und wieweit sich ein Prozeß in dieser Richtung vollzogen hat. Der Wegfall der Alleinherrscht der kommunistischen Partei war überall verbunden mit einer Zunahme von Spannungen und Verwirrung, aber die sind gleichfalls zu interpretieren als typisch für die „Frühphase" einer Revolution oder eines politischen Umbruchs.

---

27) Der Nachdruck auf der Industriellen Revolution kann das Gesichtsfeld leicht einschränken auf die technologischen Entwicklungen und dazu führen, soziale Entwicklungen wie die Monopolisierung der Gewaltausübung durch die Nationalstaaten und die Pazifizierung großer Gebiete zu vernachlässigen, beides notwendige Bedingungen für die Entstehung einer Bourgeoisie und die Ansiedlung von Industrie.

e. Der „Ausklang der anti-kolonialen Revolution"

In der Französischen Revolution hat sich ein großer Teil der Bevölkerung Zugang verschafft zu den schon fest begründeten Staatsmonopolen, die dadurch „öffentlicher" geworden sind, während derzeit, im Ausklang der „antikolonialen Revolution" die neuen bzw. die wieder in eigene Regie genommenen Staatsmonopole der meisten ehemaligen Kolonien im Vergleich noch sehr instabil und „privat" sind. Ohne eine solidere Verankerung der Gewalt- und Steuermonopole in diesen Ländern wird ihre Position im weltweiten Konkurrenzkampf um die Akkumulation von „ökonomischen" Vorteilen - Geld - wahrscheinlich schwach und instabil bleiben. Das Beispiel Japan zeigt deren ausschlaggebende Bedeutung. Japan hat die Grenze zwischen armer und reicher Welt schnell und definitiv überschritten, und in geringerem Maße gilt dasselbe für Länder wie Süd-Korea, Taiwan, Singapur und Thailand. Die Bevölkerung dieser Länder hat nach und nach Erfolg damit, ihre Stimmen in den politischen und ökonomischen Zentren der Welt zu Gehör zu bringen, und im Kielwasser davon hat auch das Interesse an ihren Kulturen zugenommen. Ihrem Vorbild können andere folgen. Weil wir noch in der Früh-, in der ersten Phase des postkolonialen Zeitalters leben, darf die Möglichkeit, daß die weltweite Tendenz des Anwachsens der Wohlstandskluft zwischen armen und reichen Ländern sich umkehren wird, wenn die Frühphase dieses post-kolonialen Zeitalters vorbei sein wird, nicht ausgeschlossen werden. Es erscheint sogar wahrscheinlich, daß sich der Konkurrenzkampf von und zwischen den Monopolen der Staaten und Industrien auf weltweiter Ebene fortsetzen wird und daß sich weltweit derselbe Prozeß immer deutlicher abzeichnen wird, der zuerst im Westen stattgefunden hat, bis schließlich die Zweite, Dritte und Vierte Welt derart in ein weltweites Netzwerk aufgenommen sein werden, daß diese Trennlinien viel von ihrer Bedeutung verloren haben werden. Die heutigen Tendenzen zur Demokratisierung und Kontinentalisierung, wiewohl noch ziemlich instablil, als auch die Tendenz zu weiterer ökonomischer und politischer Integration auf der Welt weisen in dieselbe Richtung.

f. Die Probleme des Bevölkerungswachstums, der Verschuldung und des westlichen Einflusses

Aus dem Vergleich des Ausklangs der „anti-kolonialen Revolution" mit den Folgen der Französischen und der Industriellen Revolution, als „industrial societies seemed to become the least egalitarian of all", ergeben sich einige Übereinstimmungen und Unterschiede, die wichtig genug sind, um sie hier zu erwähnen.

1. In erster Linie ist die Kluft zwischen armen und reichen Ländern zu einem großen Teil deshalb gewachsen, weil die reichen Ländern von den 1950er bis zu den 1970er Jahren eine sehr großes und intensives Wirtschaftswachstum durchmachten, während in den armen Ländern jegliches Wachstum des Nationaleinkommens gleichsam aufgefressen wurde durch eine explosionsartig wachsende Bevölkerung und durch eine „Ausbeutung" der Bevölkerung in Form von Kapitalflucht in die reichen Länder. Es gab höchstens extensives Wachstum (Goudsblom et al. 1989). Dies ist eine wichtige Ursache des trägen Wirtschaftswachstums in diesen Ländern. Die Probleme der Frühphase von politischer Unabhängigkeit können deshalb nicht gelöst werden, solange der Impuls zur Geburtenbeschränkung in den Bevölkerungen dieser Länder schwach bleibt sowie die Mittel dazu knapp bleiben oder gar fehlen. Im Westen sind die Geburtenzahlen zuerst bei den Ober- und den Mittelklassen gesunken, und dann später in den Arbeiterklassen. Die Analogie ist deutlich. Die Tendenz zur Geburtenbeschränkung hängt höchstwahrscheinlich zusammen mit der Tendenz zur Langsicht und mit anderen Charakteristika von Zivilisationsprozessen (vgl. Schubert 1990), aber wie sich genau diese Fähigkeiten verbreitet haben, ist eine Frage, die über den Rahmen dieses Kapitels hinausgeht. Hier bleibt anzufügen, daß der Prozeß, in dem die Geburtenzahlen der Arbeiterklassen gesunken sind, mehr Zeit brauchte als die Zeit, die den

Lenskis vor Augen stand, als sie die Aussichten düster nannten - es wird gewiß mehr als 25 Jahre brauchen. 2. Die Entwicklungsprojekte in Ländern der Dritten Welt können verglichen werden mit den „Zivilisierungsoffensiven", die während des 19. und des 20. Jahrhunderts auf die Arbeiterklassen im Westen gerichtet wurden. Die meisten Entwicklungsprojekte erwiesen sich als wenig erfolgreich, aber, für sich betrachtet, galt das auch für die meisten „Zivilisierungsoffensiven"; ihr Erfolg verdankte sich höchstwahrscheinlich eher Entwicklungen, die sich auch ohne diese Bemühungen vollzogen hätten, und einem sich ziemlich unabhängig von Politik vollziehenden „blinden" Prozeß:

„Der Verlauf aller dieser Expansionen ist nur zu einem geringen Teil durch die Pläne und Wünsche derer bestimmt, deren Verhaltensweisen übernommen werden. Die modellgebenden Schichten sind auch heute nicht schlechthin die freien Schöpfer oder Urheber der Expansionsbewegung." (Elias 1978 II, 345)

Es ist sogar möglich, daß die Kluft zwischen armen und reichen Ländern durch schlecht geplante und schlecht ausgeführte Entwicklungsprojekte gewachsen ist und durch die großen Gelder, die in den Taschen von korrupten Beamten verschwunden sind. Es kann sogar sein, daß diese Praktiken zur Entstehung der „Schuldenkrise" beigetragen haben. Wie dem auch sei, nun da das Schiff der Geldanleihen gegen den Wall der Schuldenkrise gefahren ist, wird das Schiff wenden müssen. Abhängig von der Art und Weise, wie dies geschieht, kann diese Krise vielleicht in ein Entwicklungsinstrument umgeschmiedet werden, mit dessen Hilfe diese Praktiken zurückgedrängt werden und die große Mehrheit der Bevölkerung in den Schuldnerländern (wieder) ein Wohlstandsniveau oberhalb des Existenzminimums erreichen wird. Wieviel Altschulden auch erlassen oder durch Verkauf auf dem second-hand-Schuldenmarkt teilweise getilgt werden, die Abhängigkeit vieler armer Länder von den Anleihen aus dem Westen (und aus Japan) hat dennoch einen Umfang angenommen, die viele von ihnen dazu zwingt, die Richtlinien und Bedingungen zu befolgen, die an neue Anleihen aus den reichen Ländern, vom Internationalen Währungsfond und der Weltbank gebunden sind. Diese Richtlinien und Bedingungen sind schärfer geworden. Obschon diese Institutionen und die reichen Länder die „Schuldnerländer" theoretisch für bankrott erklären können, ist dies praktisch nicht durchführbar, weil die politische Unabhängigkeit jener Länder die vollständige Liquidierung eines bankrotten Landes verhindert. Überdies, was könnten die Gläubiger der Konkursmasse dieser Länder mit den zu dieser Erbschaft gehörenden Menschen, den Einwohnern jener Länder, anfangen?

1986 sind die „Schuldnerländer" der ganzen Welt zum ersten Mal in Lima zusammengekommen in einem Versuch, eine gemeinsame Politik zu entwickeln. Als Lieferanten von Grundstoffen und von billiger Arbeit könnten die Länder der Dritten Welt gemeinsam über stärkere Machtquellen verfügen. Allerdings scheinen die Schwierigkeiten, die in der Überwindung von gegenseitiger Konkurrenz liegen, um zu vereinbarter Zusammenarbeit zu gelangen, vorläufig unüberwindlich. Sogar die organisierten ölproduzierenden Länder sind hier nur in geringem Maße eingespielt. Diese Schwierigkeiten sind vergleichbar mit denen der Arbeiterklassen 1914, als der Aufruf „Arbeiter aller Länder, vereinigt euch!" an der Mauer von konfligierenden nationalen Identitäten und Interessen scheiterte.

Unterm Druck strengerer Bedingungen für die Vergabe von Anleihen kann sich manche Regierung in der Dritten Welt, die momentan noch tief in einen inneren Machtkampf um kleinmaßstäbliche Gruppeninteressen verwickelt ist, zu gegebener Zeit genötigt sehen, diese Kampfbühne einzugrenzen zugunsten von allgemeineren, nationalen Interessen. Durch Institutionen wie die Weltbank und den IMF und auch durch die transnationalen Unternehmen, die in diesen Ländern operieren, wird der Druck, der eine derartige Politik stimuliert, wahrscheinlich zunehmen. So führte der IMF 1990 erneut härtere Sanktionen gegen säumige Zahler ein. Durch Dosierung des Drucks werden die politischen Führer Kompromisse machen müssen, werden einerseits mehr und strengeren Anforderungen stellen und dabei andererseits doch nicht alles herausholen, weil ein politischer und ökonomischer Niedergang der Länder der Dritten Welt nicht im „wohlverstandenen Eigeninteresse" selbst der unbarmherzigsten „Kapitalisten" ist. Sogar die Stimulierung von Geburtenbeschränkung in der Dritten Welt wird möglicherweise in naher Zukunft auf den Besprechungen über finanzielle Anleihen und Hilfe zur Sprache kommen, denn ohne eine Verringerung der Geburtenzahl sind die Chancen zur Bezahlung der Zinsen und zur Tilgung von Anleihen gering, ebenso wie die Aussichten auf die Dritte Welt als Absatzmarkt. Aus diesen Gründen versteht es sich von selbst, daß der Druck auf die Regierungen dieser Länder zur Industrialisierung zunehmen wird, ungeachtet ihrer politischen und ökonomischen Ideologie, und daß dieser Druck nicht nur darauf beschränkt bleiben wird, mehr und spezialiciertere Grundstoffe zu produzieren. Wenn die Regierungen, die Medien und die Bevölkerung des hoch industrialisierten Westens eine kräftigere weltweite Perspektive entwickeln - und dieser Prozeß ist im Gange -, dann kann ihre gestiegene kritische Aufmerksamkeit für die Politik von Institutionen wie der Weltbank und des IMF dazu beitragen, daß die Schwierigkeiten der ersten Phase der politischen Unabhängigkeit, des Ausklangs der „anti-kolonialen Revolution" überwunden werden.

Die „Schuldenkrise" hat gezeigt, wie unentrinnbar interdependent reiche und arme Länder geworden sind. Aus dem Verlauf dieser Krise ergibt sich gleichzeitig, daß diese Interdependenz die reichen Länder und ihre Institutionen dazu gebracht hat, einige „Dilemmata kollektiver Aktion" in Angriff zu nehmen und zu einer gemeinsamen Politik zu gelangen, die die Krise zu beenden vermag. Aus den oben angemerkten Gründen dient eine derartige „kollektive Aktion" auch dem Eigeninteresse der reichen Länder, sogar im strikt „kapitalistischen" Sinn. Angesichts des Fehlens einer Zentralinstanz, die eine solche Regelung zwingend auferlegen könnte, besteht das wichtigste Dilemma in der Überwindung von Argwohn und Rivalität zwischen den reichen Ländern selbst: Von jeder Zusammenarbeit, die nicht allgemein ist, werden ja auch die Länder profitieren, die nicht mitmachen. Geschichtliche Höhepunkte dieses Dilemmas im reichen Westen hat A. de Swaan beschrieben und interpretiert; er folgert:

„Auch wenn die Interdependenz zwischen Reich und Arm und das Dilemma kollektiven Handelns ihre Dynamik nun weltweit entfalten, besteht keinerlei historische Notwendigkeit dafür, daß die Kollektivierung global fortschreitet." (de Swaan 1993, 280)[28]

Dieser Schlußsatz warnt vor naivem Optimismus: Daß es keine „historische Notwendigkeit" gibt, muß in der Tat anerkannt werden. Aber das berührt die Feststellung nicht, daß die „Dynamik der Interdependenz zwischen reich und arm" in derselben Richtung weiterzugehen scheint. Je ernster die „Schuldenkrise" wurde, umso strenger und zwingender sind die Richtlinien und Bedingungen für die Beschaffung von Anleihen und für wirtschaftliche Zusammenarbeit geworden. Auf diese Weise werden sich die Regierungen und die Unternehmer in den Schuldnerländern in zunehmenden Maße gezwungen sehen, ungeachtet ihrer Ideologie ihre internen und externen Beziehungen in Übereinstimmung mit dem „Gesetzen des Geldes" zu regulieren und sich nach der Tatsache zu richten, daß die weltweiten ökonomischen Prozesse ziemlich blind verlaufen - die Beherrschung des Weltmarkts liegt außerhalb der Macht eines einzelnen Staates oder einer Gruppe von Staaten.

Die armen Länder brauchen Anleihen, und die Betriebe und Einrichtungen, die in diesen Ländern arbeiten, und auch ihre eventuellen Nachfolger sind auf Zusammenarbeit mit den Re-

---

28) Später, in seiner „Den Uyl-lezing", einer Ausarbeitung des hier zitierten Schlußgedankens, gibt de Swaan eine Fortsetzung der hierin enthaltenen Schlußfolgerung: „Aber die Möglichkeit besteht." (de Swaan 1989a, 30)

gierungen angewiesen, die diese Anleihen abschließen wollen. Darum scheint es wahrscheinlich, daß die Interessen der reichen Länder wachsen werden, eine kollektive Politik zu betreiben, die sich auf die Lösung der Schuldenkrise richtet, auf die Verhinderung einer Wiederholung und folglich auf die Entwicklung der armen Länder. Eine Entwicklung in diese Richtung ist auch deshalb zu erwarten, weil die Gefahr der Bedrohung der Existenzbedingungen aller Menschen - eine „Umweltkrise"[29] - und die Probleme der Massenflucht von Menschen aus den armen in die reichen Länder auf die Dauer sich immer beängstigender ankündigen werden.

Für Millionen von Menschen ist der Versuch, einen größeren Wohlstand und eine größere soziale Gleichheit zu erreichen, seit einem guten Jahrhundert verbunden oder verbunden gewesen mit irgendeiner Form von Sozialismus. Viele Länder der Dritten Welt haben diesen Weg erprobt, um gegen die reichen Weißen anzukommen und sie auf einen besseren Ausweg aus den Problemen zu verweisen, die die Welt moralisch im Griff halten. Vor allem in den letzten Jahren hat sich die Identifikation mit der einen oder anderen Form von Sozialismus sehr abgeschwächt. Beinahe überall steht Privatisierung auf der Tagesordnung, ist die Hoffnung auf einfache ideologische Rezepte verblaßt, vor allem nachdem die wichtigste Planwirtschaft - die Sowjetunion - verschwunden ist. Der Zusammenbruch des Kommunismus und der wirtschaftliche Aufstieg von asiatischen Staaten haben die Ausweitung von weltweiten Interdependen-

---

29) In einer der ersten soziologischen Analysen dieser Krise gelangt Nico Wilterdink zum Ergebnis, daß die Umweltproblematik erwarten läßt, „daß der technologische Fortschritt und das Wirtschaftswachstum Umstände schaffen, unter denen ein völliger Rückgang des materiellen Lebensniveaus unvermeidlich ist, mit allen gesellschaftlichen Konsequenzen", und daß eine Zügelung dieses blinden Prozesses autarke Nationalstaaten verlangen wird oder eine „starke internationale Kontrolle, die nahezu alle Staaten der Welt erreichen müssen wird." (Wilterdink 1972, 117 und 111; vgl. auch Wilterdink 1973)

zen sich überstürzen lassen. Auch als Ideal hat die Abschirmung von der Weltwirtschaft sehr an Kraft eingebüßt, auch weil
die meisten sozialistischen Regimes mittlerweile als „unter-
drückerisch" gebrandmarkt sind. Kurzum, in der („Frühphasen")
Erfahrung ist sich die Bevölkerung von sowohl (ehemaligen)
sozialistischen wie nicht-sozialistischen Ländern bewußt geworden, daß viele Probleme von Politik und Wirtschaft
„ideologisch unabhängig" sind, d.h. keinen Zusammenhang
haben mit welcher Ideologie auch immer. Unter diesen Umständen können Entwicklungsprogramme und Anleihen mit
schärferen und spezifischeren Bedingungen dazu beitragen,
daß die Regierungen und die kommerziellen Gesellschaften auf
die Dauer eine realistischere und zusammenhängendere Politik
machen werden: eine notwendige Voraussetzung für die Überwindung der „Kinderkrankheiten" der politischen Unabhängigkeit und der Industrialisierung.

3. Der Druck in diese Richtung kommt nicht allein aus Pres-
sionen von außen. Neben der Zunahme von sozialen Funktionen, die zu derselben Selbstregulierung anregen, welche die
Bevölkerung des Westens charakterisiert, üben die Industrie-
produkte und die damit verbundenen westlichen Lebensstile
eine enorme Anziehungskraft auf die meisten Bewohner von
Ländern der Dritten Welt aus; die damit verbundenen Probleme
werden oft unterschätzt. Schon viele Dezennien lang werden
ihre traditionellen Gefühls- und Verhaltensstandards von westlichen Standards durchzogen, obgleich die traditionellen noch oft
genug die Einführung von wirksameren Produktionstechniken
im Landbau und in industriellen Projekten mißlingen lassen.
Trotzdem gehen die Veränderungen im großen und ganzen in
die Richtung von „moderneren" Standards des Verhaltens, des
Gefühls und der Organisation. Mittels der industriellen Kommu-
nikationsmedien wie Radio und Fernsehen wird man immer
mehr mit diesen Standards vertraut und durch sie gefesselt.
Vor allem der Reichtum der Weißen nötigt zu Bewunderung für
weiße Kultur und Lebensstil, und Touristen werden im allge-

meinen mit großer Neugier begrüßt; man nähert sich ihnen wegen der Art und Weise, wie sie die „modernen" Standards verkörpern. Das bedeutet mitunter, daß man westliche Definitionen vom „guten Leben" übernimmt, auch um als „Mann (oder Frau) von Welt" gelten zu können. Irgendwo auf Madagaskar z.B. gaben wir im Jahre 1988 als Dank für besondere Gastfreundlichkeit einem Mann von 71 Jahren einige Päckchen Marlboro. Es stellte sich dann heraus, daß er seit 18 Jahren nicht mehr geraucht hatte; er nahm aber das Geschenk zum Anlaß, wieder damit anzufangen. Durchs Rauchen einer solchen westlichen, weltbekannten Marken-Zigarette glaubte er, auf symbolische Weise an der „großen Welt" teilzuhaben. George Orwell berichtete aus persönlicher Erfahrung heraus eine Haltung, die Licht auf die Gier wirft, an den Symbolen von Gruppen mit Oberschichtfunktionen teilzuhaben:

„I did not question the prevailing standards, because so far I could see there were no others. How could the rich, the strong, the elegant, the fashionable, the powerful, be in the wrong? It was their world, and the rules they made for it must be the right ones." (Orwell 1970, 411f.)

Dieser Mechanismus der „Identifikation mit den Etablierten", der vor allem in Phasen der Anpassung und der Ergebung auffällt, hat eine Funktion in dem hier schon öfter genannten Prozeß, in dem sich Verhaltensmuster von ursprünglich sehr unterschiedlichen sozialen Niveaus vermischen. Dieser Prozeß der Verringerung von Kontrasten zwischen Staaten wie auch zwischen und in Individuen, der so typisch ist für die sozialen und psychischen Prozesse im Westen, ist nun auch auf weltweiter Ebene wahrnehmbar. Je nach Position und gesellschaftlicher Stärke der verschiedenen Gruppen dringen Lebensstile und Verhaltensweisen „von oben nach unten, und gelegentlich schon von unten nach oben... und verschmelzen zu neuen, einzigartigen Einheiten, zu neuen Spielarten zivilisierten Verhaltens" (Elias 1978 II, 348)

Bei oberflächlicher Betrachtung kann der Prozeß der Übernahme westlicher Codes ziemlich leicht den Eindruck erwecken, es handele sich um einen Formalisierungsprozeß: westliche formelle Kleidung, Büstenhalter, formelle Zusammenkünfte, Schließungszeiten und dergleichen. Jedoch aus einem Vergleich mit den traditionellen Verhaltenscodes dieser Länder ergibt sich, daß es sich meistens um einen Informalisierungsprozeß handelt: Die alten Codes waren Ausdruck von viel stärkeren und undurchdringlicheren Trennlinien zwischen den sozialen Schichten, den Generationen und Geschlechtern. Wenn sie sich jetzt zufolge den alten Codes verhalten würden, würden viele, vor allem junge Menschen sich als lächerlich erleben. Sie würden sich eingeschlossen fühlen in ein rigides System sowohl von Umgangsformen als von sozialer Schichtung. Das bedeutet, daß die alten Machtverhältnisse und die darauf abgestimmten formellen Normen und Praktiken ins Treiben gekommen sind und daß sich bis zu einem gewissen Grade schon Lockerungen und Informalisierungen zeigen. Auf Madagaskar z.B. besteht die traditionelle Art und Weise, um an jemandem vorbeizugehen, aus einem reichlich umfänglichen und untertänigen rituellen Verhalten, das schon ziemlich selten geworden ist: Beim Vorübergehen macht man sich kleiner, man geht leicht in die Knie und macht mit dem Oberkörper eine tiefe Verbeugung. Ein Arm wird in fester Position gehalten, und zwar so, daß sich die Hand in der Höhe der Knie oder sogar tiefer befindet, mit der offenen Handfläche in Richtung der Person, an der man vorübergeht. Indem man sich auf diese Weise fortbewegt, sagt man „azaha fady" - ursprünglich eine sehr formelle Entschuldigung, weil „fady" zugleich „Tabu" bedeutet. Auf mich machte dieses Schauspiel einen archaischen Eindruck, eine Art Äquivalent für: Verschone mich, Herr, Ihr ergebener Diener beeilt sich vorbei - und sieh: keine Waffen!

Wenn ich als Europäer Fragen stellte zu diesem - und zu anderen - traditionellen Gebräuchen, erhielt ich nur zögernd

Antwort. Die Fragen wurden offenbar als peinlich erlebt.[30] Begreiflicherweise, denn Umgangsformen wie diese hielten die Menschen „an ihrem Platz", d.h. am Platz ihrer sozial ererbten höheren oder niedrigeren Position. Sie bildeten den Ausdruck von großen und ziemlich unverrückbaren hierarchischen Unterschieden, die persönlichen Initiativen und individuellen und sozialen Leistungen wenig Raum ließen. Ohne solche Initiativen und Leistungen können die Prozesse der Industrialisierung und der Zunahme individuellen und nationalen Wohlstandes aber nicht stattfinden. Auch können sie nicht im Gang kommen, ohne daß höhere Bildungsniveaus erreicht werden. Die meisten Bücher, die solche Bildung enthalten, sind in einer der europäischen Sprachen geschrieben. Darum verlangt die Bemühung in dieser Richtung, daß mehr Menschen in den Entwicklungsländern sich eine dieser Sprachen aneignen und mit ihrer Hilfe westliche Vorbilder studieren. Auch aus diesen Gründen sind die Verhaltenscodes der Menschen in den reichen Ländern dominant: Sie bilden ein Modell für die Menschen der armen Länder. Ein Vergleich mit den Gründen, weshalb, auf welche Weise und wie intensiv die Verhaltenscodes der reichen Etablierten im 19. Jahrhundert ein Modell für die Arbeiterklassen bildeten, könnte die Bedeutung dieser Modellfunktionen in beiden Fällen näher beleuchten.

Wiewohl es in den Ländern der Dritten Welt fast immer Protestbewegungen gegen die Inkorporation von westlichen Gebräuchen und Gütern in die eigene einheimische Kultur gegeben hat, kann sich dieser Prozeß dennoch eine Zeitlang durchsetzen. Wenn aber dieser Integrationsprozeß in eine Phase kommt, in der sich immer mehr Menschen so erfahren, daß sie sich auf der untersten Sprosse einer *westlichen* sozia-

---

30) Ein anderes Beispiel hierfür ist die offenkundige Peinlichkeit, mit der ein aus Madagaskar stammender Mann, den ich in Amsterdam traf, zugab, von der alten Gewohnheit „gehört zu haben", daß junge Männer einen Kamm im Haar tragen zum Zeichen, daß sie auf der Suche nach einer Frau sind. Auf dem Land kann man das in Madagaskar noch ab und zu sehen.

len Stufenleiter befinden, können Gegenbewegungen, die den Nachdruck auf die alte *eigene* Kultur legen, derart zur Blüte kommen, daß sie dominant werden. Der Fundamentalismus im Iran und in anderen islamischen Ländern und die „Erfindung" und das Wiederaufblühen von Traditionen an Orten wie Hawai können auf diese Weise verstanden werden. Begriffe der niederländischen Anthropologie wie „endemisering", „verinheemsing" (svw. einheimisch machen) oder, englisch, „indigenization" betonen die Tatsache, daß Produkte und Standards, die aus dem Westen stammen, in die Kulturen der Dritten Welt inkorporiert werden und hier eine lokale Bedeutung erhalten. Dasselbe fand auch im Westen statt: Die Bourgeoisie und die Arbeiterklassen z.B haben auch Verhaltensweisen und Standards vom Adel und voneinander übernommen, haben sie „einheimisch gemacht". Der Nachdruck auf der „verinheemsing" fungiert öfters als Barriere, um den Prozeß als ganzen zu sehen - die Vermischung von Standards, die Verringerung der Kontraste. In diesem Prozeß drängen Individuen und Gruppen einander in die Richtung der westlichen Standards, einer umfassenderen, stärker differenzierten, gleichmäßigeren bzw. stabileren und „automatischer" funktionierenden Selbstregulierung.

An Verhandlungstischen oder wo auch immer fungiert das stärker differenzierte und flexiblere Muster der Selbstkontrolle von Menschen im Westen, an informalisierte Verhaltenscodes gewohnt, als eine Machtquelle, als ein Mittel der Dominanz. Was das betrifft, so bietet das heutige informalisierte Muster der Selbstregulierung Vorteile gegenüber den früheren, formelleren Verhaltenscodes z.B. des sprichwörtlichen viktorianischen Kolonialherrschers, dem Stereotyp des „Kulturträgers": die Vorteile einer verfeinerten und flexibleren Abstimmung auf sich verändernde „Einheiten von Ort, Zeit und Handlung", auf sich verändernde Situationen und Beziehungen. Jedoch ist auf der anderen Seite die „auffallend zweideutige Haltung der Oberschichten" - in diesem Fall der reichen Weißen - gewiß nicht verschwunden. Wie Elias schon sagte: „Die «Zivilisation» ist unter Umständen eine recht zweischneidige Waffe." Sie „gibt unter Umständen den Angehörigen der einen Gruppe eine bedeutende Überlegenheit über die einer anderen", aber „kann sich in bestimmten Situationen auch als Schwächung und damit zum Nachteil derer auswirken, die es besitzen." (Elias 1978 II, 387)

g. Schluß: Ein realistisches Ideal

Vorausgesetzt, daß ein Atomkrieg vermieden werden wird, kann erwartet werden, daß sich die Prozesse der Differenzierung, Integration und funktionalen Demokratisierung in derselben Richtung fortsetzen werden. Die Möglichkeit, daß sich in ihrem Gefolge die Verringerung sozialer Ungleichheit und die Informalisierung auch weltweit durchsetzen werden, ist deshalb sicher nicht unwahrscheinlich. Der volkstümliche Ausspruch „Die Welt wird immer kleiner" meint ja auch die zunehmenden wechselseitigen Bindungen, aus denen ein immer stabileres und verletzbares weltweites Geflecht von Institutionen und Staaten entsteht. Darin stecken Chancen für Länder auf dem Wege zur Industrialisierung, einen größeren Anteil vom weltweiten Kuchen zu erwerben. In jedem Fall kann erwartet werden, daß der interne und externe Druck in diese Richtung zunehmen wird, zugleich mit den inhärenten Spannungen und Konflikten. Solange wie die weltweite Verflechtung zunimmt, sind diese Konflikte als Integrationskonflikte zu interpretieren. In dieser Perspektive muß auch der Zweite Weltkrieg zu einem erheblichen Teil als Integrationskonflikt angesehen werden, als besonders gewalttätiger Zeitabschnitt in einem Integrationsprozeß, vor allem der Integration Deutschlands innerhalb Europas. Auch der Zerfall der Sowjetunion und Jugoslawiens war verbunden mit Ausbrüchen von Gewalt und mit so vielen neuen Unsicherheiten in den internationalen Beziehungen, daß von hieraus gesehen der „Kalte Krieg" und die „friedliche Koexistenz" auf einmal als relativ stabile Periode wirken. Jedoch ist der Wegfall der Mauer und des „Eisernen Vorhangs" vor allem als Integrationsprozeß zu sehen, als weltweite Integration von (einer großen Mehrheit von) Staaten in die Weltwirtschaft und die Weltpolitik. Die (zu erwartenden) Konflikte im Zusammenhang mit der Integration der „Masse" der mittel- und osteuropäischen Völker in ihren Nationalstaaten, vor allem des russischen Volkes in Rußland, und im Zusammenhang mit der Integration der mittel- und osteuropäischen Staaten, vor allem Rußlands, in Europa als ganzem bilden eine Bedrohung, die das Thema von Barbarisierung oder Entzivilisierung und damit die Frage, ob es sich um eine Richtungsveränderung von Zivilisationsprozessen handelt, erneut in den Mittelpunkt des Interesses gebracht hat. Und wirklich, wie beim Integrationsprozeß von Deutschland in Europa kann sich auch der Integrationsprozeß von Nationalstaaten in ein weltweites Netzwerk in einer Welle von Entzivilisierung vollziehen. Es ist sogar die Frage, ob dies eine vorübergehende Welle sein wird. Und auch auf den beiden anderen Integrationsebenen, der einer weiteren Integration von sozialen Unterklassen innerhalb der Staaten und der von „tieferen" Emotionen innerhalb der Persönlichkeit können sich gewalttätige Integrationskonflikte ergeben. Zusammen können diese Arten von Spannungen und Konflikten, die auf dem psychischen Niveau mit der Integration von „tieferen" Emotionen in die Persönlichkeitsstruktur verbunden sind und auf der sozialen Ebene mit der Integration von Unterschichten in den Staaten als auch mit der Integration von reichen und armen Staaten und deren Bevölkerungen in ein weltweites Netzwerk, sogar ein höchst explosives Gemisch ergeben. Bis heute aber läßt sich darüber nicht mehr sagen, als daß vorläufig keine Anzeichen vorliegen, daß die Zivilisationsprozesse ihre Richtung verändert hätten. Bisher beschränken sich Integrationskonflikte auf einen nach Ort und Zeit begrenzten Umfang. Solange das so bleibt, besteht die Chance, daß Integrationsprozesse sich weiter durchsetzen und zu einer Verringerung der Machtdifferenzen zwischen reichen und armen Ländern führen werden, zu Prozessen einer weltweiten Demokratisierung und Informalisierung. Eine genauere Untersuchung der Struktur dieser Integrations- und Zivilisationsprozesse kann angemessenere Richtlinien erbringen für die Verringerung der Kluft zwischen reich und arm in dieser Welt, für die Überwindung der Kinderkrankheiten von politischer Unabhängigkeit und Industrialisierung. Wenn die vielen Schwierigkeiten und Gefahren, nicht nur auf dem Gebiet der menschlichen Beziehungen, sondern auch im Bereich der Verschmutzung und Aufzehrung der natürlichen Hilfsquellen keine katastrophalen Formen annehmen, dann steht zu erwarten, daß diese Schwierigkeiten und Gefahren zu weitergehender Globalisierung anregen werden. Deshalb ist ihre bessere Beherrschung dann auch ein realistisches Ideal. Wie erfolgreich sie sein wird, hängt vor allem auch vom Realitätsgehalt der weltweiten Perspektive ab, von der Einsicht in die Gefahren wie auch in die Chancen, ihrer Herr zu werden.

Literaturverzeichnis

Ariès, Philippe, Essais sur l'histoire de la mort en occident du moyen âge à nos jours. Paris: Editions du Seuil 1975

Barraclough, Geoffrey, „Clockwork History", New York Review of Books, 21. Oktober 1982

Bataille, Georges, Die Tränen des Eros. München: Matthes und Seitz 1982 (orig. 1952)

Bogner, Artur, und Cas Wouters, "Kolonialisierung des Herzens? Zu Arlie Hochschilds Grundlegung der Emotionssoziologie", Leviathan 18 (1990, Nr.2), 255-279

Bourdieu, Pierre, Die feinen Unterschiede. Kritik der gesellschaftlichen Urteilskraft. Frankfurt am Main: Suhrkamp 1982 (orig. Paris 1979)

Breen-Engelen, R.A., Etiquette. Een boekje voor moderne mensen. Bussum: Van Dishoeck 1969 (1. Aufl. 1959, 4. Aufl. 1969)

Brinkgreve, Christien, und Michel Korzec, "'Margriet weet raad'; gevoel, gedrag, moraal 1954-1974", Amsterdams Sociologisch Tijdschrift 3 (1976, Nr.1), 17-32

Brinkgreve, Christien, und Michel Korzec, "Kan het civilisatieproces van richting verandern?", Amsterdams Sociologisch Tijdschrift 3 (1976b, Nr.3), 361-364

Brinkgreve, Christien, und Michel Korzec, "Verhaltensmuster in der niederländischen Gesellschaft (1938-1977). Analyse und Interpretation der Ratgeber-Rubrik einer Illustrierten" in: Peter Gleichmann, Johan Goudsblom, Hermann Korte (Hrsg.), Materialien zu Norbert Elias' Zivilisationstheorie. Frankfurt am Main: Suhrkamp 1977, 299-310

Brinkgreve, Christien, und Michel Korzec, 'Margriet weet raad'. Gevoel, gedrag, moraal in Nederland 1938-1978. Utrecht und Antwerpen: Spectrum 1978

de Bruijn, Jeanne, und Greetje Timmerman, Ongewenste Intimiteiten op het Werk. Onderzoek naar ongewenste omgangsvormen tussen de seksen in arbeidssituaties. Ministerie van Sociale Zaken en Werkgelegenheid, 's-Gravenhage,
Juli 1986

de Bruijn, Jeanne, und Greetje Timmerman, "Van ongewenste
intimiteiten naar gewenste omgangsvormen", Tijdschrift
voor Vrouwenstudies 26 (1986b), 159-197

de Bruijn, Jeanne, und Greetje Timmerman, "Ongewenste intimiteiten en verschuivende machtsverhoudingen", Amsterdams Sociologisch Tijdschrift 15 (1988, Nr.2)

Caljé, Kees, und G. van Benthem van den Bergh (1983), Ge-
sprek met dr. W.F. Duisenberg, president van De Nederlandse Bank, De Gids 146 (1983, Nr.6)

Collins, Randall, "Is 1980's Sociology in the Doldrums?", American Journal of Sociology 91 (1986), 1336-1356

Devereux, G., Angst und Methode in den Verhaltenswissen-
schaften. München: Hanser 1973

Dunning, E.G., und E.I. Hopper, "Industrialisation and the Problem of Convergence: A Critical Note", Sociological Review
New Series 14 (1966, Nr.2), 163-186

van Eijk, Inez, Etiquette Vandaag. Utrecht und Antwerpen:
Spectrum 1983

Elias, Norbert, Die höfische Gesellschaft. Frankfurt am Main:
Suhrkamp 1983

Elias, Norbert, Über den Prozeß der Zivilisation. Soziogeneti-
sche und psychogenetische Untersuchungen. Band I und
II. Frankfurt am Main: Suhrkamp 1976 und 1978

Elias, Norbert, Die Gesellschaft der Individuen. Frankfurt a.M.:
Suhrkamp 1987

Elias, Norbert, Studien über die Deutschen. Machtkämpfe und
Habitusentwicklung im 19. und 20. Jahrhundert. Herausge-

geben von Michael Schröter. Frankfurt am Main: Suhrkamp 1989

Elias, Norbert, und Eric Dunning, Quest for Excitement. Sport and Leisure in the Civilizing Process. Oxford: Blackwell 1986

Elias, Norbert, und John L. Scotson, Etablierte und Außenseiter. Frankfurt am Main: Suhrkamp 1990

Ensink, Bernadine, und Francine Albach, Angst voor sexueel geweld: van overdreven angst naar gerechtvaardigde woede. Rijksuniversiteit Leiden, Faculteit der Sociale Wetenschappen, Werkgroep Vrouwenstudies 1983

Erdheim, Mario, Die Psychoanalyse und das Unbewußte in der Kultur. Frankfurt am Main: Suhrkamp 1988

Fortuin, Johanna, "Wat doen moderne mensen met hun rouw?" NRC Handelsblad vom 15. Januar 1977, S.5

Fortuin, Johanna, "Op verzoek van de overledene... Een onderzoek naar de uitvaartgewoonten aan de hand van overlijdensadvertenties" in: Geert A. Banck u.a. (Hrsg.), Gestalten van de dood. Ambo, Baarn 1980

Gleichmann, P.R., J. Goudsblom, H. Korte (Hrsg.), Human Figurations. Essays for/Aufsätze für Norbert Elias. Amsterdam: Amsterdams Sociologisch Tijdschrift 1977

Goldthorpe, John H., "Social Stratification in Industrial Society" in: Reinhard Bendix und Seymour M. Lipset, Class, Status and Power. Social Stratification in Comparative Perspective. 2. Aufl., New York: Free Press 1966, 648-659

Goleman, Daniel, Emotional Intelligence: Why it can matter more than IQ. London: Bloomsbury 1996

Gorer, Geoffrey, Death, Grief and Mourning in Contemporary Britain. London: Cresset Press 1965

Goudsblom, J., Nihilisme en Cultuur. Amsterdam: Arbeiderspers 1960 (auch: 1977,1988)

Goudsblom, J., Soziologie auf der Waagschale. Frankfurt am Main: Suhrkamp 1979

Goudsblom, J., "Elias Defended", New York Review of Books, 16. Juni 1983

Goudsblom, J., De sociologie van Norbert Elias. Weerklank en kritiek. De civilisatietheorie. Amsterdam: Meulenhoff 1987

Goudsblom, J., "Lange-termijn processen in de mensheidsgeschiedenis", Amsterdams Sociologisch Tijdschrift 15 (1988, Nr.1), 5-25

Goudsblom, J., Fire and Civilization. London: Penguin 1992

Goudsblom, J., Reserves. Amsterdam: Meulenhoff 1998

Goudsblom, Johan, E.L. Jones und Stephen Mennell, Human History and Social Process. Exeter: University of Exeter Press 1989

Groskamp-ten Have, Amy, Hoe hoort het eigenlijk? Amsterdam: Becht o.J., 1939 (1. bis 12. Aufl. 1939-1957)

Grosveld, Frans (Bearb.), Zo hoort het nu. Etiquette voor de jaren tachtig. Amsterdam und Brussel: Elsevier 1983 (2. und 3. Aufl. 1984)

van Haeften, Olga, Manieren. Wenken voor wie zich correct willen gedragen. Met een voorwoord van Annie van Ees. Amsterdam: Kosmos 1936

Handboek der Etiquette. Behartenswaardige Wetten en Wenken voor Jong en Oud. Amsterdam: Holkema und Warendorf o.J.

Handboek der Wellevendheid of de kunst om zich in alle omstandigheden van het leven en den gezelligen omgang, door bescheiden en wellevende manieren aangenaam en bemind te maken. Leiden: Noothoven Van Goor o.J., 1868

Haveman, Jan, De ongeschoolde arbeider. Een sociologische analyse. Assen: Van Gorcum 1952

Hochschild, Arlie Russel, The Managed Heart. Commercialization of Human Feeling. Berkeley, Los Angeles, London: University of California Press 1983 (1990, gekürzt: Das gekaufte Herz. Zur Kommerzialisierung der Gefühle. Frankfurt am Main: Campus)

Hunnik, Marian van, "Jongeren over cocaïnegebruik", Jeugd en Samenleving 19 (1989, Nr.8)

de Jong, H.W., "The Problem of Mergers", Northwestern Journal of International Law & Business 9 (1989, Nr.3), 605-611

Kapteyn, Paul, Taboe, Macht en Moraal in Nederland. Amsterdam: Arbeiderspers 1980

Kerr, Clark, J.T. Dunlop, F.H. Harbison und C.A. Myers, Industrialism and Industrial Man. London 1960 (1966: Der Mensch in der industriellen Gesellschaft. Die Probleme von Arbeit und Management unter den Bedingungen wirtschaftlichen Wachstums. Frankfurt am Main: Europäische Verlagsanstalt)

Kloos-Reyneke van Stuwe, Jeanne, Gevoelsbeschaving. Handboek voor huis en gezelschapsleven. Rotterdam: Nijgh en Van Ditmar 1927

König, Oliver, Nacktheit. Soziale Normierung und Moral. Opladen: Westdeutscher Verlag 1990

Kohut, Heinz, The Restauration of the Self. New York: International University Press 1977

Kool, Marga, "Schrijven in Drente" in: A. van Dis und T. Hermans (Hrsg.), Het land der Letteren. Amsterdam: Meulenhoff 1982, 194-197

van Kooten, Kees, Meer Modernismen. Amsterdam: De Bezige Bij 1986

Kramer, Fritz W., The Red Fez: Art and Spirit Possession in Africa. London: Verso 1990

Kristeva, Julia, Strangers to Ourselves. New York: Wheatsheaf 1991

Krumrey, Horst-Volker, Entwicklungsstrukturen von Verhaltensstandarden. Eine soziologische Prozeßanalyse auf der
Grundlage deutscher Anstands- und Manierenbücher von
1870 bis 1970. Frankfurt am Main: Suhrkamp 1984

Lenski, Gerhard und Jean, Human Societies. An introduction to
Macro-sociology. New York: McGraw-Hill 1987

Lindqvist, Sven, "Exterminate all the Brutes". London: Granta
1997

v.d.M., E.C., Het Wetboek van Mevrouw Etiquette in 32 artike-
len. 7. verm. Aufl. Utrecht: Honig o.J., 1910

Mahlmann, Regina, Psychologisierung des Alltagbewußtseins.
Die Verwissenschaftlichung des Diskurses über Ehe. Opladen: Westdeutscher Verlag 1991

Marcuse, Herbert, Triebstruktur und Gesellschaft. Frankfurt am
Main: Suhrkamp 1965

Maso, Benjo, "Beheersing en scheidslijnen", Amsterdams
Sociologisch Tijdschrift 5 (1987, Nr.2), 258-284

McCall Jr., Morgan W., und Michael M. Lombardo, "Management heute - keine Chance für Karrieristen", Psychologie
heute (1983, Nr.5), 29-33

Meyer, Fr., Nieuw Complimenteerboek. Handleiding om zich in
gezelschappen onberispelijk te gedragen en daarin gepast
te spreken. Rotterdam: Bolle o.J.

Mills, C.Wright, Kritik der soziologischen Denkweise. Darmstadt
und Neuwied: Luchterhand 1963

Nota met betrekking tot het beleid ter bestrijding van sexueel
geweld tegen vrouwen en meisjes. Ministerie van Sociale
Zaken en Werkgelegenheid. 's-Gravenhage, Juli 1984

Openneer, Herman, Kid Dynamite. De legende leeft. Amsterdam: Jan Mets 1995

Orwell, George, Such, Such Were the Joys. The Collected Essays, Journalism and Letters of George Orwell, Vol.IV.
Harmondsworth: Penguin 1970, 379-422

Orwell, George, "Raffles and Miss Blandish" in: Deadline of the English Murder and Other Essays. Harmondsworth: Penguin 1972, 63-79 (orig. 1944)

Parkes, Collin Murray, Vereinsamung. Die Lebenskrise bei Partnerverlust. Reinbek bei Hamburg: Rowohlt 1974

Rapport der Regeerings-Commissie inzake het Dansvraagstuk. 's-Gravenhage: Algemeene Landsdrukkerij 1931

Riesman, David, Die einsame Masse. Eine Untersuchung der Wandlungen des amerikanischen Charakters. Reinbek bei Hamburg: Rowohlt 1958 (orig. 1950)

Ritter Jr., Dr. P.H., De Drang der Zinnen in Onzen Tijd. Amsterdam: Scheltens und Giltay 1933

Schnabel, Paul, "Het verlies van de seksuele onschuld", Amsterdams Sociologisch Tijdschrift 17 (1990, Nr.2)

Schröter, Michael, "Wo zwei zusammenkommen in rechter Ehe..." Sozio- und psychogenetische Studien über Eheschließungsvorgänge vom 12. bis 15. Jahrhundert. Frankfurt am Main: Suhrkamp 1985

Schubert, Herbert J., "Das Altern der westeuropäischen Staatsgesellschaften. Über Bevölkerungsentwicklungen während des abendländischen Zivilisationsprozesses" in: Hermann Korte (Hrsg.), Gesellschaftliche Prozesse und individuelle Praxis. Bochumer Vorlesungen zu Norbert Elias' Zivilisationstheorie. Frankfurt am Main: Suhrkamp 1990

Shapiro, Michael, "Warring Bodies and Bodies Politic: Tribal versus State Societies", Body & Society 1 (1995, Nr.1), 107-123

Spier, Fred, "Norbert Elias' theorie van civilisatieprocessen opnieuw ter discussie", Amsterdams Sociologisch Tijdschrift 22 (1995, Nr.2), 297-323

van Stolk, Bram, und Cas Wouters, "Machtswinst, respect en zelfrespect", Amsterdams Sociologisch Tijdschrift 7 (1980b, Nr.3), 191-222 van Stolk, Bram, und Cas Wouters, Frauen im Zwiespalt. Beziehungsprobleme im Wohlfahrtsstaat. Eine Modellstudie. Frankfurt am Main: Suhrkamp 1987 (orig. Deventer 1983)

Stratenus, Louise, Vormen. Handboek voor de samenleving in en buiten huis. 2. Aufl. Gouda: Van Goor Zonen o.J.

de Swaan, Abram, "Uitgaansbeperking en uitgaansangst. Over de verschuiving van bevelshuishouding naar onderhandelingshuishouding", De Gids 142 (1979, Nr.8), 483-509 (1982, gekürzt: "Vom Ausgehverbot zur Angst vor der Straße", päd.extra 2, 48-55)

de Swaan, Abram, Het lied van de kosmopoliet. Amsterdam: Meulenhoff 1987

de Swaan, Abram, "Vom Befehlsprinzip zum Verhandlungsprinzip. Über neuere Verschiebungen im Gefühlshaushalt der Menschen" in: H.Kuzmics und I.Mörth, Hrsg., Der unendliche Prozeß der Zivilisation. Zur Kultursoziologie der Moderne nach Norbert Elias. Frankfurt am Main: Campus 1991, 173-198

de Swaan, Abram, Der sorgende Staat. Wohlfahrt, Gesundheit und Bildung in Europa und den USA der Neuzeit. Frankfurt am Main und New York: Campus 1993 (orig. Amsterdam 1989)

de Swaan, Abram, De verzorging in het teken van het kapitaal. Stiftung 'Dr. J.M. den Uyl-lezing', Amsterdam 1989a

Timmerman, Greetje, Werkrelaties tussen vrouwen en mannen. Een onderzoek naar ongewenste intimiteiten in arbeidssituaties. Nijmegen: SUA 1990

Vanwesenbeeck, I., 'Wiens lijf eigenlijk?' Een onderzoek naar dwang en geweld in de prostitutie. Ministerie van Sociale Zaken en Werkgelegenheid, Juli 1986

Viroflay, Marguérite de, Plichten en Vormen voor Beschaafde Menschen. 4. Aufl., Amsterdam: Cohen Zonen 1919

Waldhoff, Hans-Peter, Fremde und Zivilisierung. Wissenssoziologische Studien über das Verarbeiten von Gefühlen der

Fremdheit. Probleme der modernen Peripherie-Zentrums-Migration am türkisch-deutschen Beispiel. Frankfurt am Main: Suhrkamp 1995

Wilterdink, Nico, Sociologie, ideologie en 'het milieu': een sociologische beschouwing over enkele facetten van de milieuproblematiek. Soziologische Diss., Sociologisch Instituut Universiteit van Amsterdam 1972

Wilterdink, Nico, "Ideologie en 'het milieu'", De Gids 146 (1973, Nr.6), 411-429

Wilterdink, Nico, "Norbert Elias en onze beschaving", NRC Handelsblad vom 26.5.1973b

Wilterdink, Nico, Vermogensverhoudingen in Nederland. Ontwikkelingen sinds de negentiende eeuw. Amsterdam: Arbeiderspers 1984

Wilterdink, Nico, Ongelijkheid en interdependentie. Ontwikkelingen in welstandsverhoudingen. Groningen: Wolters-Noordhoff 1993

Wilterdink, Nico, "Civilisatie en cultuur opnieuw bezien", Amsterdams Sociologisch Tijdschrift 22 (1995, Nr.2), 350-367

Wolfe, Tom, Move Gloves & Madmen. New York: Clutter & Vine, Farrar, Straus & Girouz 1976

Wolfenstein, Martha, "Fun Morality: An Analysis of Recent American Child Training Literatur" in: Margaret Mead und Martha Wolfenstein, Hrsg., Childhood in Contemporary Cultures. Chicago: University of Chicago Press 1955 (zuerst 1951)

Wouters, Cas, "Is het civilisatieproces van richting veranderd?", Amsterdams Sociologisch Tijdschrift 3 (1976, Nr.3), 336-361

Wouters, Cas, "Informalisierung und der Prozeß der Zivilisation" in: Peter Gleichmann, Johan Goudsblom, Hermann Korte (Hrsg.), Materialien zu Norbert Elias' Zivilisationstheorie. Frankfurt am Main: Suhrkamp 1977, 279-298

Wouters, Cas, "Onderhandelen met De Swaan", De Gids 142 (1979, Nr.8), 510-522

Wouters, Cas, und Herman ten Kroode, "Informalisering in het rouwen en in de omgang met doden op de snijzaal", De Gids 143 (1980, Nr.7), 481-501

Wouters, Cas, "Informalisierung und Formalisierung der Geschlechterbeziehungen in den Niederlanden von 1930 bis 1985", Kölner Zeitschrift für Soziologie und Sozialpsychologie 38 (1986, Nr.3), 510-528 (orig. 1985)

Wouters, Cas, "Gewenste en ongewenste intimiteiten", Intermediair 22 (1986, Nr.47), 17-25

Wouters, Cas, "Formalization and Informalization: Changing Tension Balances in Civilizing Processes", Theory, Culture & Society 3 (1986a, Nr.2), 1-19

Wouters, Cas, "Stewardessen en de sociologie van emoties. Hochschild's 'Managed Heart'", Sociologisch Tijdschrift 14 (1988, Nr.4), 662-689

Wouters, Cas, "On Status Competition and Emotion Management: The Study of Emotions as a New Field", Theory, Culture & Society 9 (1992, Nr.1), 229-252

Wouters, Cas, "De lustbalans van liefde en seks", Amsterdams Sociologisch Tijdschrift 22 (1995, Nr.2), 368-402

Wouters, Cas, Van minnen en sterven. Omgangsvormen rond seks en dood in de twintigste eeuw. Amsterdam: Bert Bakker 1995a

Wouters, Cas, "Hoe vreemd zijn ons onze superioriteitsgevoelens?", Amsterdams Sociologisch Tijdschrift 23 (1996, Nr.1)

Wouters, Cas, "How Strange to Ourselves are our Feelings of Superiority and Inferiority?", Theory, Culture & Society 15 (1998, Nr.1), 131-150

Zeegers, Wil, Andere tijden, andere mensen. 'De sociale representatie van identiteit'. Amsterdam: Bert Bakker 1988 van Zutphen-Van Dedem, Mevr., Goede Manieren. Amersfoort: Uitgeverij Logon 1928

Aus unserem Programm
Sozialwissenschaften

Werner Fuchs-Heinritz
Auguste Comte
Einführung in Leben und Werk
1998. 334 S. (Hagener Studientexte zur Soziologie, Bd. 2) Br. DM 29,80
ISBN 3-531-13233-4
Auguste Comte, geboren vor 200 Jahren, hat der Soziologie ihren Namen gegeben. Aber war er auch der Begründer dieser Wissenschaft, wie er das selbst behauptet? Bis heute besteht darüber keine Übereinstimmung. Wie kommt es, daß die Soziologie unsicher ist, wer ihr 'Vater' ist? Hängt das mit Comtes Werk zusammen?

Heinz Abels
Interaktion, Identität, Präsentation
Kleine Einführung in interpretative Theorien der Soziologie
1997. 211 S. (Hagener Studientexte zur Soziologie, Bd. 1) Br. DM 24,80
ISBN 3-531-13183-4
Die Reihe „Hagener Studientexte zur Soziologie" will eine größere Öffentlichkeit für Themen, Theorien und Perspektiven der Soziologie interessieren. Die Reihe ist dem Anspruch und der langen Erfahrung der Soziologie an der FernUniversität Hagen verpflichtet. Der Anspruch ist, sowohl in soziologische Fragestellungen einzuführen als auch differenzierte Diskussionen zusammenzufassen. Alle Studientexte sind so konzipiert, daß sie mit einer verständlichen Sprache und mit einer unaufdringlichen, aber lenkenden Didaktik zum eigenen Studium anregen.

Günter Albrecht, Axel Groenemeyer, Friedrich W. Stallberg (Hrsg.)
Handbuch soziale Probleme
1999. 1035 S. Geb. DM 98,00
Subskriptionspreis bis 30.09.99
DM 78,00
ISBN 3-531-12117-0
In den Sozialwissenschaften und in der Gesellschaft wächst das Interesse an der theoretischen und praktischen Bewältigung sozialer Probleme. Dennoch ist dieses Forschungsfeld im Hinblick auf theoretische Hintergründe vernachlässigt worden. In diesem Handbuch wird erstmals im deutschsprachigen Raum das disparate Wissen über soziale Probleme gesammelt und systematisch zusammengefaßt.

Änderungen vorbehalten. Stand: Juli 1999

WESTDEUTSCHER VERLAG
Abraham-Lincoln-Str. 46 · D - 65189 Wiesbaden
Fax (06 11) 78 78 · 400 · www.westdeutschervlg.de

Aus unserem Programm
Sozialwissenschaften

Jürgen Friedrichs
Methoden empirischer
Sozialforschung
14. Aufl. 1990.
430 S. (wv studium, Bd. 28)
Br. DM 26,80
ISBN 3-531-22028-4
Dieses Buch ist eine Einführung in Methodologie, Methoden und Praxis der empirischen Sozialforschung. Die Methoden werden ausführlich dargestellt und an zahlreichen Beispielen aus der Forschung erläutert. Damit leitet das Buch nicht nur zur kritischen Lektüre vorhandener Untersuchungen, sondern ebenso zu eigener Forschung an.

Rüdiger Jacob
Wissenschaftliches
Arbeiten
Eine praxisorientierte Einführung für Studierende der Sozial- und Wirtschaftswissenschaften
1997. 146 S. (wv studium, Bd. 176)
Br. DM 22,80
ISBN 3-531-22176-0
Voraussetzung für ein erfolgreiches wissenschaftliches Studium ist das souveräne Beherrschen der Techniken wissenschaftlichen Arbeitens. Allerdings existiert dazu bisher keine kompakte Einführung für Studienanfänger und Studierende im Grundstudium. Die Lücke soll mit diesem Band geschlossen werden, in dem die ganze Bandbreite wissenschaftlichen Arbeitens thematisiert und die jeweils zentralen Techniken im Sinne amerikanischer „How to..."- Lehrbücher anwendungsorientiert dargestellt werden.

Werner Fuchs-Heinritz, Rüdiger Lautmann, Otthein Rammstedt (Hrsg.)
Lexikon zur Soziologie
3., völlig neubearb. und erw. Aufl. 1994.
763 S. Br. DM 78,00
ISBN 3-531-11417-4
Das Lexikon zur Soziologie ist das umfassendste Nachschlagewerk für die sozialwissenschaftliche Fachsprache. Für die 3. Auflage wurde das Werk völlig neu bearbeitet und durch Aufnahme zahlreicher neuer Stichwortartikel erheblich erweitert.

Anderungen vorbehalten. Stand: Juli 1999.

WESTDEUTSCHER VERLAG
Abraham-Lincoln-Str. 46 · D - 65189 Wiesbaden
Fax (06 11) 78 78 - 400 · www.westdeutschervlg.de